エンタメ

興行　映画　音楽　出版　マンガ
テレビ　アニメ　ゲーム　スポーツ

ビジネス

「IP先進国ニッポン」の誕生と構造

全史

中山淳雄
エンタメ社会学者
Re entertainment代表取締役

history of
ente ment business

日経BP

序章

「遊びは子供のためのもの」という嘘

アニメやゲームからおもちゃに至るまで、「エンタメ」「コンテンツ」「遊び」と言われる領域は、〝大人になる前の子供が社会性を身につけるための遊び〟として取り扱われてきた。未熟な子供たちは、狩猟の練習のために格闘する子ライオンのごとく、遊びを通してチームの作り方や勝負事を覚え、次第に立派な大人として社会に組み込まれる「労働」を身体化させていく。遊びは大人の階段をのぼるための道具であり、国家と大人たちはそれを社会の構成員を育てていく一要素として取り扱ってきた。

……というのは嘘である。エンタメ／コンテンツ／遊びは元来、子供向けのものではない。エンタメは「大人」こそが熱狂してきた領域で、実は「子供」が消費者として対象になっていったのは、日本では大正時代、欧州や北米でも20世紀に入ってからの話である。大人が興じてきた遊びが、思考のトレーニングや社会の予行演習になる、もしくは子供向けだからこそ消費・市場が伸びるということで、あとから子供向けに作り替えられたのである。

そもそも子供に教育を与えて、社会全体の生産性を高めようという発想自体が近代に入ってからのものであり、それ以前は子供といえども労働力でしかなく、〝未熟な大人〟として数えられるような時代が一般的であった。[01] 子供が労働力であった時代は、彼らは遊びも教育も与えるべき対象ではなかった。

世界最古の遊びとして、紀元前3000年ごろのボードゲームの「セネト」が挙げられる。古代エジプト人が楽しんだ2人用のスゴロクのような遊びは、壁画に描かれ、埋葬された墓にも納められている。同じようなスゴロク形式の「バックギャモン」は紀元前2000年のボードゲームで、これは1960年代に再び人気を博し、国際バックギャモン協会も設立されている。こうした遊びが日本に伝来したのが7世紀の奈良時代、ここで「双六《すごろく》」という言葉に変換されて人気を博し、持統天皇から「雙六を禁《いさ》め断《や》む」と禁止令が出されたことが『日本書紀』にも出てくる。

遊びの持つ強すぎる魅力は、「賭博」に容易に転化しがちで、支配層はその賭博を常に規制の対象としてきた。8世紀の大宝律令にも出てくるが、賭博の徒をとらえた官吏はその懲罰金の「50％」を自分のものにしていい、という驚くほど高いインセンティブを与えている。賭博に対して捕縛・密告・自首の奨励が常にあったということは、そのくらい禁令が効果をなさず、民衆が常に賭博とともにあったことを逆に証明している。

01　フィリップ・アリエス (著)、杉山光信・杉山恵美子 (訳)『〈子供〉の誕生　アンシァン・レジーム期の子供と家族生活』みすず書房、1980

混然一体のインセンティブが働いて経済を回す

労働が光であり、遊びは影である。というのは誰が言い始めたのだろうか。国民国家の時代となってから、「国民」が管理の対象となり、労働をすることが〝向社会的である〟と言われ始め、家族はその教育状態から生産人口の増加のための出産に至るまで、計測の対象となった。この400年ほどの間に、エンタメは向社会的なもの（合法な遊び）と反社会的なもの（非合法な遊び）に線引きがなされ、徴税のためにも、やれ刺激が強い賭博は非合法なものだ、などと「遊びの分割統治」がなされるようになった。

だが労働だけでなく遊びもまた、経済を回す立派な一要素である。そもそも20世紀になって舞台、映画、テレビ、出版などエンタメのクリエイターによる生産・供給量が爆発的に増えるのは、それが「儲かるから」にほかならない。皆がチケットを買って観てくれるから新しい歌舞伎が創作されてきたし、書籍や雑誌が全国に流通するようになったから夏目漱石や川端康成といった「作家先生」の商売が成り立つようになった。楽しませたいという〝純粋な〟気持ちの裏側には、もっと多くの人に影響を与えたいという影響欲や、それによって資本がどんどん回転・増幅するという資本投下インセンティブがあり、これらが混然一体となってエンタメ業界を回してきたのだ。

1990年から日本は競争劣位に陥り、GDP成長という意味ではOECD諸国と比較して一人負けに近い状況にあり、「失われた30年」などと自嘲してきている。

だが、少なくともエンタメ業界においては様相が異なる。出版、テレビといった旧来型のマスメディアコンテンツは20年以上も下り坂にあるが、ゲームやアニメは世界に冠たるプロダクトとなっているし、電子マンガ、ライブ配信、2・5次元舞台、テーマカフェ、アニメイベント、Vチューバーなど急成長しているサブジャンルが非常に多い産業でもある。

なによりその経済規模は、かつて我々が〝大人の階段をのぼるための道具〟として教育に利用してきたときとは隔世の感がある。日本では年間300兆円が民間消費の総額だが、そのうち衣食住など「生活必需品」と言われるもの以外の、いわゆる「無駄なもの」に消費されるのは50兆円、全体の15％程度に達する。年収300万円の人でも、そのうち45万円くらいは、友達と飲み会に行ったり、映画を観たりコンサートに行ったり、ガチャを回してみたりするものだろう。なかなかの金額である。

アニメ、ゲーム、マンガを「生み出す人たち」を愛す

本書は大人のためのエンタメ本である。その経済規模、社会的意味、個人にとっての意味を歴史的に分解していく。

本書は、アニメ、ゲーム、マンガを愛する人たちだけのものではない。「花を愛するのに、植物学は必要ない」と小説家の稲垣足穂が言ったように、その中身や誕生の過程を知ることと

その作品を愛することには直接的には関係がない。時計の中身を知ったからといって、その機能から得られている我々の満足は必ずしも向上しない。

だがその歴史的な生産体系と変化を知ることは、このエンタメの持つ魅力の根源的な解明につながり、なにより多くの生産者を生み出す教本になりえるだろう。体系的にエンタメ全般の産業構造と成り立ちをまとめることは、21世紀に入って注目を集めてきたこの分野をさらに羽ばたかせるためのヒントになりえるのではないか？そう思って筆をとり始めた。

この本はアニメ、ゲーム、マンガを「生み出す人たち」を愛するための本である。彼らはどうしてこの領域に「意味」を見出し、自らの人生を賭けて、当たるも八卦《はっけ》、当たらぬも八卦のこの業界に飛び込んできたのか。

人気者のアイドルと売れない地下アイドルよろしく、一度ヒットすれば嫌でも視線や関心はコントロールできないほど膨れ上がるのに、そこに至るまでは、どんなに愛嬌を振りまきプロモーションをしても誰も見向きもしてくれない。

欲しくて欲しくて仕方ないものは、100人に1人、いや1000人に1人だけが独占してしまい、あまりに不平等に配分された大成功とそれ以外の無用の産物に囲まれた不思議で不可解な世界。それがエンタメである。

この世界に潜む不合理性や不可思議性に、理を持ち込み、設計図に基づいて再現するという学問があってもいいのではないか。

私が「エンタメ社会学者」を名乗り、10年以上にわたってゲーム、アニメ、演劇舞台、スポーツなどを手掛けるビジネスをしてきた経験を昇華させるべく、早稲田大学、シンガポールの南洋理工大学、慶應義塾大学で教壇に立ちながら著書にその過程をまとめあげてきたのには、こうした背景がある。私もまたエンタメ産業の不思議で不可解な世界の魅力に囚われた1人である。

エンタメを産業として分析する

本書は、いかにエンターテイメントの領域が経済を回し、社会的な関係性の潤滑油となり、個々人が前向きに生きるための「好ましく循環する社会」に貢献しているかを明らかにすることに真正面から取り組むものである。

参考にしている1冊の本がある。ハロルド・ヴォーゲルの"Entertainment Industry Economics"である。米国で最重要産業と目されるメディア・エンターテイメントの業界を幅広くカバーし、映画、テレビ、音楽は当然として、ゲームやミュージカル、果てはスポーツからギャンブルに至るまで、10以上ものエンタメ業界の産業構造について解き明かした名著である。財務会計に始まり、開発やマーケティングなど産業機能まで詳細に説明されており、これほど広く深くエンタメ産業をカバーしている書を私は他に知らない。

著者ハロルド・ヴォーゲルはメリルリンチの産業アナリストとしてこの本を記し、コロンビア大学などで教鞭をとりながら常にアップデートを続けており、1986年の初版に始まった

Entertainment Industry Economics（Amazon）

同書は、3～5年ごとに書き加えられ続け、35年目となる2020年には10版がリリースされた。スティーブ・ジョブズとともにピクサーを世界的企業にしたCFOのローレンス・レビーも、業界に入るにあたり、最初に目を通したのが同書である。[02]

なぜ同じような本が日本にないのか、といったところから私の疑問は始まった。

私は“Entertainment Industry Economics”を切に必要とした時期がある。2017年、早稲田大学と南洋理工大学で非常勤講師として「エンターテイメントビジネス戦略」という講座をもち、90分×15コマ＝約23時間にわたって英語でエンタメ業界について講義するにあたり、とにかく困ったのである。英語でエンタメを全部説明しなくてはいけない！そのとき「英語で書かれたエンタメ全般の産業論」としての唯一無二の同書にたどり着いた。

だが同書は北米を中心としたもので、ジブリや東映アニメーションは出てこないし、任天堂やソニーについての記述も少ない。『ガンダム』や『ドラゴンボール』についての言及もない。「エンタメ社会学者」と私が名乗り始めたのはこの2017年だった。当時は『カードファイト!! ヴァンガード』や『BanG Dream!』、新日本プロレスといったエンタメコンテンツを展開するブシロードの海外担当役員として事業を行いながら、学者を兼務していた。

エンタメ社会学者とは何か。私の定義では、人の集団や価値観、文化形成の構造を解き明かすあらゆる仕事は社会学に含まれる。ときにアニメやゲームを作ってファンが形成される過程そのものが社会学としては格好の分析材料である。リクルートスタッフィングやDeNA、バンダイナムコスタジオ、ブシロードといった会社を渡り歩きながら、また事業者として利益最

02 ローレンス・レビー（著）、井口耕二（訳）『PIXAR〈ピクサー〉 世界一のアニメーション企業の今まで語られなかったお金の話』文響社、2019

大化を最重要ミッションとしながら、私はどこか学者然としてその現象そのものを誰もが咀嚼できるように引いて分析しようと試みるもう1人の自分を守り続けてきた。

事業者であり学者であった私は、10年以上エンタメビジネスをしながら、同時に趣味で同ジャンルの歴史書から解釈本まで読み続けてきた（ざっと数えるだけでも1000冊ほど）。また21世紀に入ってからは「クールジャパン」という掛け声のもと、日本のコンテンツで海外市場をとっていこうという動きが行政も巻き込んで広がった過程も見てきた。それはソ連崩壊後に音楽グループのタトゥーを世界展開したロシアや、通貨暴落後にドラマを海外展開した韓国がそうであったように、「挫かれたプライドを、ソフトな商品の文化浸透力によって回復させる試み」であった。

自分たちの文化が自分たちと異なる社会の人々に受容されることは、自分たちのアイデンティティの確認にもなる。日本も例外ではない。世界2位の経済大国でありながら、「失われた30年」の中で様々な経済指標で他国に追い抜かれ続けてきた日本にとって、エンタメは経済規模こそ限定的だが、海外における自分たちのプレゼンスを取り戻す道具の1つになるものではなかっただろうか。

2014年にバンダイナムコスタジオのカナダ開発拠点副社長として初めての海外赴任をしたときに驚いたのは、『パックマン』の影響力の大きさであった。バンクーバーにある50余りの開発会社のほぼすべてに足を運んだが、誰1人としてパックマンに影響を受けていないトップはいなかった。当時30~50代の経営者たちは、すべからくパックマンに熱狂した30年前の思い出を昨日のことのように語り、バンダイナムコが「再び」あのときのように輝く姿を期待してくれた。

……そう、1990年代には世界の市場の7~8割を占めていた日本のゲームソフトだが、2000年代にはすでに北米でずいぶんと存在感を失い、EA(エレクトロニック・アーツ)やアクティビジョン・ブリザードのような新進気鋭の地場ゲーム会社のソフトが台頭していた。日本のソフトは市場の2~3割くらいといったプレゼンスに落ちていた。日本が世界のゲーム産業を作ったと言っても過言ではないのに、なぜ存在感が失われたのだろうか?

「放置されたサブカル領域」だった日本のエンタメ

エンタメ産業をきちんと分析するアカデミックな動きは、日本では見られただろうか?大学にゲーム学科ができたのは2003年の大阪電気通信大学が最初である。さらに歴史が古く、ゲーム同様に日本発の産業と言えるマンガの学部設立に至っては、京都精華大学の2006年である。だが、ゲームもマンガも国立大学での学部学科の新設は2022年の今をもっても果たされていない。

かたや米国では、アイビーリーグの一角、南カリフォルニア大学は2002年にインタラクティブメディア&ゲーム学部を設置している。ゲームに関しては「次の映画産業だ」と多くの大学が2000年代に次々と公式学科を作り、2010年前後には全米で250校を超える大学がゲームのカリキュラムを備えている。

米国でも1990年代においては、ゲームの教育が「高等教育」ではなく「職業訓練」としかみなされていなかった。だが1999年にエンターテイメントの専門大学院（ETC）が先端事例として設立されてから、ゲーム産業振興を熱望するランディ・パウシュがディズニーやエレクトロニック・アーツでも働いた経験を論文化し、次第に共通基盤化していった。[03] 省庁によるトップダウンではなく、草の根研究者のボトムアップな情熱と研究から、実際に多くの大学がそれを取り込んでいくオープンさがあった。

これに対して日本では、エンタメは「放っておかれたサブカルチャー領域」だった。「まともな大人たち」はこの業界に取り合わなかった。

「ファミリーコンピュータ」の大ヒットによって驚異的な高収益企業となった任天堂は証券市場や企業研究者など一部からは注目されたかもしれないが、その規模は50億〜60億ドルの北米ゲーム市場における成功であり、1兆2000億ドルの米国自動車業界でGMに立ち向かうトヨタ自動車やホンダ、1000億ドルのホームエレクトロニクス業界でGEに立ち向かうソニーや松下電器産業（現パナソニック）のような「主要産業の攻防」こそが日本経済にとっては重要だと思われていた。

ゲームにしてもこのありさまで、ましてアニメやマンガといったジャンルは完全に産業としての分析の対象外だった。きちんとこの領域を構造化し、その産業に入る人材を育て、エコシステムを回転させよう、といったウェーブとならず、ゲーム、マンガ、アニメが好きなクリエ

03 山根信二「10年間で大きく変化したアメリカのゲーム教育」CG-ARTS教育リポート2011年2月23日　https://www.cgarts.or.jp/report/rep_sin/rep0223.html

イターや社会のはぐれ者にひたすらお任せしていた。

米国が産官学の三極体制で映画の「ハリウッド」を作り上げたようなチャンスは日本にもあり、たとえばゲーム業界において東京や京都、大阪は世界的に良いポジションにあったはずだが、その存在をさらに飛躍させていくチャンスを日本はみすみす逃してしまった。

シリコンバレーが格好の事例だが、1つの産業、1つの地域、1つのクラスターが輝くのに、企業プレイヤーの力だけでそれが実現できることはほとんどない。そこには人を育てる大学があり、スタートアップを育てるベンチャーキャピタルと新興企業を歓迎する文化があり、移り変わるユーザーの嗜好に対応して新陳代謝するバラエティのある作品群があり、マネタイズの試行錯誤を許す資本力がある。産業育成とは「経済圏」であり、各個別のプレイヤーのみの試行錯誤によってにわかに出来上がるものではない。

私がエンタメ社会学者としてやりたいことは、日本独自のエンタメの産業的な強さを、きちんと構造化することである。ゲーム、アニメ、音楽、映画、舞台演劇、スポーツなどの歴史、現在の姿、未来に向けた成功事例をピックアップしながら、「日本アイデンティティの回復」をも包含できる姿として光を照らすことである。

クリエイター→IP→メディア→ユーザー

ひとまず、エンタメ産業の全体像を図解によって明らかにしたい（図表0－1）。

コンテンツは「媒介される情報（テキスト、音楽、映像、ゲーム）」でしかなく、本質的にはすべて一個人としてのクリエイターもしくはクリエイションを行うチームによって作られ、ユーザーに届け、楽しませるためのものである。大作映画だとしても、全世界に配信されるゲームだとしても、その発生源のクリエイターがまずありき。そしてメディアの先に受け取るユーザーがいる。作品を通じて、という間接の形式はとっていても、エンタメ産業は一種のコミュニケーション産業と言える。

エンタメの凄いところは、このクリエイターの偉業があまりに際立つおかげで、そこにＩＰ(Intellectual Property：知的財産）と呼ばれる「権利」が発生することである。

誰が見ても『ハローキティ』がキティとわかるのは、過去50年にわたって、キティのぬいぐるみからグリーティングカード、アニメ、アプリ、コラボ企画に至るまで様々なメディアでキティというキャラクターを見てきたおかげである。そしてキティのアイコンがあるだけで、世界観から社会的なメッセージまで含めて、商品のバリューを上げることができる。

それはキャラクターに限らず、『大谷翔平』といったアスリートにも、『Ａｄｏ』などのミュージシャンにも付加される。ブランドがＩＰ化するおかげで、その本人やオリジナルのクリエイターが不在だとしても、あたかもそこに同じ世界が再現されているかのように、商品が「オーラ」をまとう。だから『ハローキティ』は毎年１０００億円以上もの商品を売り上げ、過去50年の歴史の中で10兆円近い関連商品が購入され、そしてその商品や体験への満足度がブランドとなっているからこそ、また新たに購入されるのだ。

図表0-1　エンタメ産業の構造

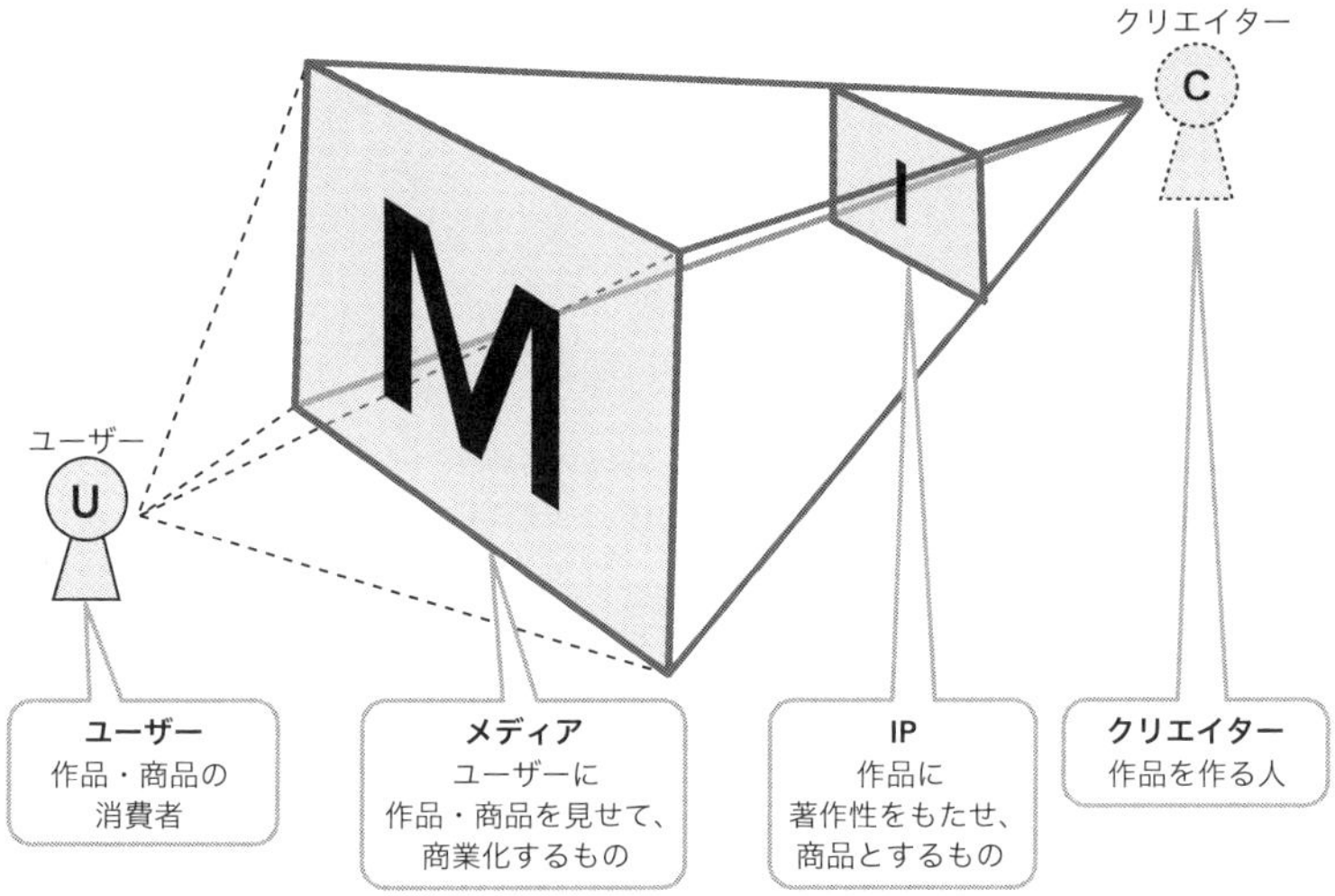

出典）著者作成

クリエイターは時代に合わせてメディアを選ぶ

クリエイターは時代に合わせてメディアを選ぶ。たとえば映画館はかつて娯楽の代表として隆盛した。大正時代にすでに１００万部のミリオンセラーがあった書籍・雑誌、それを全国どこでも販売できるようにした書店流通の世界も同様だ。

これらの「メディア」は媒介者でしかないが、コンテンツの力によってメディア自体にもブランドがついてくる。１９７０年代は質の良いハンカチや筆記用具が小売店に並んでいるだけでも十分に「メディア」だった。キティの商品が並ぶサンリオショップは皆の憧れの場所で、わざわざ夜を徹して東京までやってきてサンリオショップで物品を購入して帰る熱心なファンがいたほどだ。

テレビは、人類にとって最初に出会った「1億人が同時に同じものを見聞きするメディア」となり、その中でコンテンツとユーザーを奪い合ってきた。１９８０年代のフジテレビはどの時間帯でも面白く視聴率トップを走ったが、１９９０年代はその座を日本テレビが奪い取っていった。

２０００年代の2チャンネルやニコニコ動画もまたその場所でしか見られないコンテンツがあり、２０１０年代のユーチューブは様々な動画がとめどなくアップされる夢のようなメディアとなった。２０２０年代、ＴｉｋＴｏｋで5秒10秒のコンテンツを見ているうちに、油断す

図表0-2　エンタメ産業への参加者と構成要素

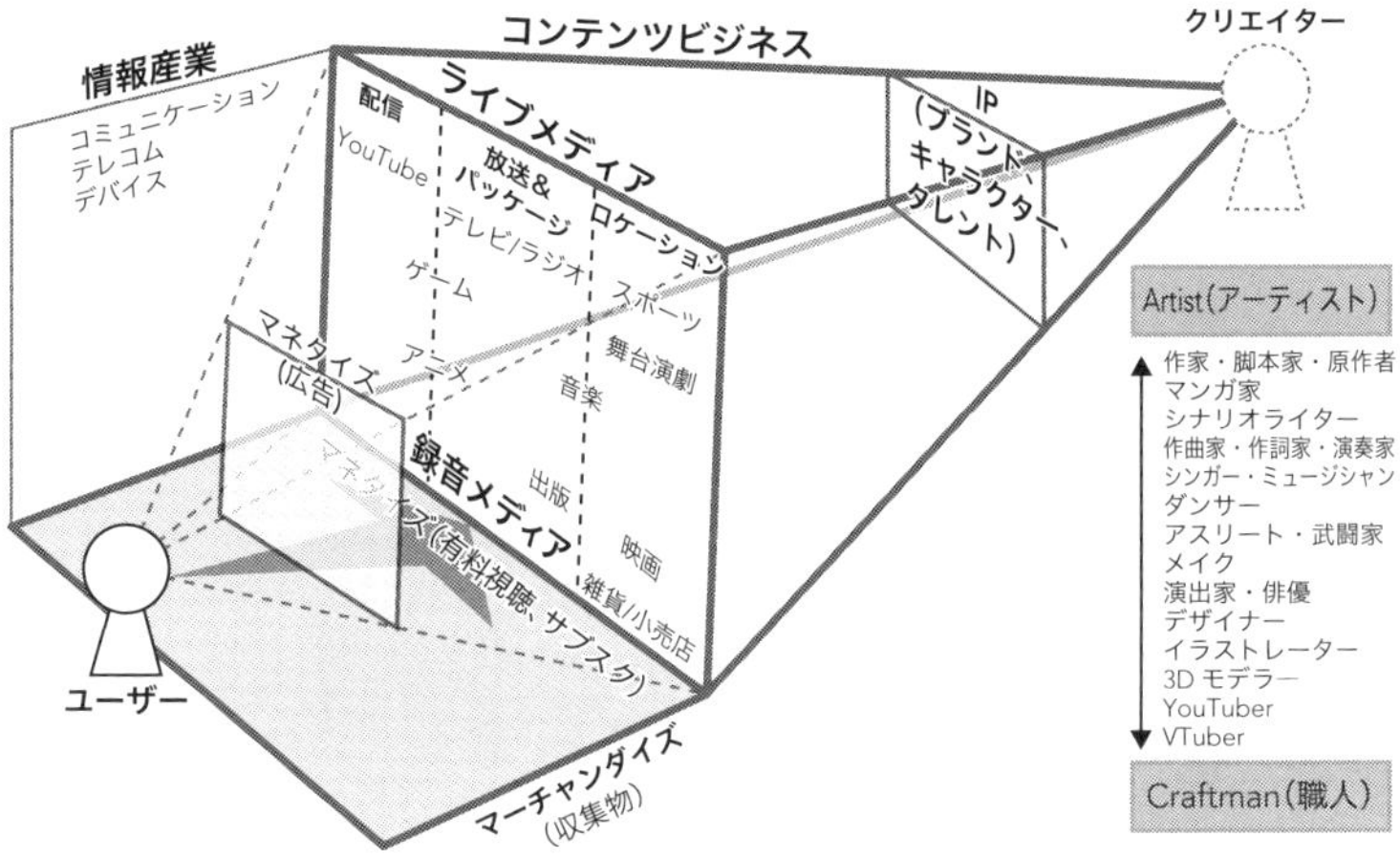

メディアありきのコンテンツだった20世紀→コンテンツがメディアを選ぶ21世紀

出典）著者作成

ると1時間くらい平気で時間をつぶせてしまう。ネットフリックスが年に2兆円近くの資金を使って、世界で最もお金をかけたコンテンツを量産するのも、ネットフリックスというメディアそのものにロイヤリティを持ってもらうためだ。

クリエイターたちは「その時代」「その場所」に合わせて、様々にメディアを乗り換えた。それは純文学の作家も、映画の脚本家も、マンガ家も、放送作家も、作曲家・作詞家もそうだし、武道家たちも、ｐｉｘｉｖのイラストレーターも、Ｖチューバーたちも等しく「クリエイター」であり、ユーザーがそのとき最も欲しているメディアを使って、自分自身がエンターテイメントだと思えるものを届けていく。

ゼロイチでビジネスを生み出す教科書

本書が対象とするのはコンテンツ市場（12兆円）、スポーツ市場（10兆円）、コンサート・演劇などのライブ市場（６０００億円）である。この年間合計20兆円を超える消費市場を「興行」「映画」「音楽」「出版」「マンガ」「テレビ」「アニメ」「ゲーム」「スポーツ」の９つの分野に分けて、歴史から紐解いていく。それぞれの産業がどんな環境下で誰の手によって生まれ、どんな手段でビジネスモデルを構築していったのか。そのエポックを押さえていく。

これはエンタメビジネスの教科書だが、かといってエンタメだけに閉じる話ではない。なぜならこの９分野すべてがもともと市場としてはゼロから生み出されたものだからだ。人を喜ばせたいというピュアな発想から生まれ、その可能性を見いだした投資家などの支援者がついて、コンテンツを供給するクリエイターが企業の中に入り、ユーザーが定期的にお金を払う状態に至るまで、並々ならぬ過程を経ている。それはゼロイチでビジネスを生み出す教科書にもなる話だ。

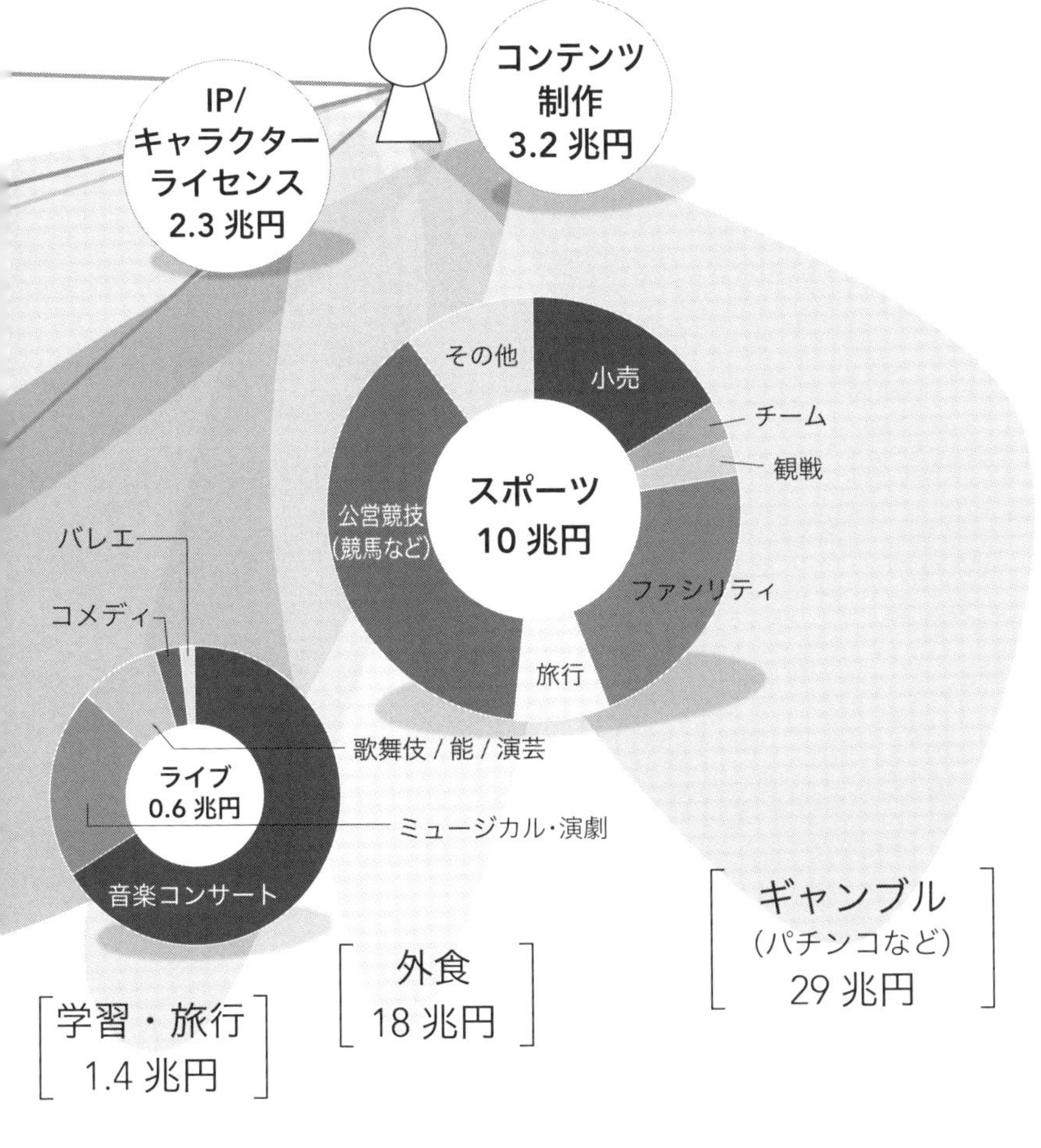
IP/
キャラクター
ライセンス
2.3 兆円
コンテンツ
制作
3.2 兆円
その他
小売
チーム
観戦
スポーツ
10 兆円
公営競技
(競馬など)
ファシリティ
旅行
バレエ
コメディ
歌舞伎 / 能 / 演芸
ライブ
0.6 兆円
ミュージカル・演劇
音楽コンサート
ギャンブル
(パチンコなど)
29 兆円
外食
18 兆円
学習・旅行
1.4 兆円

図表0-3　エンタメに関連する産業の全体像

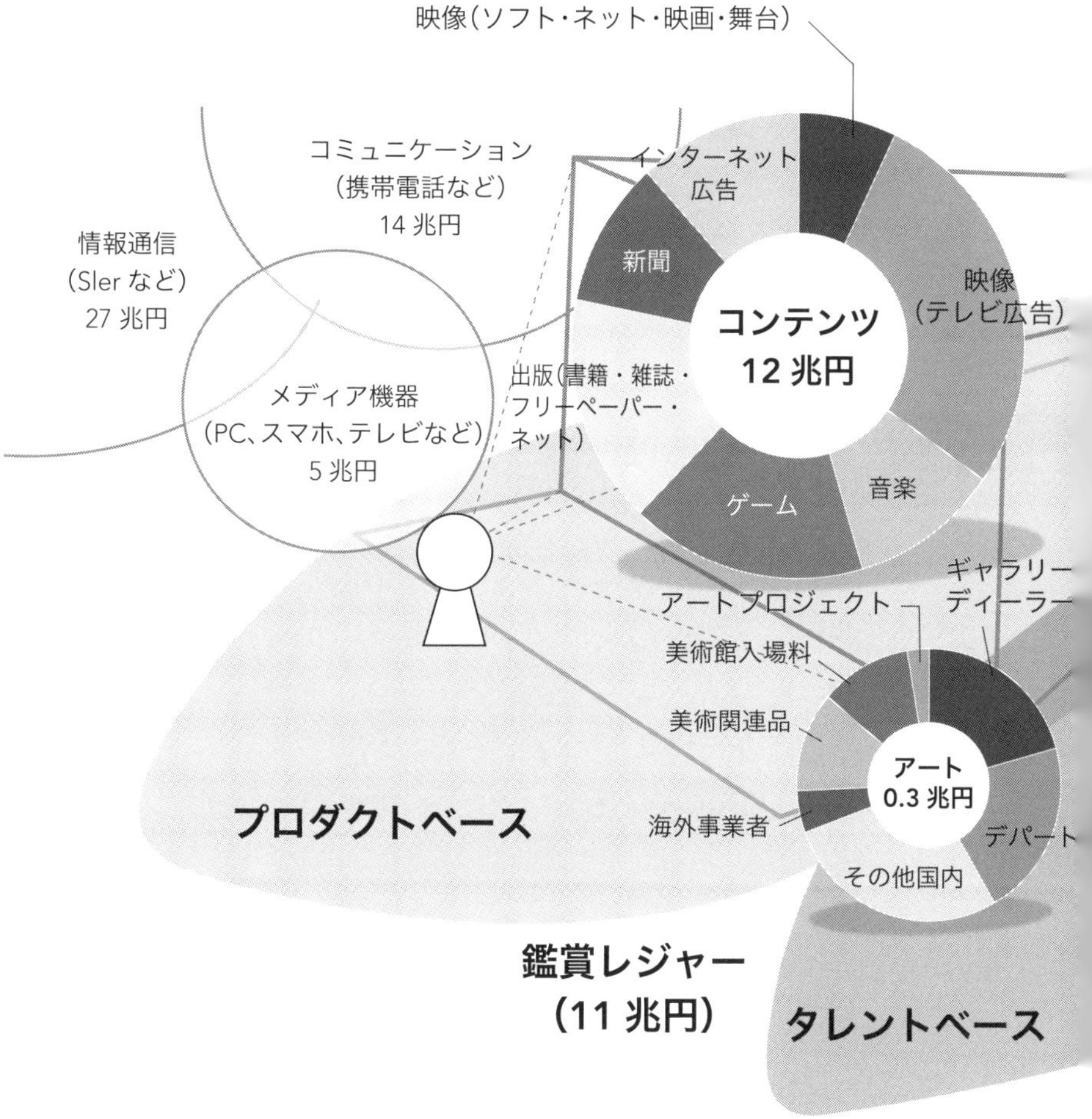

出典）各種資料より著者作成。コロナ前の水準の概略

1980年代	1990年代	2000年代	2010年代	2020年代

テレビ連動 → **音楽ライブ・2.5次元**

格闘技ブーム → **劇場再編** → **動画配信**

・スーパー歌舞伎(1986)
・劇団四季劇場(1998)
・渋谷らくご(2014)
・神田伯山TV(2020)

・ディズニーランド(1983)
・UWF(1984)
・Uインター(1991)
・UFC第2回大会(1994)
・K-1(1993)
・PRIDE(1997)
・猪木引退試合(1998)
・桜庭 vs ホイス(2000)
・テニスの王子様(2003)
・刀剣乱舞(2015)
・YouTube投げ銭(2017)
・VTuberにじさんじ上場(2022)

国民総テレビ・大衆文化爛熟 → **VS 動画配信**

ドラマ・ニュース・クイズ → **海外・アニメ・バラエティ・リアリティ** → **ジャンル総合格闘**

・ズームイン!!朝!(1979)
・ニュースステーション(1985)
・電波少年(1992)
・ASAYAN(1995)
・K-1(1996)
・イッテQ!(2007)
・Netflix上陸(2015)
・TVer(2015)

・火曜サスペンス劇場(1981)
・フジ月9ドラマ(1987)
・テレ東深夜アニメ(1995)
・ノイタミナ(2005)
・72時間ホンネテレビ(2017)
・イカゲーム(2021)
・那須川 vs 武尊戦(2022)

・なるほど!ザ・ワールド(1981)
・世界ふしぎ発見!(1986)
・プロジェクトX(2000)
・カンブリア宮殿(2006)

アイドル時代 → **グループアイドル時代**

J-POP確立 → **アニメ・ゲーム連動** → **K-POP**

・TMN(1983)
・X JAPAN(1989)
・イカ天(1989)
・カラオケ(1990s)
・小室ブーム(1994)
・JAM Project(2000)
・Perfume(2005)
・初音ミク(2007)
・きゃりーぱみゅぱみゅ(2011)
・YOASOBI(2019)
・Ado(2020)

・おニャン子(1985)
・光GENJI(1987)
・安室奈美恵(1992)
・浜崎あゆみ(1993)
・宇多田ヒカル(1998)
・SMAP(1991)
・嵐(1999)
・モー娘(1997)
・AKB(2005)
・東方神起(2003)
・TWICE(2015)
・BTS改称(2017)

スポーツビジネス化

Jリーグ・W杯ブーム → **プロ野球再編** → **動画配信**

・ウィンブルドン松岡(1995)、伊達(1996)
・楽天イーグルス(2004)
・福岡ソフトバンク(2005)
・横浜DeNA(2012)
・Jリーグと DAZN 契約(2017)
・ボクシング井上戦アマプラ放送(2022)

・千代の富士優勝(1981)
・トヨタカップ(1981)
・若貴時代(1989)
・Bリーグ(2015)

・ロス五輪(1984)
・ソウル五輪(1988)
・Jリーグ(1993)
・フランスW杯(1998)
・日韓W杯(2002)
・東京五輪・収賄事件(2021)
・カタールW杯・ABEMA放送(2022)

図表0-4　日本エンタメビジネス年表　その1

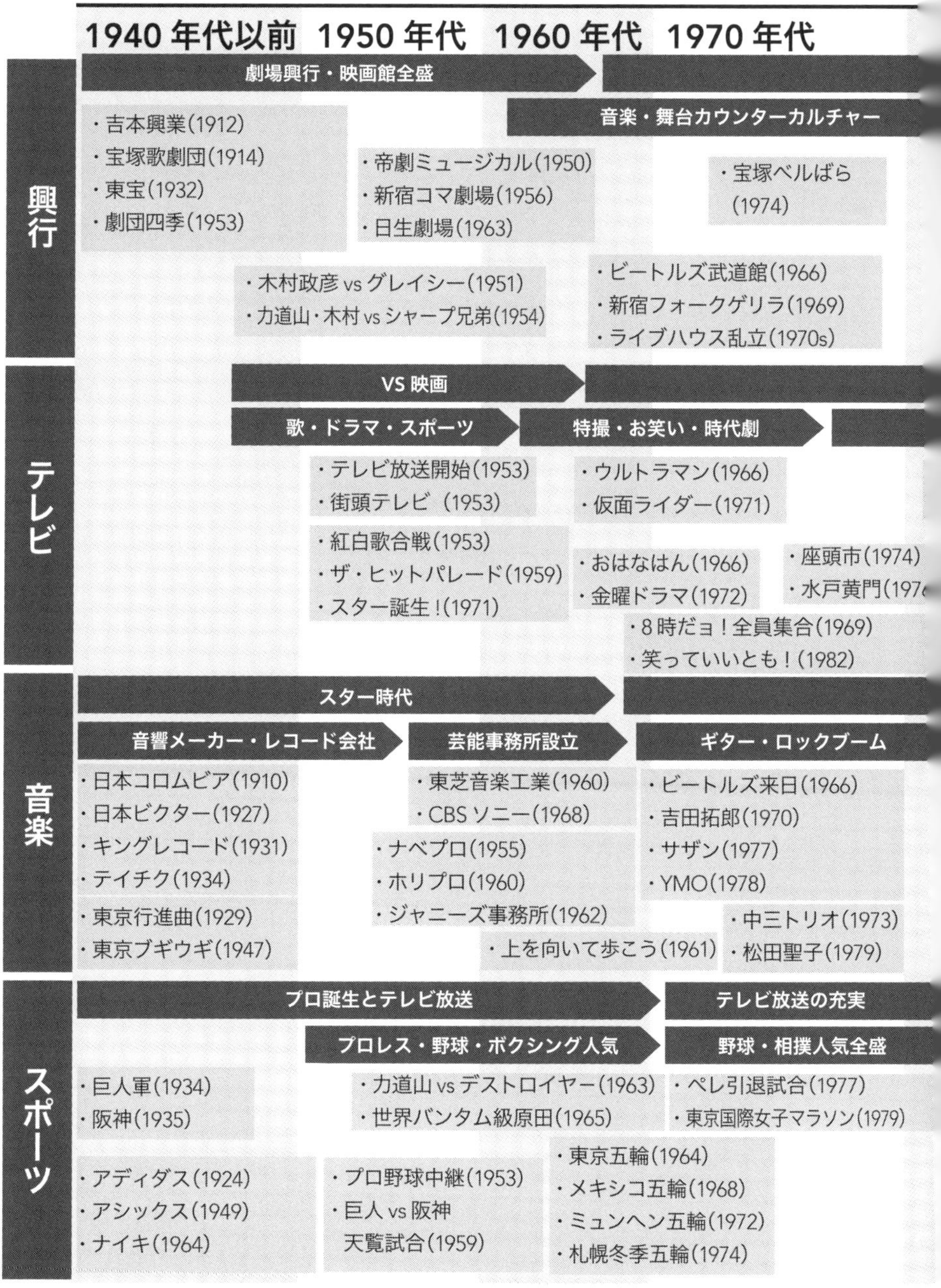
1940年代以前
1950年代
1960年代
1970年代
興行
劇場興行・映画館全盛
音楽・舞台カウンターカルチャー
・吉本興業(1912)
・宝塚歌劇団(1914)
・東宝(1932)
・劇団四季(1953)
・帝劇ミュージカル(1950)
・新宿コマ劇場(1956)
・日生劇場(1963)
・宝塚ベルばら(1974)
・木村政彦 vs グレイシー(1951)
・力道山・木村 vs シャープ兄弟(1954)
・ビートルズ武道館(1966)
・新宿フォークゲリラ(1969)
・ライブハウス乱立(1970s)
テレビ
VS 映画
歌・ドラマ・スポーツ
特撮・お笑い・時代劇
・テレビ放送開始(1953)
・街頭テレビ (1953)
・ウルトラマン(1966)
・仮面ライダー(1971)
・紅白歌合戦(1953)
・ザ・ヒットパレード(1959)
・スター誕生!(1971)
・おはなはん(1966)
・金曜ドラマ(1972)
・座頭市(1974)
・8時だョ!全員集合(1969)
・笑っていいとも!(1982)
音楽
スター時代
音響メーカー・レコード会社
芸能事務所設立
ギター・ロックブーム
・日本コロムビア(1910)
・日本ビクター(1927)
・キングレコード(1931)
・テイチク(1934)
・東京行進曲(1929)
・東京ブギウギ(1947)
・東芝音楽工業(1960)
・CBSソニー(1968)
・ナベプロ(1955)
・ホリプロ(1960)
・ジャニーズ事務所(1962)
・上を向いて歩こう(1961)
・ビートルズ来日(1966)
・吉田拓郎(1970)
・サザン(1977)
・YMO(1978)
・中三トリオ(1973)
・松田聖子(1979)
スポーツ
プロ誕生とテレビ放送
テレビ放送の充実
プロレス・野球・ボクシング人気
野球・相撲人気全盛
・巨人軍(1934)
・阪神(1935)
・力道山 vs デストロイヤー(1963)
・世界バンタム級原田(1965)
・ペレ引退試合(1977)
・東京国際女子マラソン(1979)
・アディダス(1924)
・アシックス(1949)
・ナイキ(1964)
・プロ野球中継(1953)
・巨人 vs 阪神
天覧試合(1959)
・東京五輪(1964)
・メキシコ五輪(1968)
・ミュンヘン五輪(1972)
・札幌冬季五輪(1974)

(注)洋画は日本公開年

1980年代　1990年代　2000年代　2010年代　2020年代

王道マンガ
- キャプテン翼(1981)
- ドラゴンボール(1984)
- ダッシュ!四駆郎(1987)
- スラムダンク(1990)
- 金田一少年(1992)
- セーラームーン(1991)

メディアミックス化
- 遊☆戯☆王(1996)
- GTO(1997)
- ワンピース(1997)
- NARUTO(1999)
- BLEACH(2001)

電子マンガ

Webtoon
- 進撃の巨人(2009)
- 鬼滅の刃(2016)
- 梨泰院クラス(2016)
- 俺だけレベルアップな件(2018)
- SPY×FAMILY(2019)

玩具MDアニメ
- うる星やつら(1981)
- キャプテン翼(1983)
- ドラゴンボール(1986)
- セーラームーン(1992)

アニメ委員会&OVA時代
- エヴァンゲリオン(1995)
- レッツ&ゴー!!(1996)
- 名探偵コナン(1996)
- 鋼の錬金術師(2003)
- 涼宮ハルヒの憂鬱(2006)
- Fate/Stay night(2006)
- 化物語(2009)

配信&グローバル時代
- けいおん!(2009)
- SAO(2012)
- 進撃の巨人(2013)
- ラブライブ!(2013)
- 鬼滅の刃(2019)
- 呪術廻戦(2020)
- SPY&FAMILY(2022)

アーケードゲーム　**PCゲーム**　**モバイルゲーム**

家庭用ゲーム
- スーパーマリオ(1985)
- ドラゴンクエスト(1986)
- ストリートファイターII(1991)
- 餓狼伝説(1991)
- ソニック(1991)
- セガラリー(1995)
- バーチャファイター(1993)
- ときめきメモリアル(1994)
- ポケットモンスター(1996)
- FFVII(1997)
- BeatMania(1997)

家庭用オンライン
- モンスターハンター(2004)
- 怪盗ロワイヤル(2009)
- ドリランド(2011)
- パズドラ(2012)
- モンスト(2013)

洋画大作人気　**邦画再浮上期**

角川・インディーズ
- 犬神家の一族(1976)
- マルサの女(1987)
- 敦煌(1988)
- Shall we ダンス?(1996)
- リング(1998)

ジブリ・テレビ局映画
- 魔女の宅急便(1989)
- 紅の豚(1992)
- もののけ姫(1997)
- 千と千尋の神隠し(2001)
- ハウルの動く城(2004)
- タイタニック(1997)
- ハリー・ポッター(2001)
- 子猫物語(1986)
- 踊る大走査線(1998)
- 世界の中心で、愛を叫ぶ(2004)
- HERO(2007)

アニメ劇場版連動展開
- 君の名は(2016)
- コナンゼロ(2018)
- 鬼滅の刃(2020)
- 呪術廻戦0(2021)
- ONE PIECE RED(2022)

図表0-5　日本エンタメビジネス年表　その２

1940年代以前
1950年代
1960年代
1970年代
マンガ
新聞・紙芝居
貸本マンガ
週刊マンガ誌全盛期
・黄金バット(1930)
・のらくろ(1931)
・サザエさん(1946)
・マアチャンの日記帳(1946)
・鉄腕アトム(1952)
・リボンの騎士(1953)
スポ魂・少女漫画
・巨人の星(1966)
・あしたのジョー(1967)
ラブコメ
・うる星やつら(1978)
・タッチ(1981)
・ポーの一族(1972)
・ベルサイユのばら(1972)
・風と木の詩(1976)
アニメ
子供向けアニメ
・桃太郎海の神兵(1945)
・白雪姫(1950)
・白蛇伝(1958)
・宇宙戦艦ヤマト(1974)
・機動戦士ガンダム(1979)
・マクロス(1982)
・鉄腕アトム(1963)
・オバケのQ太郎(1965)
・サザエさん(1969)
・ドラえもん(1973)
ゲーム
・ポン(1972)
・インベーダー(1978)
・パックマン(1980)
・ドンキーコング(1981)
・マリオブラザーズ(1983)
映画
映画黄金期
ヤクザ・ＳＦ人気
戦時映画統制
・東宝(1932)
・東映(1942)
・羅生門(1950)
・東京物語(1953)
・七人の侍(1954)
・ゴジラ(1954)
・用心棒(1961)
・座頭市物語(1962)
・網走番外地(1965)
・黒部の太陽(1968)
・緋牡丹博徒(1968)
・男はつらいよ(1969)
・仁義なき戦い(1973)
・日本沈没(1973)
・宇宙戦艦ヤマト(1977)
・スター・ウォーズ(1978)
・E.T.(1982)

終章

クリエイターが変化し、永続性を持つ

決して絶滅はしない、しなやかな特性

団塊世代とともに醸成された日本の消費型エンタメ

海外への影響、子世代・孫世代の育成

欠乏した「海外」へのマーケティング機能

社会の入口／出口に寄り添うエンタメの社会的機能

実験的で前衛的な産業として新時代の予兆となる

第1章

興行

力道山 vs デストロイヤー（1963年12月2日）
写真：東京スポーツ/アフロ

1-1 「一度限りの瞬間」を売る期待値商売

作り手と観客のノリが「神回」を生む

興行は、ゲームとも映画とも出版とも異なる。後者はテキストや映像などの「表現をメディアに焼き付けたもの」で、ある意味平面的である。そしてあとから何度でも消費できる。制約なく何十万人、何百万人が同じように味わえる。だが興行は、能や歌舞伎も、演劇も漫才もミュージカルも、そしてスポーツも、「人と空間」がそのまま立体的なメディアとして成立している。コピーはできない。春の桜のように「消えてしまう」ものであり、だからこそ本当に美しく、見るものを魅了する。

興行のリスクは巨大である。1～2時間で終わってしまう本番に向けて多数の関係者を巻き込み、音楽ライブであれば演出まで含めて数億円といった資金を投じてリスクテイクしなくてはいけない。

興行のお金の取り方は原始的な「入場料」である。基本的に入場料を払って見物してもらうコンテンツが（展示会やテーマパークまで含めて）興行である。何万人がお金を払っても観たいと思うかどうかの期待値商売であり、ほとんどその場だけでユーザーの満足度が決まる。

また作り方という意味でも、興行は特徴的である。生産と消費が同じ瞬間に成り立つというのは、ほかのエンタメを圧倒する唯一無二の特徴であり、消費のされ方によって、生産している側が変化する。客のノリが違うのであれば、作り手側もそのノリに合わせてまったく違うものを届ける瞬間がある。いわゆる「神回」というやつだ。人がその場でコンテンツを作り、まさに作られた「その瞬間」が消費されるのが興行である。

600年続く最古のエンタメ「能」はマンガやアニメにも通じる

興行の歴史は、深い。源流は奈良時代の伎楽《ぎがく》になるだろうし、そこから舞楽、散楽、田楽、猿楽といった派生の中で、平安・室町時代に能や狂言へと発展していく。「座」として専業の芸能集団が登場するのもこの時代である。その後、歌舞伎が流行るのは江戸時代、常設展としての「小屋」、すなわち劇場ができてからの話だ。

現存する演劇の中で最古のものは「能」である。足利義満と世阿弥がそれぞれ17歳と12歳の時に出会った1374年に始まる、600年続いているエンタメである。武士の足利家がスポンサーとして貴族文化に代わりうるものとして発展させ、それはすなわち「文化的覇権」を握ろうという将軍義満の野望を代替する芸能でもあった。

世阿弥は当時スーパースターだった。役者としての美貌はもちろん、作詞家・作曲家としても作品を残し、演出から理論まで完璧に構成した。[01] 周囲が憤慨するほど将軍義満の寵愛を受け、当時としては〝当たり前〟だった衆道（男色）の関係があったと言われる。

彼の『風姿花伝』には「離見の見」「初心忘れるべからず」「秘すれば花なり」など現代まで残っている言葉も多い。現在200を超える能の演目の中には世阿弥が作り上げたものの多くが今なお残っている。

1人の演者が作詞、作曲、脚本、演出などをすべてこなす様は、現代の「マンガ家」をみるようだ。それぞれを緊密にすり合わせて作り上げる職人芸のような作品、解釈、そこに載せられた哲学などは、集団によるクリエイションには実現しえない凄みがある。

そのうえで著作権の希薄な能は、同じ演目がほかの流派でも気軽に上演されていたりもする。そうした特徴は、今の（米国とは違う）日本のアニメ界やマンガ界にも通じるものを感じる。

宗教と遊興が同居する場所に興行が栄える

興行文化が後世に残るかどうかは、世の為政者をスポンサーとして取り込めるか否かが大きく関わってくる。歌舞伎や落語が現在まで続く背景には、「伝統芸能」としての公的認定や、松竹、吉本興業のようなビジネスモデル化、市川家のような一族で代々伝承される技など、組

01 増田正造『世阿弥の世界』集英社、2015

能楽の歴史（能楽協会 HP）

織的なバックアップがあってこその奇跡のようなものだ。

能が芸能としてそれらに見劣りしてしまうのは、現在の担い手である1000人強の能楽師たちの集まりが「個人」を主体としたものであり、スポンサーとなる組織を持っていない点にもよる。能が為政者におもねった作品を作ったり宗教色を帯びさせたりといったことを行ってこなかったストイックさゆえに、お金や人を巻き込むことができなかったのではないか、とも思われる。

かたや歌舞伎は江戸時代におけるサブカルである。歌舞伎は「傾《かぶ》く」というアンチカルチャーから始まり、日本全国を転々とする半分娼婦のような遊女たちが阿国歌舞伎として流行らせたところから始まっている（白拍子なども同じような系統と言われる）。しかしあまりにも煽情的だとして禁止され、今度は美少年たちによって行われた若衆歌舞伎もまた同じ理由で禁止され、男が女役を演じる野郎歌舞伎へと変化を続けてきた。

1980年代ごろにはスーパー歌舞伎として西遊記や中国の古典を取り入れた演目が披露され、果ては「ワンピース歌舞伎」「初音ミク歌舞伎」といった時代に寄り添ったテーマへの適応力たるや、見事なものである。

興行は本質的にカオスの中に生まれる。それは興行が宗教、遊興、芸能とセットで繁栄してきたことからもわかるだろう。昔の浅草は浅草寺の裏に芝居町があり、その横には吉原があり、神仏、芸能、売色が三位一体の文化センターであった[02]。

世界各地の宗教的な場所は、ある種の治外法権的な色を帯びる。そこに芸能も一緒くたにつ

02 小沢昭一『私は河原乞食・考』岩波書店、2005

いてきており、これが興行、ライブの世界の本質、ということなのではないかと思われる。まずはエンタメの歴史をここから始めていきたい。

1-2 明治・昭和に世界行脚した興行師たち

日本初のパスポートを取得したサーカス団、米国大統領にも謁見

日本で最初にパスポートをとった人物をご存じだろうか？当然ながら、国境をまたぐ行為への公的認証であるパスポートが発行されるのは、国の概念が出来上がり、鎖国を解いた江戸末期の話である。１８５３年のペリー来航、１８６７年の大政奉還による江戸幕府の終了、そして１８６８年から「日本国」としての明治時代が始まる。

まさにそのハザマとなる１８６６年、18人で海外へ旅立った東北の寒村出身の高野広八一座が、日本の民間人初のパスポート取得者である。彼らは今でいうサーカスの一座だった。横浜の領事館員をしていたリドレーの手引きで米国に渡る。船で28日間かかる長旅だ。リドレーが18人に最初に払った前渡金は１０００円、現在の価値にすると４００万円といったところだろう。残り半分は渡航してからということで、給与総額８００万円ほどの興行ツアーを開始した

のが今から約１５０年前の話である。

日本のサーカス一座は綱渡りやブランコ、水芸などを演目にしていた。当時米国で流行していたサーカスは動物や奇人変人を使った「見世物」であった。一座はそれらと違って、れっきとした芸で評価をされ、「曲芸と東洋魔術の公演にはゴマ化しというものが全然ない。彼らの演技は掛け値なしに素晴らしいものだ…これぞ正真正銘、日本のエンターテイメントであり、誰一人心から満足することなしに観る者はない」と絶賛されている。[03]

人口７００人のサンフランシスコがゴールドラッシュで1~2年のうちに3万５０００人の大都市になったその時期、彼らはそこで合計60回以上の公演を行った。座席数４００のオペラハウスが約1ドル（現在の約４０００円）の入場料でほとんど満員という結果を残した。これだけで現在価値にして数千万円を稼いだのではないかと思われる。半年後にはニューヨークで興行し、なんと当時の第17代米国大統領アンドリュー・ジョンソンにも謁見している。

その後は12日間かけてパリに渡り、ロンドン、スペイン、オランダと世界各地で巡業をし、帰国した１８６９年になってから一座は初めて気づくことになる。日本はすでに江戸幕府が終わり、明治という時代になっていた。

その顛末を描いた『大世紀末サーカス』には、この約８５０日間で、現在価値にして5億~6億円の費用がかかり、途中火事で６０００万円相当が失われ、娼婦に２００万円相当を盗まれたり、最後の最後に2年半旅をともにした興行主にお金を持ち逃げされたりと、いろいろな記述がある。興行ビジネスは今も昔もこんな話に溢れている。

03　安岡章太郎『大世紀末サーカス』朝日新聞社、1984

当時の記録からわかるのは、鎖国明けにもかかわらず、本当に種々雑多な日本人が意外にも様々な手段を講じて「海外に押しかけていた」という事実である。ちょうど1867年ごろは「ええじゃないか」の時代でもある。好奇心旺盛かつベンチャースピリッツに満ちた日本人の本質は、閉鎖的だったはずの江戸時代末期においても垣間見ることができる。

「最強の柔道家」木村政彦、世界興行で英雄グレイシーを倒す

興行はともすると「見世物」として偏見を助長するものにもなりえる。1878年のパリ万博で「黒人村」としてフランス植民地の先住民をオリの中に展示していた事実は、人類の黒歴史とも言えよう。日本でいえば、江戸・明治・大正時代に先天的な障がい者を出し物にしていた見世物小屋などもその一例だ。だが、偏見や差別に基づくものではなく、同じ人間が磨き上げた技量や芸の展示であれば、何の問題もない。そこには市場を生み出すタネが生まれる。

明治維新期の曲芸一座が世界展開したように、第2次世界大戦後に「柔道」を国内・海外で興行してきた伝説的事例がある。「木村の前に木村なく、木村のあとに木村なし」と言われ、柔道史上最強とうたわれる木村政彦である。拓殖大学時代に全日本柔道選手権3連覇（しかも当時プロとアマに分かれていたが、学生なのにプロ枠に入れられていた）、15年間無敗を通した空前絶後の柔道家である。競技人口が数百万人いた柔道全盛期の1930〜40年代に柔道家の頂点にいた男だ。

その木村が１９５０年に全日本プロ柔道選手権を東京・芝公園の日活スポーツセンターで行った。日本のプロレスや格闘技の興行ビジネスはすべてここから始まったのである。木村はその後ハワイ、そして25万人の日系移民がいて格闘技も盛んだったブラジルで、１９５１年に興行を行っている。この海外興行が、のちに木村と力道山の邂逅《かいこう》につながり、力道山が日本テレビのスポンサーのもとでプロレス団体を始めたことで、ジャイアント馬場の全日本プロレスとアントニオ猪木の新日本プロレスにつながり、現在に至るまでの日本プロレス界が作り上げられる話と地続きになっている。

１９９３年、４００戦無敗のヒクソン・グレイシーが来日した際に歴史から掘り起こされたのが、１９５１年の「マラカナンの屈辱」であった。木村に敗れたのはヒクソンの父親、エリオ・グレイシー。当時ブラジルスポーツ界の英雄であったエリオを、ブラジル大統領も含めて3万人の観客が立ち会う中、２ラウンドで木村が破ったのである。ヒクソン一族はその意趣返しに、世代を超えて日本の格闘家たちをなぎ倒すためにブラジルからやってきた、というわけだ。この一連の騒動が日本をにぎわせた１９９０年代の喧騒は、１９５１年の木村の世界興行を発端にしている。

ここから日本の総合格闘技はファンタジーのようなマンガのような物語が紡がれた。新日本プロレスからＵＷＦなどの「ガチバトル」が分派してＫ－１が生まれ、ＰＲＩＤＥが登場し、１９９０年代後半から10年余り、日本は空前の総合格闘技ブームとなった。それまで半世紀の「プロレスが最強」とうたわれていた歴史がベースとなっている。

興行とは物語である。40年前の屈辱を晴らすため、子世代の格闘家が国を越えて戦う。バタバタとなぎ倒されたのは、当時日本で格闘家・プロレスラーの頂点にいた人々である。「いったいこの世界にはどんな凄いやつがいるんだ⁉」と、「最強の男」のファンタジーに人々が熱狂した。[04]『バキ』の作者の板垣恵介もまた、木村政彦やグレイシー一族の物語に執着し、大きく影響を受けた1人だ。物語が物語を紡いでいく。

04 増田俊也『木村政彦はなぜ力道山を殺さなかったのか』新潮社、2011

1-3 日本の興行モデルを作り上げた東宝、松竹、吉本

利権者を整理しヤクザを排除し、「場所」にブランド価値をつける

興行とは「観客を集め、金をとって、見せるもの」ではなく、「見せるものへの期待値を作り出し、それによって金を払うに足ると感じるファンを集める仕事」である。それは創造的な作業だが「集める場」が常に制約となる。劇場や土地に紐づいている興行は利権との闘いであった。

1900年に常盤座の経営を引き受けた松竹の創業者兄弟は、江戸時代からの悪習と向き合う必要があった。劇場の木戸口にごろつきがたむろし、客を脅したりからかったりする。それを防ぐためには「親分」に頼む必要があるが、その見返りに座席の何割か、あるいは入場料の何割かを要求されるのだ。

松竹が大阪の劇場を買い集めていくプロセスはまさに命がけ。刀で切られてあわてて逃げか

松竹の歴史（同社 HP）

えることもしばしばだった。このシステムを改革したいと戦った松竹兄弟は、警察の許可を得て常に護身用の拳銃を懐に入れていた。そういう時代だった。[05]

ごく近年の2015年前後ですら、横浜スタジアムの運営権を手に入れるためにDeNAが600人を超える利権者と4年かけて交渉しなければいけなかったように、「場に集まる利権」は現在も継続しているものである。[06]

土地を持つ者が興行を打つ、というのは100年以上も続く慣習である。なぜ弱小鉄道会社の小林一三が宝塚少女歌劇団を1912年に作ろうとしたのか。読売新聞社がなぜアマチュア優位の時代に「金儲けのプロスポーツ」と嫌われながら1934年に巨人軍をつくったのか。それは興行が成功すると「場が豊かになる」のである。

人々は興行（コンテンツ）の力によって、その場所（メディア）に愛着を持ち集う。集うことで新しい出会いや価値が生まれ、そのブランドができた場そのものが地価という形で価値を上げる。興行のヒット作を生み出すことは、土地を持つ者にとっての収穫期である。

そうした興行にとって「利権者を整理すること」はその仕事の一丁目一番地である。リスクを取って劇場を作り、魅力ある興行を誘致するために有力な興行師・演者を探し続ける。興行師は演者集団をまとめ、日本全国を行脚しながら入場料を劇場主と折半し、生計を立てる。演者は「面白いものを見せたい」という芝居の魅力に取りつかれた人々である。

彼らを支援したのがタニマチや金主と言われる人々であった。松竹を生み出した松次郎・竹次郎兄弟には大浦新太郎がいたし[07]、巨人軍や木下サーカスにとっては正力松太郎だったろうし、

05 中川右介『松竹と東宝　興行をビジネスにした男たち』光文社、2018
06 池田純『最強のスポーツビジネス Number Sports Business College講義録』文藝春秋、2018
07 髙橋銀次郎『快男児!　日本エンタメの黎明期を支えた男』日経BP、2020

図表1-1　興行業界のバリューチェーン

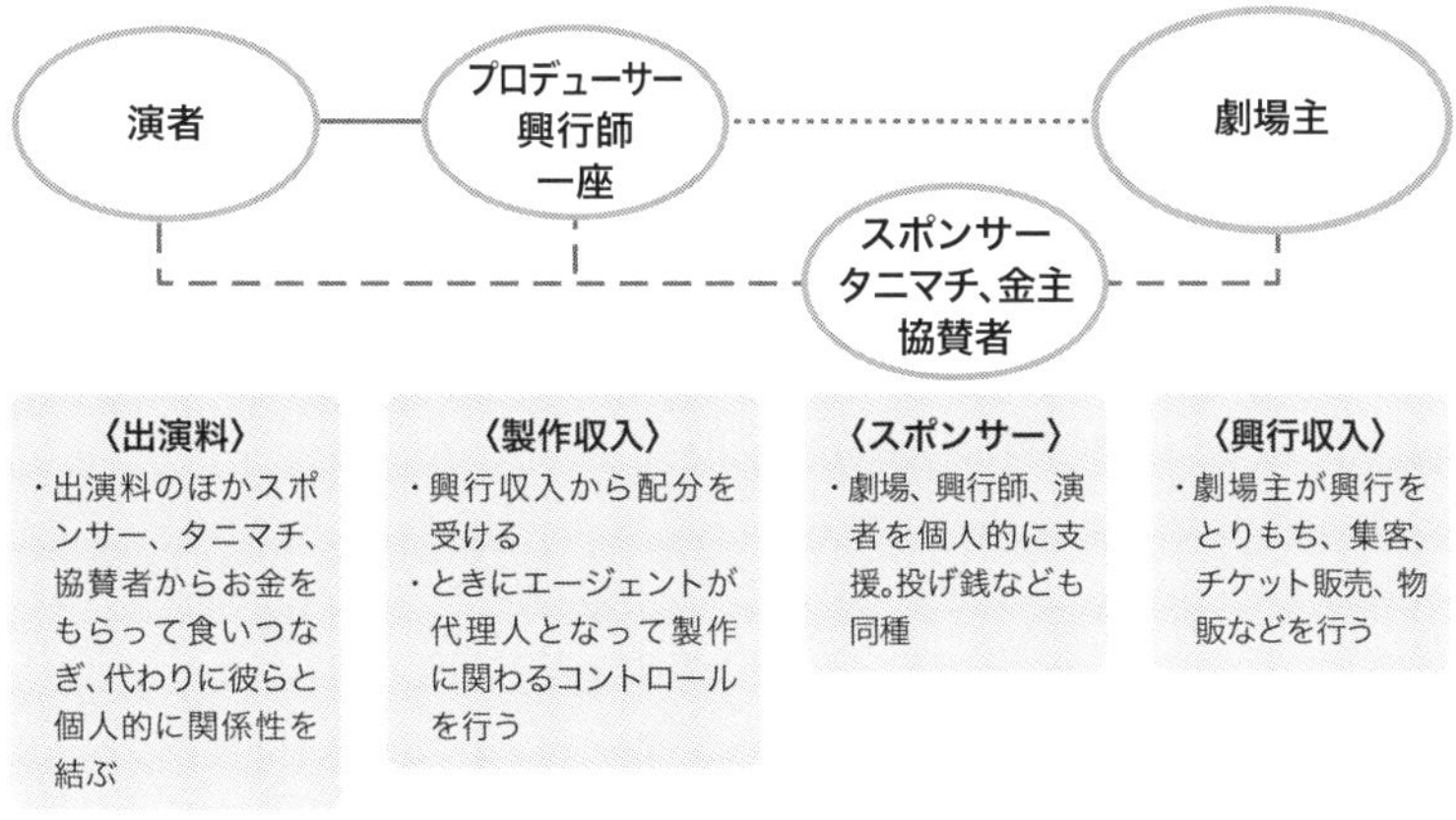

出典）著者作成

宝塚や帝劇、日劇ウエスタンカーニバルにとっては小林一三だった。そうした金主たち自身が、大抵の場合は芝居狂でコンテンツのファンだった。

彼らは木戸銭マージンで商売するヤクザたちを排除し、興行の世界を演者、劇場主、興行師の3者だけできちんと回せるように整備していった。だからこそ、興行師の世界は一層きな臭い印象が強い。生前には悪評紛々で同時代においては評価されることが少ない。だが後世においてその残した成果によって賞賛されることになる。「棺を蓋いて事定まる」とは興行師のための言葉だろう[08]。

宝塚も吉本も「弱きもの」が作り上げた

興行の歴史を牽引してきたのは、三大興行資本と称された松竹、東宝、吉本であった。18

08　笹山敬輔『興行師列伝　愛と裏切りの近代芸能史』新潮社、2020

95年設立の松竹は、大阪の松次郎と竹次郎兄弟が京都5座を買い取り、悲願の東京歌舞伎座を手に入れ、歌舞伎・演芸から映画まで展開していった会社である。

東宝は、小林一三が鉄道の乗客を増やすために始めた宝塚少女歌劇団が原点である。小林が34歳で三井銀行を飛び出し、梅田と宝塚を結ぶ箕面有馬電気軌道という新興の鉄道会社に就職したとき、この大阪から郊外に向かう路線は絶望的なほど不人気だった。当初は有馬温泉までの路線を計画したが資金がなくて線路をひけなかった。

乗客を増やすために観光の目玉を作るしかない。急ぎ娯楽施設「パラダイス」でプールを作ったが、太陽の光が入らない屋内施設で水が冷たすぎて不人気だった。窮した小林は水を抜いてプールを客席に改造し、1909年に三越百貨店が結成した「三越少年音楽隊」にならって少女歌劇団を旗揚げした。

宝塚が人気になると、買い占めた土地を分譲住宅用に高く売って利益を上げる。日本史上最初の「都市開発」であり、関東の東急や西武もこの手法を模倣していく。

宝塚を成功させた小林は、1932年に演劇と映画の興行のために東京宝塚劇場を開設し、東宝というエンタメ会社として発展する。

吉本興行は、芸人道楽で問屋を破産させた夫を助けるために寄席を買って興行を始めた吉本せいから始まっている。吉本が1912年に天満天神裏「第二文芸館」を買い取り、入場料5銭（落語が15銭だったので格安）で見せようとしたものは、当時全盛を誇っていた落語とは違い、技としては見劣りするけれど笑えることには変わりがない「漫才」という会話劇であった。

小林一三と宝塚歌劇
（公式HP「5分で分かる！知って楽しむ宝塚歌劇」）

宝塚歌劇の歴史
（公式HP「宝塚歌劇100年の歩み」）

当時の漫才は、同じ話ばかりで新作が少ない落語からマクラの時事ネタ部分だけを取り出したもので、曲芸・曲独楽《きょくごま》・奇術などと並んで「色物（落語以外の〝レベルの低い〟興行がこう呼ばれた）」扱いだった。これが落語とは違う笑いの中心軸を築くことになる。

吉本は、関西と東京を中心とした寄席の劇場を取得しながら、巨人軍や日本プロレス協会の設立にも関わり、現在もテレビという「場」の価値を興行師として高め続けている。

吉本興業の歴史（同社 HP）

1-4 パリ∨ロンドン∨ニューヨーク∨東京 エンタメの「本場」の変遷

劣等感が次のエンタメを育てる

演劇の〝本場〟といえばニューヨークのブロードウェイだろう。野球やプロレスが米国を目指すように、劇団四季や宝塚もブロードウェイを目指してその興行の精度を磨き続けてきた。だが〝本場〟の源流をたどると、米国は米国で「欧州」という〝本場〟と戦ってきた歴史がある。

もともと欧州には「オペラ」があった。オペラはあくまで「歌」が主体であり、様式に基づいた歌を通してストーリーを伝える。声を楽器のようにかき鳴らし、その響き自体を楽しむ。ミュージカルも歌うには歌うが、あくまでリアリズムに基づいた演劇が主体であり、歌詞はセリフなのだ。リアリティとエンターテイメント、これが欧州文化に米国が付け加えたスパイスだった。[09]

09 藤田敏雄『ミュージカルはお好き？ 日本人とミュージカル』NHK出版、2005

英国という文化の〝最上流〟（英国もまた仏や独といった文化的ライバルに劣等感を持つ〝田舎モノ〟だったが）から独立した米国は、英国のスポーツであるクリケットやサッカー、ラグビーを拒み、あえて野球やアメリカンフットボールを作り出してきた。それは演劇も同じで、オペラを拒み、「ミュージカル」という言葉を定義したのが1893年、130年前の話である。ブロードウェイがそれまでの「英国に比べて質の低い大衆演劇ばかりやっている」状態から脱皮したのは、マンハッタン島が発展していく1900年代に入ってから。英国の1人あたりGDPを米国が抜いたタイミングでもある。

ブロードウェイはNY都市再生が生んだ5000億円市場

ニューヨークの演劇は、座席数500以上の40余りの劇場による「ブロードウェイ市場」と、500席未満の200以上もの小劇場による「オフブロードウェイ市場」からなる。ブロードウェイ市場だけで、年2000万人の観客を動員し、同2000億円以上の規模である。オフブロードウェイ市場の年4000万人超、同3000億円も加えると、日本全体の映画興行市場の2倍規模に達する。日本全国のミュージカル市場が700億円、演劇市場が500億円であることを考えると、マンハッタンという小さな島にどれほどの文化が〝詰まっている〟ことか。

これほどの市場規模までブロードウェイが成長したのは、実はつい最近、2000年代に入

図表1-2　米国ブロードウェイ市場

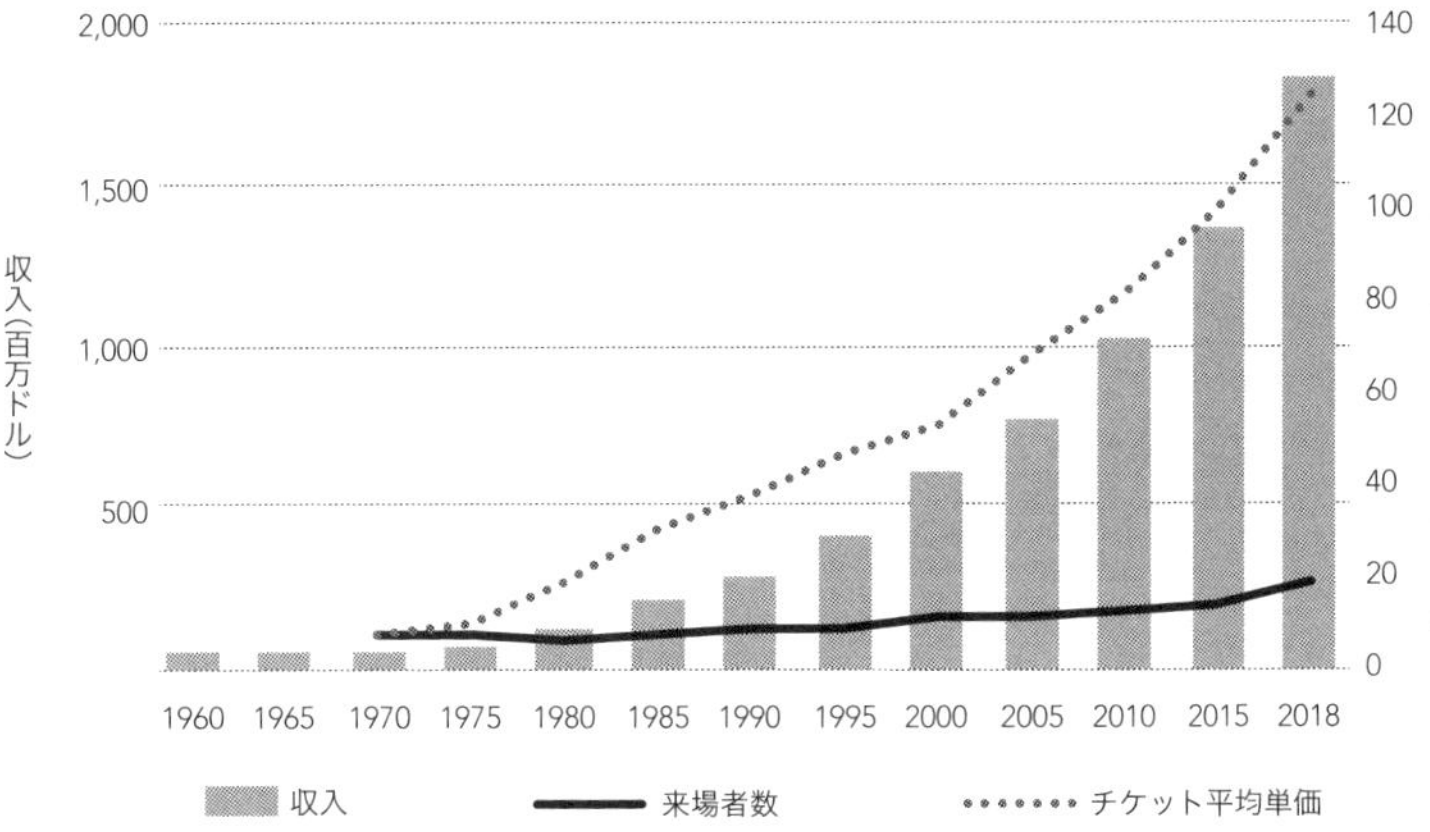

出典）The Broadway League、Harold L. Vogel "Entertainment Industry Economics" より著者作成

ってからである。この20年間で市場は4倍に伸びた。来場者が2倍になり、チケット代も2倍になった。入場料の単価1万5000円は、映画やスポーツの一般的なチケットと比較するとびっくりするような高価格帯である。

ブロードウェイは1990年代の都市再開発と外国人観光客の誘致によって、高付加価値化を実現した。ニューヨークは1980〜90年代、荒廃に帰していた。大量の移民とプアな行政サービス、殺人件数は戦後最多を記録し、1993年には失業率が10％を超えていた。荒んだ街を復興させたのが「割れ窓理論」でも有名なジュリアーニ市長で、治安や医療・教育といったサービスの改善と同時に、文化面ではタイムズスクエアの再開発を行い、大企業の投資を誘致していった。[10]

その中で、映画産業に押されまくって衰退していたブロードウェイに、ディズニーが進

10　ルドルフ・ジュリアーニ（著）、楡井浩一（訳）『リーダーシップ』講談社、2003

出してきたことは大きな転換点となった。[11] ディズニーはニューアムステルダム劇場と長期契約を締結して、劇場の改装から始めてブロードウェイに革命を起こしていく。それまで多くて数百万ドルで演劇作品を作っていた時代に、開発費1200万ドルの『美女と野獣』（1993年）や同2000万ドルの『ライオンキング』（1997年）など、当時の常識をくつがえすセンセーショナルなミュージカルを作り上げた。こうした作品は劇団四季を通して日本にも輸入され、日本演劇界も変える作品になっていく。

映画業界を救ったのがジョージ・ルーカスとスティーブン・スピルバーグであったなら、ミュージカル業界を救ったのはディズニーだと言っても差し支えない。ブロードウェイは、「敵」でもあった西海岸のハリウッド勢力を巻き込むことで、市場を活性化させ、再興を果たしたのである。

文化がもたらす経済効果

いまやニューヨークを訪れる観光客の3人に1人はミュージカルを見ると言われる。ブロードウェイ、オフブロードウェイを含めてニューヨーク州全体で約2000もの劇場があり、約9万人が雇用され、作品づくりに年1000億円以上の投資がなされ、観光客が5000億円のお金を落とす。総額1兆円を超える経済効果がミュージカル文化によって生み出されている世界最大規模の演劇市場なのである。

11　井上一馬『ブロードウェイ・ミュージカル』文藝春秋、1999

文化の浸透力というのは侮れない。いまだに世界のスポーツ市場の半分以上は、英国が大英帝国時代に広めたサッカーに牛耳られている。米国スポーツのアメフトも野球も、世界的にはほとんど浸透していない。

一度その文化が世界的ポジショニングを獲得した時、それは都市のブランド、国のブランドとなり、多くの人を巻き込む経済圏を築く。米国であればそれが映画、ミュージカルであり、日本ならそれがアニメ、ゲーム、マンガであるわけだ。

1-5 マスメディア凋落のネット社会における「唯一の成長市場」

音楽がライブをやめず、2・5次元ミュージカルが発展した理由

熱狂を生む、という1点に関しては興行に勝るものはない。集団の熱狂度を極限まで高める装置としてはライブ興行に勝るものはないのだ。人は同じものを同じように見て皆で感動したい。ライブの持つ魅力は「感染力」であり、人の興奮というのは容易に伝染する。その空気を味わうために、人は入場料ばかりか、交通費や宿泊費までかけてライブに足を運ぶ。

ラジオの無線放送ができたとき、テレビの全国放送が地方の末端まで届いたとき、インターネットに誰もがアクセスできるようになったとき、「古いメディア」である興行は廃れていくに違いない、と何度も言われてきた。もう100年以上にわたって。

しかしながら、音楽市場におけるCD売上の比率が9割を超えても、ミュージシャンたちは音楽ライブをやめなかった。アニメの不出来なキャラコスプレから始まった2・5次元ミュー

図表1-3　ライブエンタメの市場規模

コンサート

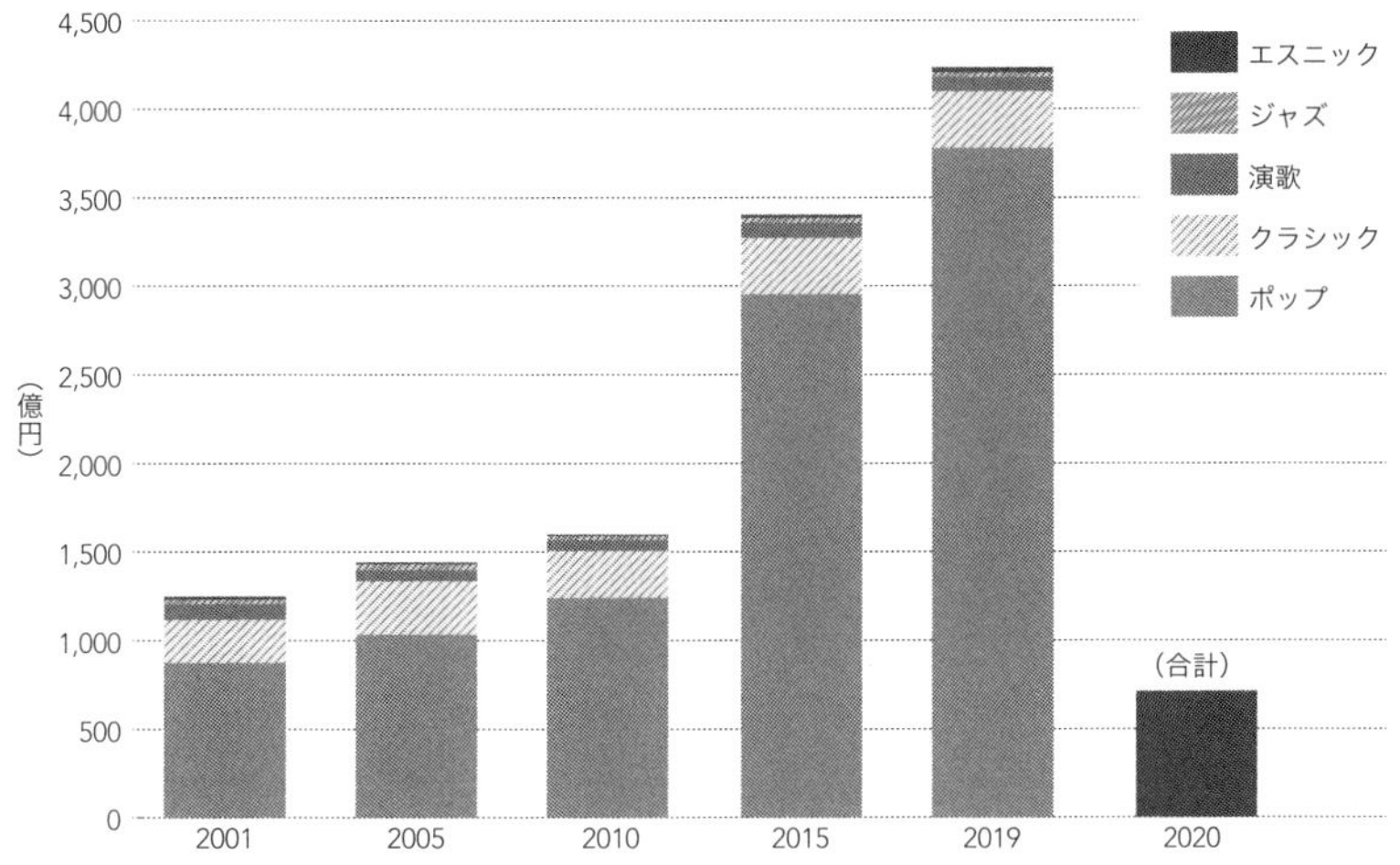

ステージ

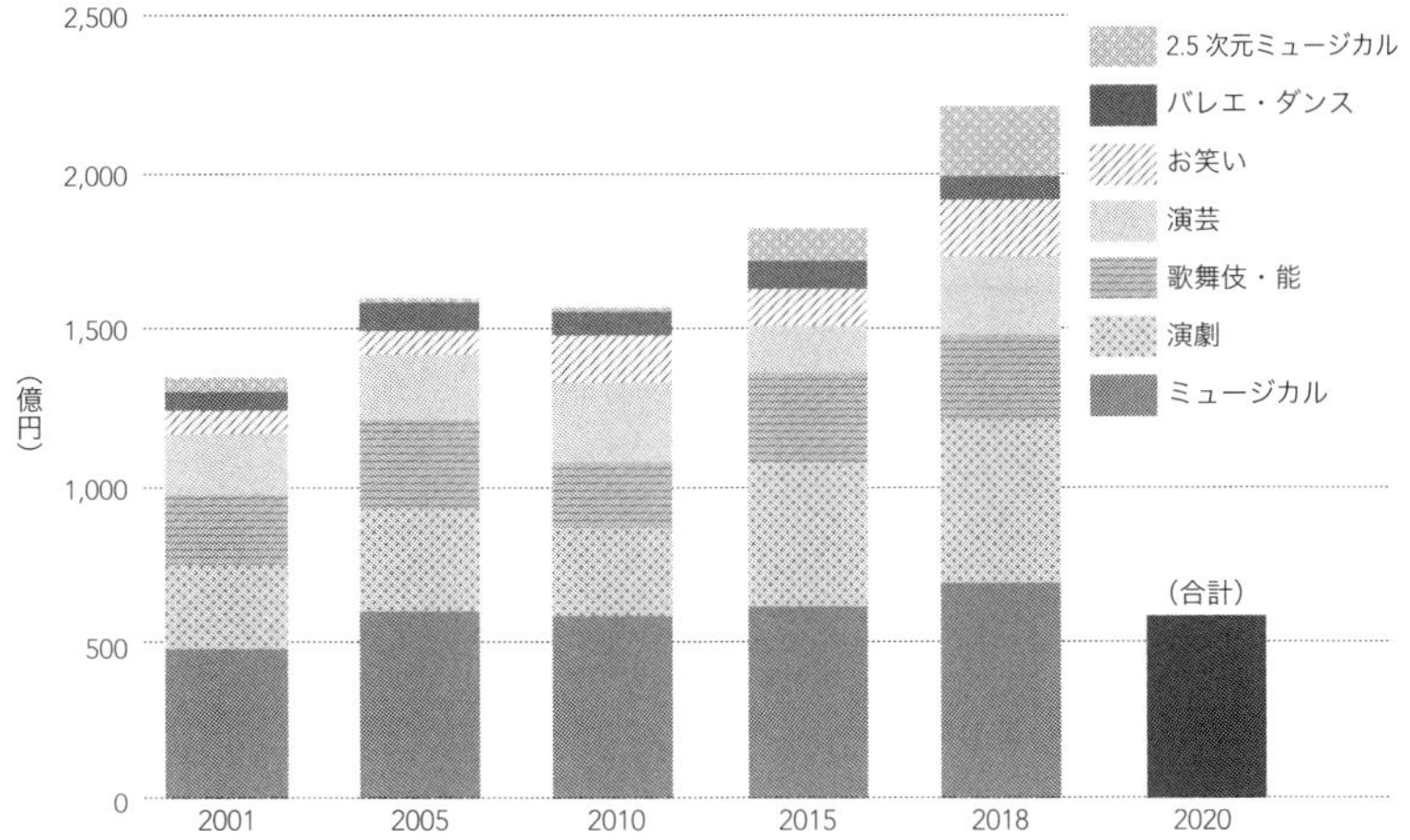

出典）ぴあ総研。「2.5次元ミュージカル市場」は他と重複あり

ジカルの市場は、２０２１年に史上最大の２３９億円と20年ほどで成長を遂げてきた。

大きな謎は、あらゆるマスメディアが苦しんだ１９９０年代後半からの20年間にわたって、ネット化する社会の中で「なぜ興行だけは伸び続けたのか？」ということだ。

コンサートビジネスはこの20年、特に２０１０年代に入って１５００億円から４０００億円へと２・７倍になった。その多くは「ポップミュージック」であり、ＣＤがどんどん凋落する中でライブとグッズ販売という古くて新しいモデルで大きく成長していった。象徴的な事例は、ＥＸＩＬＥを擁する２００３年設立のＬＤＨがゼロから５００億円規模の事務所に飛躍したことだろう。これもまたライブ音楽という「興行」の成功だった。

ステージ市場もまた、この20年で１０００億円強から２０００億円強まで成長した。ミュージカルも演劇も歌舞伎もお笑いも成長している。

劇団四季とジャニーズの圧勝だが、小劇団大国でもある日本

舞台・ステージ市場で成長しているジャンルは「古くて新しい」を取り入れている。ミュージカルと演劇の２つの領域で成功している企業・演目を並べてみると、驚くのはその寡占度である（図表１－４）。ミュージカルはトップ20作の８割を劇団四季と宝塚が独占している。演劇のほうは分散的だが、ジャニーズがトップ20の３割に達し、そこに東宝や明治座、ネルケプランニングなどが続いていく。

劇団四季の歴史（同社 HP）

図表1-4　ステージビジネスの人気上位演目

ミュージカル

	主催	作品	総来場者数(万人)	年間興行回数	想定売上(億円)
1	劇団四季	リトルマーメイド	67.0	561	47
2	劇団四季	ライオンキング	62.8	557	44
3	劇団四季	キャッツ	44.6	339	31
4	劇団四季	アラジン	39.3	323	28
5	東宝	レ・ミゼラブル	28.3	155	20
6	劇団四季	オペラ座の怪人	27.4	201	19
7	宝塚	スカーレットピンパーネル	25.4	110	18
7	宝塚	“D”ramatic S !	25.4	110	18
7	宝塚	クラシカルビジュー	25.4	110	18
10	宝塚	Santé!!	23.3	100	16
11	宝塚	All for One	23.1	101	16
11	宝塚	Bonquet de TAKARAZUKA	23.1	99	16
13	劇団四季	ノートルダムの鐘	21.2	231	15
14	宝塚	グランドホテル	21.0	92	15
14	宝塚	王妃の館－Château de la Reine－	21.0	91	15
16	ネルケプランニング	刀剣乱舞	20.2	9	14
17	劇団四季	アンデルセン	18.3	115	13
18	ホリプロ・TBS	ビリー・エリオット	17.5	121	12
19	ソニー	きかんしゃトーマス	13.1	91	9
20	宝塚	SUPER VOYAGER !	13.0	51	9
		トップ20作品合計	560	3,567	393
		全ミュージカル公演	700	9,000	700

演劇

	主催	作品	総来場者数(万人)	年間興行回数	想定売上(億円)
1	ジャニーズ	Endless SHOCK	24.9	138	25
2	梅沢富美男劇団	梅沢富美男・研ナオコ特別公演	16.4	92	16
3	劇団☆新感線	髑髏城の七人・花	11.2	85	11
4	ジャニーズ	少年たち～Born TOMORROW～	10.7	94	11
5	中国国家京劇院	京劇	10.6	52	11
6	劇団☆新感線	髑髏城の七人・鳥	9.7	74	10
7	東宝	細雪	9.6	66	10
8	東宝/TBS/ネルケプランニング	ハイキュー!!	8.7	36	9
9	東宝/TBS/ネルケプランニング	ハイキュー!!	8.1	37	8
10	明治座	福田こうへい特別公演	7.5	50	8
11	劇団☆新感線	髑髏城の七人・風	7.2	55	7
11	ジャニーズ	JOHNNYS' ALL STARS ISLAND	7.2	38	7
13	ジャニーズ	JOHNNYS' YOU＆ME IsLAND	7.0	37	7
14	ジャニーズ	滝沢歌舞伎2017	6.7	47	7
15	明治座	五木ひろし特別公演	6.6	43	7
16	ジャニーズ	マリウス	6.4	53	6
17	明治座	氷川きよし特別公演	6.2	43	6
18	明治座	ふるあめりかに袖はぬらさじ	6.1	42	6
19	明治座	藤あや子特別公演	5.9	41	6
20	ジャニーズ	俺節	5.5	34	6
		トップ20作品合計	182	1,157	184
		全演劇公演	600	35,000	500

出典）ぴあ『ライブ・エンタテインメント白書』

劇団四季は１９７０年代まで赤字続きで、劇場主や金主に支えられて息も絶え絶えで存続してきたが、１９８０年代に欧米のヒット作品の輸入というモデルを発見し、人気作を連発する。『リトルマーメイド』は年間５６１回の興行で67万人を動員し、50億円近くを稼ぐ。

堂本光一主演の『エンドレス・ショック』はジャニーズの舞台の代表的ヒット作で、マイケル・ジャクソンの振付師だったトラヴィス・ペインを迎え、興行師ジャニー喜多川の思いのたけが詰まった作品である。「ブロードウェイを日本で再現したい」というジャニーズならではの作品であり、年間１３８回興行で観客は約25万人、推定収入は25億円である。

しかし日本のステージ市場の全貌はこれだけではわからない。演劇は小さなチームでも創作ができ、固定ファンがいれば損益分岐も低く、誰でもやろうと思えば始められる。だからこそ数人足らずの小規模な劇団が何万とロングテールで存在している。数年間にわたって数万〜数十万人を集客し続けるロングヒットの存在によって業界は牽引されているものの、演劇の特徴は中小の劇団が地域分散型で興っているという点にある。

日本人はとかく芝居好きである。１９３５年時点で芝居小屋は２４００あったと言われ、これは現代でいうと「Ｙモバイル」ショップや三菱ＵＦＪ銀行の店舗数と同レベルである。現在も日本全国で２０００を超える公民館が舞台文化を支援している。プロの演劇集団が中心の英米に比べて、日本は「アマチュアも平等に抽選機会があって、誰でも演じられる」という点で、世界的にも珍しい国なのだ[12]。プロとアマの境目が明確でなく、観客自身が演劇経験をもち、批

12　米屋尚子『演劇は仕事になるのか？　演劇の経済的側面とその未来』アルファベータブックス、2016

評的な目の中でレベルの高いコンサート・演劇が醸成されている。この点において日本は先進国の中でも図抜けている。

舞台は共同創作物であり、制作陣が考えたものとはまったく様相が異なる作品にもなりえる。「舞台には魔物がいる」とはよく言ったものだ。ドラマや映画は監督のものだが、「幕が開けば舞台は役者のものになる」と森光子が言うように、[13]観客の熱量にほだされて役者や演者が自らのクリエイティビティを公演ごとに載せることで、様々な副次創作がなされる。「神回」という言葉は、映画や配信では生まれない。コンサートや舞台などのライブ興行は「その場、その瞬間にしか起こりえない雰囲気」を楽しみにいくものだし、だからこそ10回も20回も同じ演者、同じ演目に足を運ぶ熱烈なファンが作り出せるのだ。

13 堂本光一『エンタテイナーの条件』日経BP、2016

1-6 ハコを乗り換える興行コンテンツ

劇場・テレビからユーチューブへ

1950年以前は「劇場」を持つ者がエンタメを支配していた。興行が最も力を持っていた時代である。

その後の50年は「テレビ」にいかに近づくかがエンタメの成功要素でもあった。スポーツがよい例だが、オリンピックもプロリーグもテレビが浸透する1970年代まではCSR的な活動に終始していた。儲けることは本来の競技性を失うとばかりに、むしろ忌避されていた。だがテレビ放映によって1980年代からの40年間でスポーツはビジネスとして飛躍的に成長し、北米や欧州のプロリーグは売上も選手の給与も10倍どころではない成長を見せた（第9章「スポーツ」参照）。

アニメも映画もプロレスも、テレビのコンテンツに入るかどうかでその存続が決まっていた。

落語はテレビ黎明期の1966年に『笑点』でコンテンツを提供し、狂言や歌舞伎を圧倒する大衆娯楽としての地位を確立し、1970年代の黄金期を築いた。そのポジションに取って代わったのが、1990年代以降の吉本興業による漫才のテレビバラエティ進出だろう。

テレビ黄金時代の終焉は2000年代から音をたて、2010年代のユーチューブ浸透により明確となり、コロナ禍が決定打となった。だがその変化は誰もが予想していたものであるし、想像よりもゆっくりとした変化でもあった。

2005年にユーチューブが設立され、ヒカキンがユーチューブを始めたのが2011年。2013年のスマホ浸透による視聴の伸びはインパクトが大きく、2018年のプレミアム（月額制有料サービス）導入でバックグラウンド再生ができるようになり、2020年のコロナによって人々はテレビよりもスマホに張り付く時間のほうが長くなる。

ユーチューバーやVチューバーは、映画やテレビのようなリッチな映像でなくてもユーザーが十分に楽しめる「空間」を提供する。この無料の劇場は、1960年代に人々がテレビに熱狂したように、終わりの見えないコロナ禍での生活に癒やしを与え、時間つぶし市場を作った。

これは新時代のタレントに限らず、伝統芸能にも開かれた新しい機会だ。講談師の神田伯山はユーチューブチャンネルを2020年2月に開始。すぐさま10万人を集め、2年たった現在で20万登録、毎月50万回以上再生されている。これだけの視聴を今テレビで得ようとしたら、どれほどの労力がかかるだろうか。

図表1-5　Google、YouTubeの広告市場（世界・日本）と
YouTuber/VTuberのターゲット市場

（単位：百万ドル、億円）

	2015	2016	2017	2018	2019	2020
世界Google広告	67,390	79,380	95,577	116,461	134,817	142,600
世界YouTube広告	5,309	6,700	8,150	11,155	15,149	19,772
YouTube人口（億人）	12	14	15	18	20	23
日本インターネット広告	11,594	13,100	15,094	17,589	21,048	22,290
日本動画広告	535	842	1,374	1,843	2,592	2,954
YouTuber/VTuber市場	33	100	219	313	400	475
YouTube広告	21	56	139	192	239	280
タイアップ広告	10	40	63	95	123	150
イベントグッズ	2	4	17	26	38	45

出典）YouTube発表資料、CA Young Lab/デジタルインファクト調査より抜粋して著者作成

ユーチューブ上のビジネスは始まったばかり

検索広告を主とするグーグルにとって「ユーチューブ広告市場」はそこまで大きいものではない。売上の1割ほどである（図表1－5）。

日本では毎月100億回が視聴をされる中で1回あたり0・3円、総額30億円の広告費の取り合いがされている（この半分をヒカキンを擁するUUMが寡占している）。そこにタイアップ広告として企業協賛をもらったり、イベントグッズを販売したり、合計で年間約500億円。テレビ地上波の広告費1・7兆円に比べれば3％に満たない小さな市場だ。そこに何百万というチャンネルがひしめきあっている。

現状、視聴の先に見据えているものは、「売上」より手前の「認知度」である。30代以下の消費旺盛なユーザー層に通じるメディアとしてのユーチュー

図表1-6　YouTubeスーパーチャットの世界年間収入ランキング

（万円）

	タレント	所属	2019	2020	2021
1	潤羽るしあ	ホロライブ	1,632	14,614	19,449
2	桐生ココ	ホロライブ		16,771	17,168
3	雪花ラミィ	ホロライブ			11,441
4	兎田ぺこら	ホロライブ	1,700	11,194	10,477
5	天音かなた	ホロライブ		7,238	10,385
6	宝鐘マリン	ホロライブ	1,274	8,786	10,157
7	가로세로연구소	（韓国）	3,606	7,691	
8	森カリオペ	ホロライブEN			9,894
9	桃鈴ねね	ホロライブ			8,533
10	小鳥遊キアラ	ホロライブEN			8,315
11	Bispo Bruno Leonardo	（スペイン語音楽家）			8,094
12	角巻わため	ホロライブ		6,248	7,513
13	葛葉	にじさんじ	2,942	6,043	7,163
14	FreshandFit	（英語Podcast）			7,152
15	がうる・ぐら	ホロライブEN			7,034

出典）PLAYBOARDより著者作成。https://playboard.co/en/youtube-ranking/most-superchatted-all-channels-in-worldwide-yearly?period=1577836800。2022年5月1日時点

ブは、もう無視できないほど大きなものになってきている。2020年に人気タレントが一斉にチャンネルを開設した背景だ。

図表1-6はユーチューブの投げ銭機能「スーパーチャット」の世界年間収入ランキングである。韓国語や英語での人気ユーチューブをおさえ、トップ15のうち12人は日本のVチューバーであり、うち11人はカバー社が運営しているホロライブ所属のタレントが独占している（ちなみにトップ50でも似たようなラインナップである）。まだ全体で年に数十億円の投げ銭市場ではあるが、なぜ日本のVチューバーがこれほど寡占状態を生み出せているのだろうか（ホロライブENは英語でのVチューバー配信）。

興行の妙味は「場の盛り上げ」である。音楽ライブであっても、ゲーム実況動画で

あっても、コラボや記念日などの「イベント」を起こして、お祭りのように盛り上がり、その楽しい瞬間に我先にと投げ銭を放って演出する様は、興行の掛け声や花吹雪の代わりのようにみえる。彼らは投げ銭を使うことで演出をし、場を彩る。タレントと観客のインタラクティブと、「場の盛り上げ」のうまさは、まさに日本の興行界が磨いてきたものであるし、それを実際にうまくアニメやゲームの文脈に落とし込んだのがVチューバーたちである。

映画や興行、出版の歴史をたどると、現在のビジネスの原型が1900年前後にあることがわかる。すなわち第4章「出版」で述べるように、「大衆」が生まれ、一般人が消費者として倍々ゲームで増えていったあの時代である。100年たってマス向けのエンタメは変革の時期にある。ユーチューブに見るように、「1人のクリエイター」が、デジタルの力で大規模のユーザーを熱狂させる」時代である。

第2章

映画

ゴジラ像（東京・日比谷、2018年3月22日）
写真：Rodrigo Reyes Marin／アフロ

2-1 ハリウッドに先んじる映画大国だった日本

1960年以降の冬の時代を耐える

コロナ前で2600億円という日本の映画市場は、テレビの10分の1、ゲームの6分の1と、必ずしも大きなものではない。だが20世紀後半がテレビの世紀だとすれば、20世紀前半は確実に映画の世紀だったと言える。

特筆すべきは、テレビの台頭とともにバタバタと倒産し、1970年代にはもはや消えゆく産業とされていた映画が、今も作品の〝発信源〟として機能し続けている点だ。当時の悲観論が嘘のように、映画は今もテレビやインターネットと併存している。

日本の映画市場における観客動員は、1960年の10億人をピークに1965年に3・7億人へと急落し、1975年以降は2億人を下回ったままである（図表2－1）。〝衰退〟が底打ちしたのは1995年の観客動員1・27億人で、そこからは反転して1・7億人まで回復した

図表2-1　日本の映画興行市場

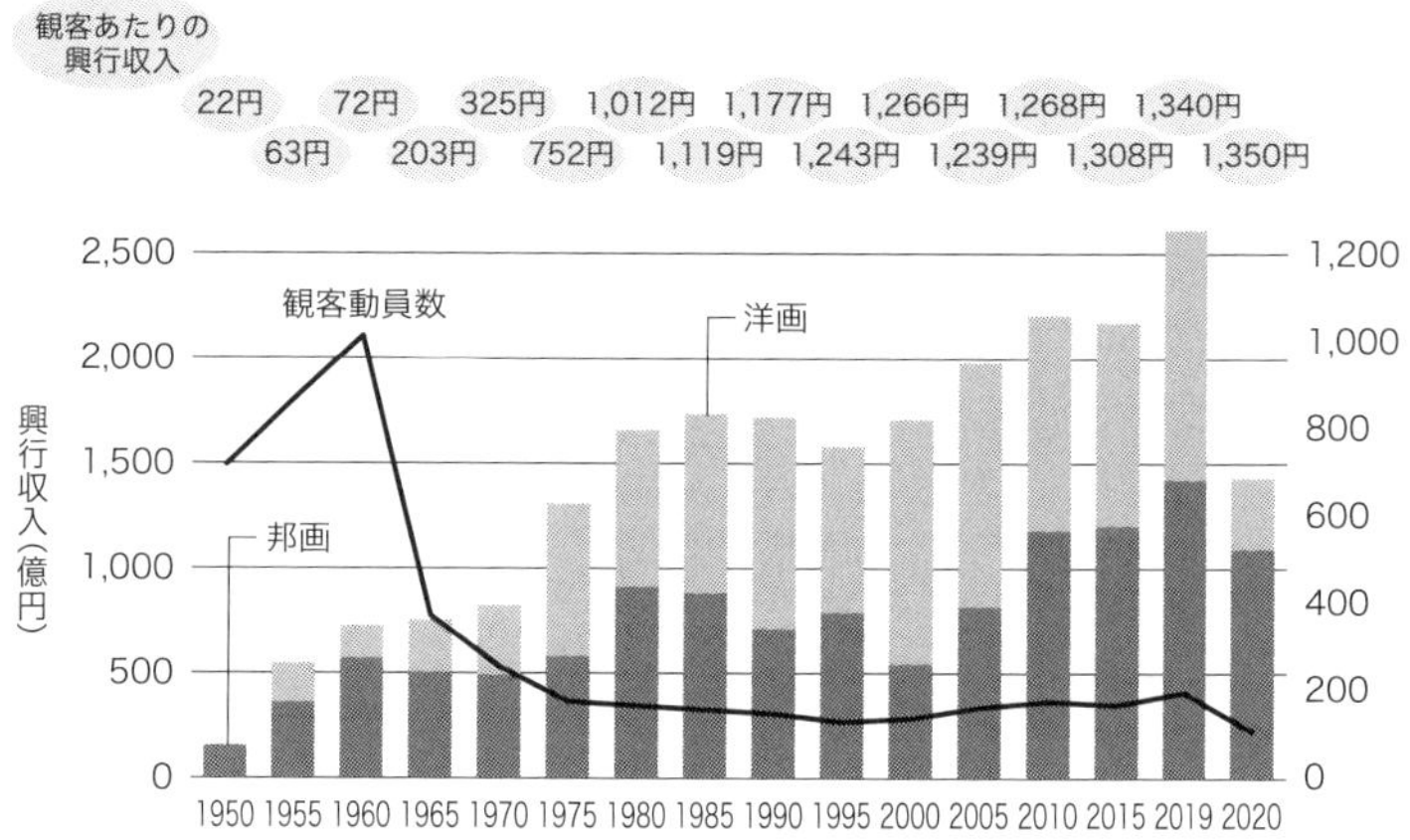

出典)『情報メディア白書』ほか。1955～95年は邦画・洋画の配給収入比率から割り戻した

ものの、まだ1975年に〝戻った〟水準だ。映画館もこの10年で7500館から3000館へと半減している。ただ、1975年に750円だった入場料が2倍になったおかげで、興行収入は成長している。

実は、出版も音楽もゲームもテレビも享受してきた「1970～80年代の業界急成長」のフェーズで、映画は唯一の劣等生だった。〝取り残された娯楽〟である映画はどのようにして冬の時代を耐え、21世紀に入って復活できたのだろうか。

まずは時計の針を100年ほど巻き戻して考えたい。世界の映画の都はフランス・パリから始まったが、第1次世界大戦の戦火を逃れた映画人材が米国の東海岸に渡り、その後西海岸のハリウッドに移っていくのが1910～20年代である。

当時の映画は、〝筋のよい人々〟が集まる産業とは言いがたいベンチャー産業だった。パラマウント（1912年）のA・ズーカーは毛皮商、ユニバーサル（1912年）のC・レムリは服屋、コロンビア（1918年）のH・コーンは大道芸人、ワーナー（1923年）のJ・ワーナーは寄席芸人など、いわゆる「あぶれ者」たちが立ち上げた映画会社が今やハリウッド・メジャーとなっている。

この黎明期、日本は「アジアにおける映画の都」だった。エジソンがキネトスコープを発明したのが1893年、フランスのリュミエール兄弟による世界初の映画撮影が1895年。そのリュミエールとリヨンの学校で同級生だった神戸の実業家が日本で最初の映画上映をしたのが1896年3月。そして1897年には日本の最初の映画が撮影されている。世界最先端であったパリとさほど差がなく映画が始まっているのは驚くべきことだ[01]。

ほかのアジアで最初に映画が撮影されたのは、中国が1905年、朝鮮が1919年、台湾が1925年。実はハリウッドですら1907年なのである。ずいぶんと日本が先行していたことがわかる。大阪だけでも映画上映数は、1901年に1110回→1903年に685回→1905年に1228回と急激に増えていった[02]。

役者、劇場というインフラがあった

なぜハリウッドすら差し置いて、日本はフランスに次ぐ映画生産国になれたのか。実のところ、産業化する前の「発明と製品」の時代において日本人はいつも最強だった。玩具やアート

01 中条省平『フランス映画史の誘惑』集英社、2003
02 難波利三『笑いで天下を取った男　吉本王国のドン』筑摩書房、2017

の業界でも明治期の日本製品はパリ万博で大好評を博し、浮世絵などに代表されるようにユニークな商品としてトレードされていた。明治から大正にかけて世界が最初にグローバル化した時代に、欧米に追いつけ追い越せと海外製品をいち早く内製化することに手慣れてきていた職人たちが、持ち前の好奇心で映画をあっというまに商品化してしまった様子は想像に難くない。

そして日本には表現の自由を許す気風があった。当時の米国は東海岸で映画トラストが跋扈《ばっこ》し、パリからの映画をブロックするために上映時間を10分に制限したり、「検閲の強制」があったりして、表現の自由はなきに等しかった。映画はパリを中心としてフランスが世界中を席巻し、米国には映画は根付かないとされた時代だった。その窮屈さを嫌って、〝何もなかった〟西の荒野に流れてきた人たちによってトラストを無視した映画づくりが始まっていたのがハリウッドである。米国で本当の意味での映画産業が始まるのは、東海岸のトラストが違法化される1915年からであった[03]。

「産業」として成立させる要件が江戸期の日本にすでに育っていたことも大きい。映画を撮ろうとなって最初に必要なのは「役者」である。そもそも芸能界なんてない時代に、人前でそれなりの演技を披露できる役者といえば、思いつくのは江戸時代に躍進して普及していた花柳界、歌舞伎や義太夫などの舞台役者である。

そして寄席などの劇場を持つオーナーたちが、落語、講談、義太夫、三曲などと同じように中身を入れ替えられる映画を1つの出し物として上映した。

「日本映画の父」と言われる牧野省三も寄席を経営する親元で芸事を習い育ったことから映画

03 ティム・ウー（著）、斉藤栄一郎（訳）『マスタースイッチ』飛鳥新社、2012

への興味が始まっている。役者と小屋がそろっていた日本は１９３０年代には世界随一の映画生産国であったのだ。

2-2 東映と東宝によるサバイバル戦争

大手5社と戦後の成長要因

戦後の映画産業には、大手5社が君臨していた。創業順は松竹（1895年）、日活（1912年）、東宝（1932年）、東映（1949年）で、ここに大映（1942年）も加えた5社が、戦後大手と称された企業群である。大映は戦時下の整理統合のために新興キネマ、大都映画、日活製作部門が合併してできた会社だが、戦後も存続し続けた。

宝塚を擁する阪急電鉄が東宝を作り、東急電鉄が東映を作ったように、戦前は鉄道会社が土地の価値を高めるためにデパート、劇団、スポーツ団体と同様に映画を客寄せとして展開する事例が多かった。劇場から派生した松竹も強かったのは、流通・小売が未発達な時代においてユーザーに届ける力を持っていた証拠だろう。

映画業界の機能は、大まかに分けると「製作（プロダクション）／配給（流通）／興行（映

図表2-2　映画業界のバリューチェーン

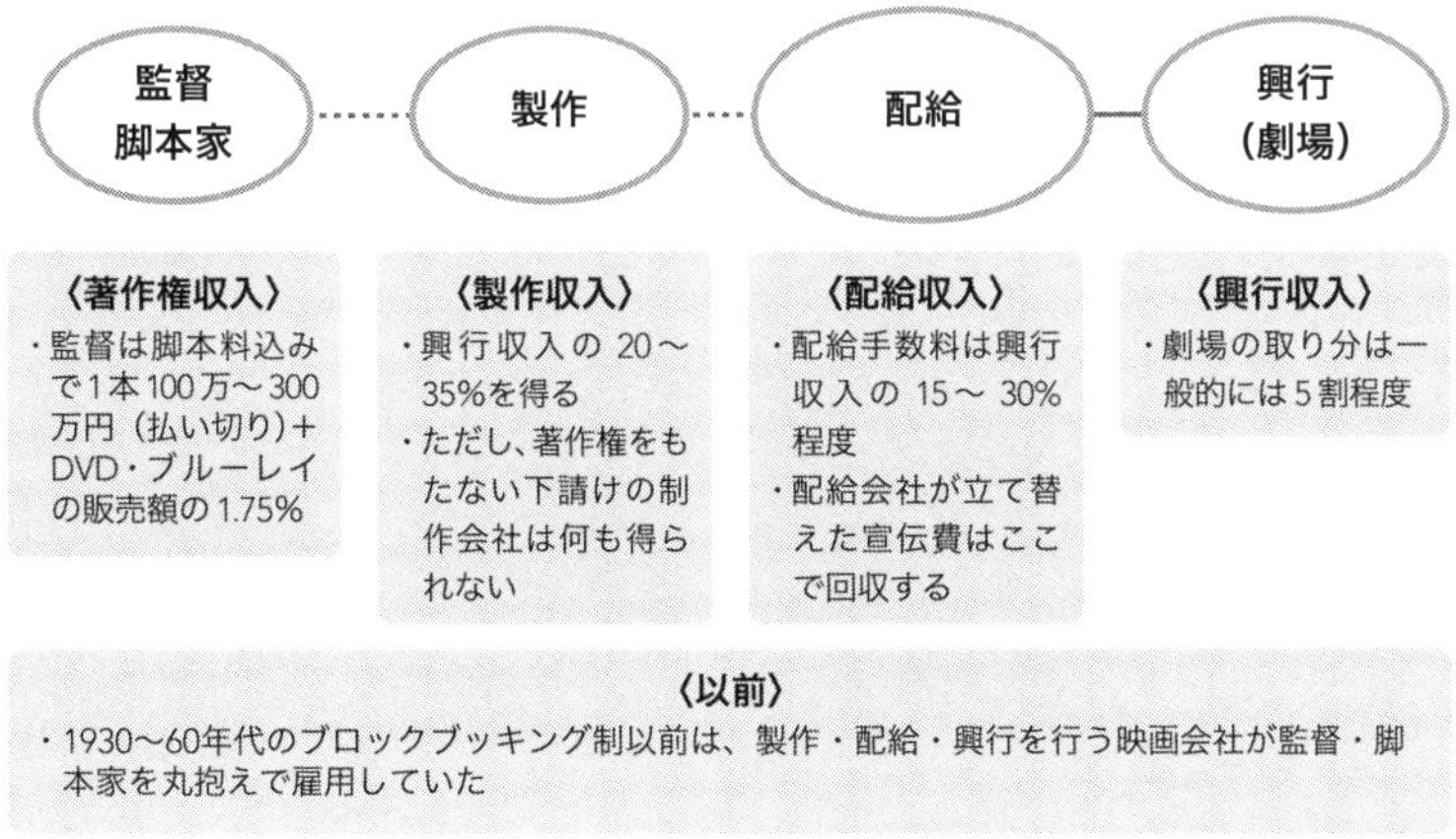
監督
脚本家
製作
配給
興行
（劇場）
〈著作権収入〉
・監督は脚本料込みで1本100万〜300万円（払い切り）＋DVD・ブルーレイの販売額の1.75%
〈製作収入〉
・興行収入の20〜35%を得る
・ただし、著作権をもたない下請けの制作会社は何も得られない
〈配給収入〉
・配給手数料は興行収入の15〜30%程度
・配給会社が立て替えた宣伝費はここで回収する
〈興行収入〉
・劇場の取り分は一般的には5割程度
〈以前〉
・1930〜60年代のブロックブッキング制以前は、製作・配給・興行を行う映画会社が監督・脚本家を丸抱えで雇用していた

出典）山下勝・山田仁一郎『プロデューサーのキャリア連帯　映画産業における創造的個人の組織化戦略』白桃書房、2010

画館運営）」に3分割される。出版は「出版／取次／書店（小売）」で、ゲームは「開発／パブリッシュ／小売店」である。ラジオ・テレビは「制作／放送（流通・小売を兼ねる）」で放送に強い権力が集中しているが、映画は「配給」に権力が集中し、意外にも制作が弱いのが特徴である。なぜだろうか。

「ブロックブッキング」という言葉をご存じだろうか。これは製作から興行まで1社統合型の企業が牛耳っていた時代に、「東宝の劇場は、東宝の作品だけ」というルールとセットで、作る段階で劇場での上映を保証する仕組みである。テレビ局ごとに番組を作り、放送が保証されるテレビも同じ構造と言える。面白いかどうかで小売が取り扱いを決める出版はその逆で、非常にリスクが高い。ジャニーズやアミューズが関係の深いテレビの歌番組に新人をアサインできる力によってタレントを抱えられるように、

「メディアの出口を押さえているから、ゼロイチで確率の低い最初の投資を意欲的に行える」状況こそが、「千三つ」の段階で発掘・育成投資を行うことを可能にする。

戦前は歌舞伎や落語などと比較しながら映画を「選択する」立場だった劇場が、戦争で大半焼失したことは、映画産業の好機だった。戦時協力で多数あった映画会社が統合され競争が絞られていたことも、また娯楽が少ない戦後にGHQが3S（スポーツ、セックス、スクリーン）を推奨したことも後押しとなり、映画は劇場をどんどん接収・新設して成長する。戦後は松竹と東宝のブロックブッキングが成長要因だった。この時期は漫才の吉本ですら「演芸はもう古い、これからは映画だ」と、ほぼすべての芸人を解雇し、完全に映画にシフトしようとした。

年間10億人動員の黄金時代はあっという間に終わる

1950〜60年代は制作中心主義の時代である。戦前は松竹が首位にあったが、1950年代に黒澤明映画から『ゴジラ』まで擁する東宝が伸長し、同時に新興・弱小だった東映が台頭してくる。当時2本立てが当たり前だった映画興行の世界で、東映はとにかく量を出して自社作品で2本立てを独占する。かつ作品を3部作にして観客を長期的にひっぱり、なにより3本を一気撮りすることで制作コストを抑えて撮影するという大胆な改革を行った。東映時代劇は『笛吹童子』『紅孔雀』『里見八犬伝』などヒットを連発し、大都市中心の松竹・東宝に属さな

図表2-3　東宝・東映・松竹の売上と営業利益の推移

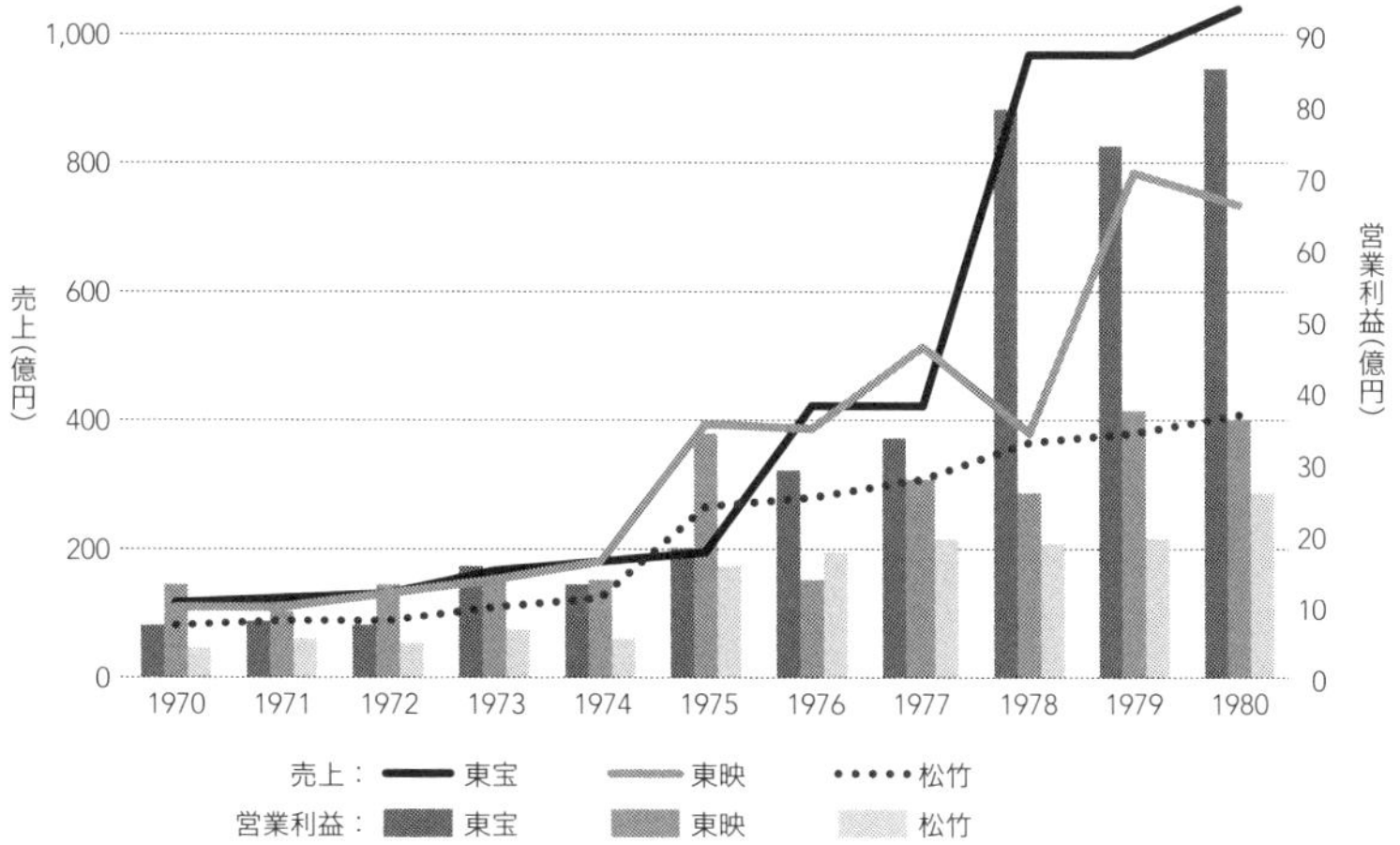

出典）SPEEDA

い地方映画館での上映を独占していく。年200本ほどの映画上映の市場で、東映は半分近い年間100本レベルで時代劇を撮りまくった[04]。

1960年代になると人口8000万人の国で年間10億人を動員する最強のコンテンツ産業となり、当時マスコミ界の序列は「新聞」「映画」がトップ、次に「ラジオ」、海のものとも山のものともわからない「テレビ」が下位に位置付けられた。映画俳優はテレビに出ようとはしなかったし、映画監督がテレビで制作することもなかった[05]。映画業界がこれほど多くの監督やプロデューサーを生み出した時代も、もう二度と来ないだろう。東宝は黒澤明監督やウルトラマンの円谷プロを抱え、スターの三船敏郎を擁した。東映は深作欣二監督に中村錦之助、日活は石原裕次郎、大映は勝新太郎といった具合に、各社それぞ

04　春日太一『仁義なき日本沈没』新潮社、2012
05　軍司貞則『ナベプロ帝国の興亡』文藝春秋、1995

東宝の歴史（同社 HP）

れの監督とスターで映画を量産していた。

だが1960年代のテレビは、2010年代のスマホやユーチューブに引けをとらないスピードで浸透した。映画会社はあっという間に危機の時代に突入し、「リスクの高い制作を切り離す」ことで生存を図る。三船、石原、中村、勝といった名俳優はみな独立してプロダクションを作り、映画会社は配給と興行に集中していく。1970年代後半から東宝が独走状態で成長するのは、まだ撮影所を抱えて内製にこだわった東映や松竹と違い、制作を早々と切り離し、配給と興行のみのマーケティング会社へと変貌し、洋画配給ブームで躍進した結果である。

大手5社のうち、日活は1993年にゲーム会社のナムコが買収し、2005年にインデックスに売却され、2009年以降は日本テレビの子会社となっている。大映は破産したのち、1974年に徳間書店が経営再建した。それが2002年に角川書店に売却されてからKADOKAWAグループに吸収されている。

東映の歴史（同社 HP）

2-3 監督育成装置としての「ピンク映画」と日活ロマンポルノ

〝作らない映画会社〟

切り離された制作プロダクションは、1970年代にテレビと手を組むことで生存してきた。映画5社のカルテル（競合での引き抜き禁止、俳優のテレビ出演禁止）も有名無実化したことで、三船と石原が組んで映画製作をしたり、『座頭市』『水戸黄門』などがテレビ時代劇シリーズに参加したりすることが可能になった。週1で時代劇を撮影する量産体制は、出版業界で週刊マンガ誌が生産革命を起こしたように、「撮り方」に革新を起こした。また映画と違って番組枠や時間帯によって視聴者が異なる〝プラットフォーム特性〟も加味した作り方を模索することになる。

だが映画で大作志向が染みついていた三船、石原、中村、勝ら「俳優兼プロデューサー兼社長たち」は、名作を作れば興行収入が爆発的に伸びる映画と違って、視聴率という指標はある

図表2-4　日本映画の製作作品数の内訳とスクリーン数

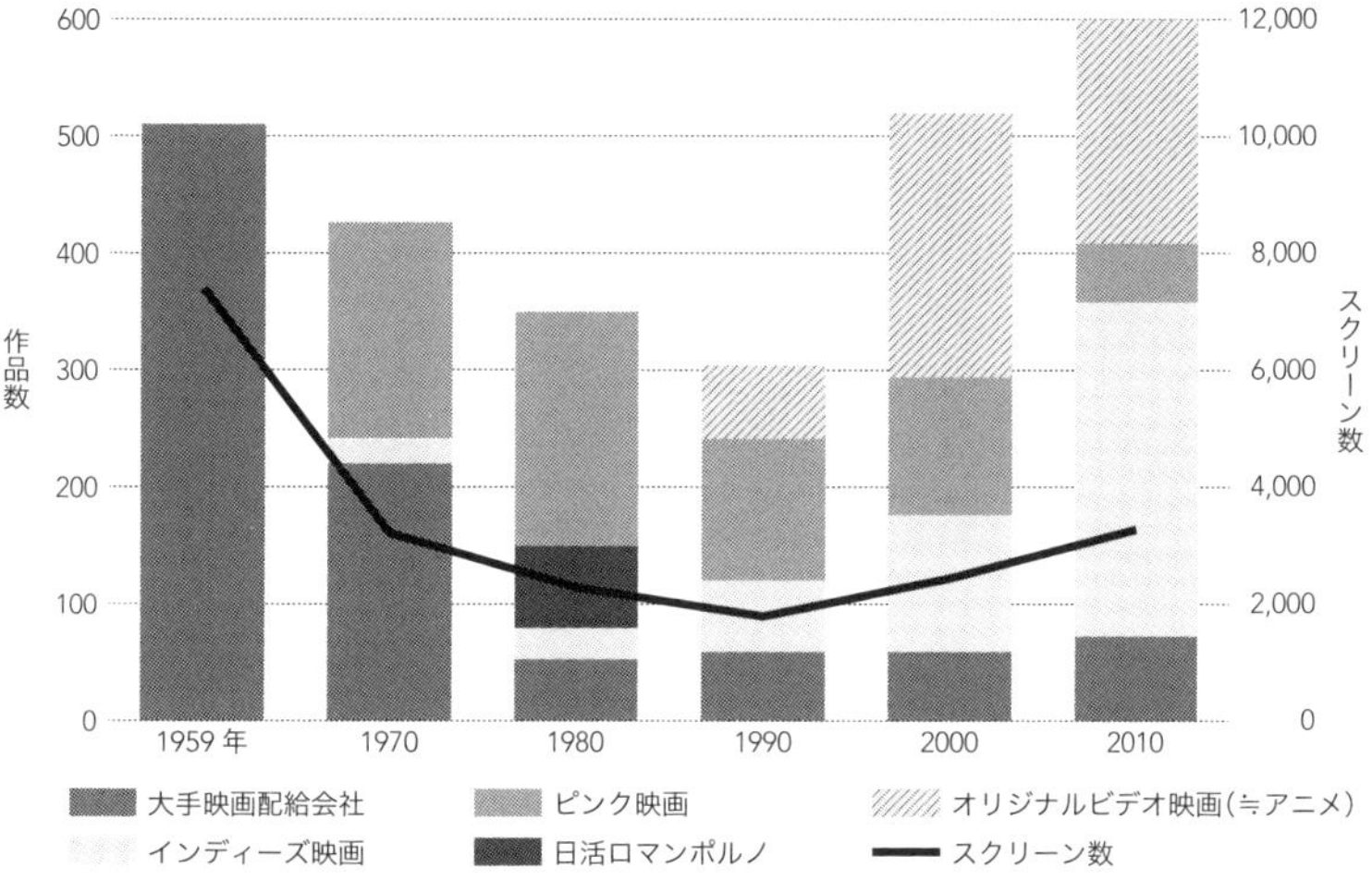

出典）前田耕作・細井浩一「日本映画におけるプロデューサーシステムの歴史的変遷に関する一考察」『立命館映像学』

ものの、一定額の制作費の範囲内で「安く作れるほど儲かるテレビ番組の制作構造」とは水と油のように相性が悪かった。制作会社としてのリスクを負いきれず、三船プロも勝プロも中村プロも1980年代前半に次々と倒産していく（石原プロは2021年に解散）。

こうした巨匠たちが去っていったのち、空白地帯となった業界にインディーズが芽生えていく。〝作らない映画会社〟がスタンダードになっていく中で、実は半ばアングラな市場において〝クリエイティビティ〟は守られることになった。それが「ピンク映画」である。映画の製作本数の推移を見ると（図表2－4）、「冬の時代」に入っていった1960年代に大手映画会社の製作本数は500本から200本に6割も減り、1970年代にはさらに落ちていく。その間を埋めたのがピンク映画で、少ない予算で個人事業主に近い監督・プロデューサーが撮影を続け、映画会社に売り込んだ。大手の1社だった日活も「ロマンポルノ」と銘打ってピンク映画に参入した。

いわゆるアダルトビデオとは違って、ピンク映画は脚本もあるし、筋もある。女優も脱ぐには脱ぐが「演技をすること」が問われるものであった。

ピンク映画の良さはなんといっても日常の生活空間という舞台設定と、男と女の2人がいれば成り立つ省エネ撮影である。通常の映画が1年かけて撮影・編集・納品して3億5000万円かかるとすれば、ピンク映画はその全工程を3日で終わらせ、300万円で制作することができる。それで（劇場は選ぶものの）同じように配給され、同じように1000円の入場料をとるビジネスが回せるのだ。

ピンク映画は多くの人材を育てた。『おくりびと』の滝田洋二郎監督、『Shall we ダンス?』の周防正行監督、『リング』の中田秀夫監督、『世界の中心で、愛をさけぶ』の行定勲監督など、現在50〜60代の一線級の映画監督たちは20〜30代のころにピンク映画によって実践経験を積んでいた。

これはコミケやPixiv向けに創作されていたアダルト向け・2次創作が、その後の新しい作品につながっていったという話がマンガ業界でも少なくないように、またゲーム業界でも1990年代後半からの美少女アダルトゲームで多くのメジャー作家が育ったように、映画も

日活の歴史（同社 HP）

また「安価でたくさんの経験を積ませてくれる」ピンク映画の市場がバッファーとなって、大手映画会社が制作から撤退する中で「アクセレーター」の役割を果たしていた（残念ながら、ビデオの普及とその後のインターネットの登場によってピンク映画業界は１９９０年代に凋落していく）。

角川映画とインディーズ映画

１９８０～90年代の日本映画は市場としては低迷していたが、その分、実験的な作品が量産された時代でもある。ハリウッドが完全に大作志向に移行する中で「およそアート系の作品で、自国内で資金回収できていたのは１９８０～90年代の日本とフランスくらい」と言われるほど、日本の映画産業はある意味ガラパゴス化して独自に進化していた[06]。演劇界での新劇運動もあり、下北沢や中野などにミニシアターが乱立したことで、ニッチなユーザーに向けた映画を上映できる場所が増えたことも大きいだろう。制作が小さく分散し、アマチュアの手に戻されたために、逆に表現の多様性としては他国には見られないほどに育成された。

また、弱体化する邦画のスキを縫って、洋画のシェアが増える。１９６０年代まで7～8割は邦画だったが、この時代に4～5割を切るようになる。１９８０年代は全世界的に洋画、というかハリウッド映画のシェアが大きく上がり、各国の内製映画が軒並み冬の時代を迎える。

そうした中で、国内でも新しい映画勢力が生まれてくる。「読んでから見るか、見てから読

06 キネマ旬報映画総合研究所（編）『日本映画の国際ビジネス』キネマ旬報社、2009

角川映画（国立映画アーカイブ「角川映画の 40 年」）

むか」で一世を風靡した角川春樹率いる角川書店（現ＫＡＤＯＫＡＷＡ）、そして１９７４年に大映をのみ込み、のちにジブリを生み出すことになる徳間書店である。出版社が映画を宣伝として使いながら文庫本・コミックスを売る時代に入る。

2-4 ソニーが生み出したハリウッド映画の帝国主義

「ハリウッドのエンペラー」の哲学としたたかさ

ハリウッドはソニーのおかげで再興した。ビデオの発明が映画ビジネスを根本から変えたのである。

はじめは両者の〝対立〟であった。1975年にソニーが開発したビデオレコーダー「ベータマックス」をハリウッドに持ち込んだ時に対立軸となったのは、ユニバーサルの会長で「ハリウッドのエンペラー」と呼ばれたルー・ワッサーマンであった。

昔から映画業界は保守的で、新しい技術が出たときに訴訟に次ぐ訴訟を起こし、自分たちのアーカイブ（過去作品の権利）を全力で守りに行くのが常だった。ナップスターやユーチューブ、ネットフリックスといった新興テック企業との訴訟でもそれは踏襲されている。

その原点となっているのが、ワッサーマンの「爪の経営哲学」である。「誰かが爪の先をか

図表2-5　米国映画メジャーの収入ソース

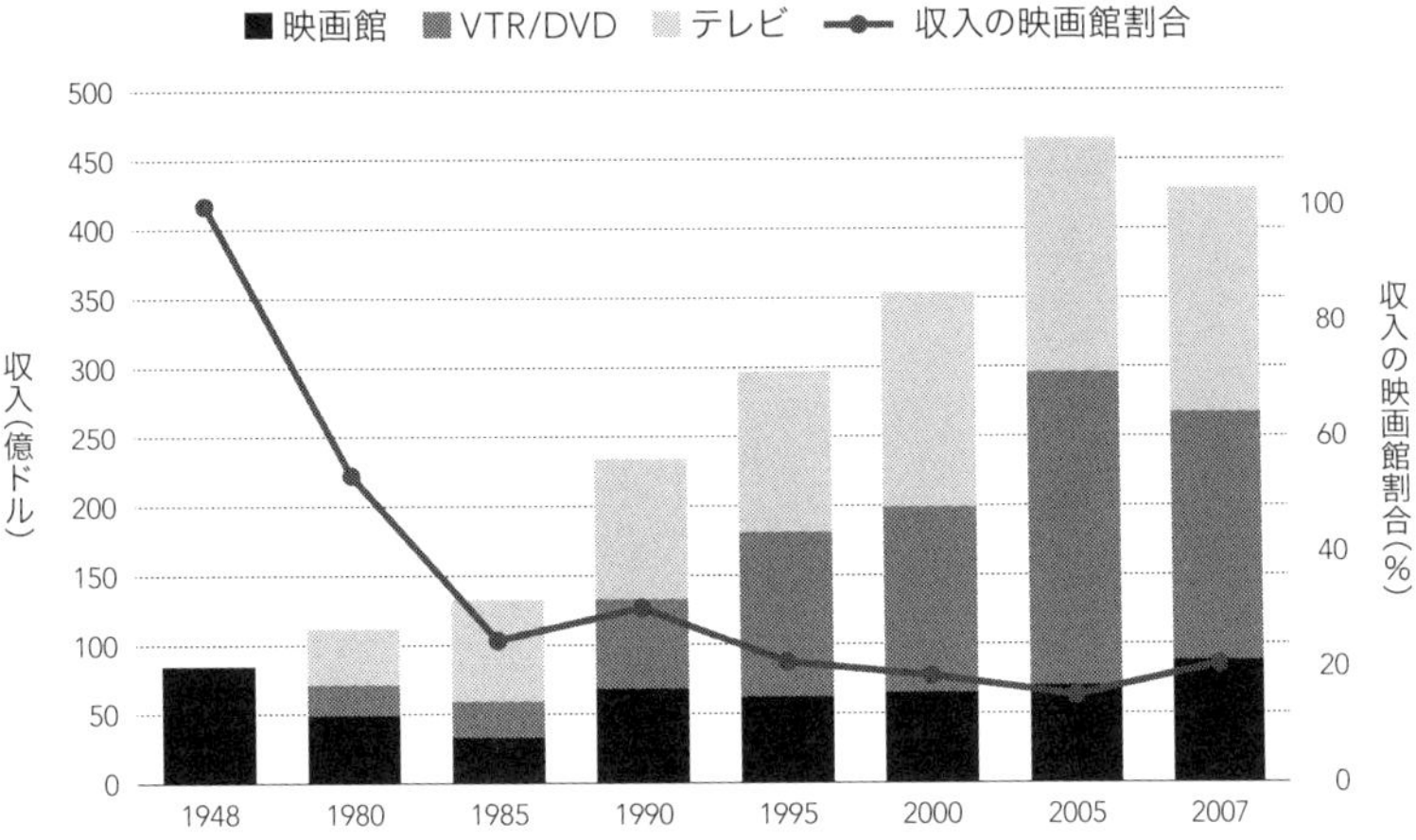

出典）Harold L. Vogel "Entertainment Industry Economics"

すめ取ろうとすれば、断固として厳しい制裁をもって応じる。放置すれば、次には指、その次は腕、そして全身がむしり取られるだろう」[07]。

ユニバーサルとディズニーが共同で著作権侵害だと訴えたビデオ排除訴訟は、レーガン大統領まで巻き込む大論争となり、8年後となる1984年にようやくソニー側の勝訴となり、ユーザーの私的利用によるビデオの録画は合法になった。だが油揚げをかっさらったのは当のソニーではなく日本ビクターが開発したVHSであり、さらに言えばハリウッドであった。ビデオがもたらした本当の利益は、その利用に反対したハリウッド・メジャー自身が得ることとなり、その後、驚くほどの規模に発展する。

映画はビデオを購入・レンタルしてもらうことで、映画館だけでなく2次利用のチャネ

07　佐藤正明『陽はまた昇る　映像メディアの世紀』文藝春秋、2002

ルを獲得した。ハリウッド・メジャーの収入は1985年の130億ドルから、20年後の2005年には3倍以上の460億ドルとなっている。映画興行も2倍になったが、それ以上に大きいのは200億ドルを超えた「VTR／DVD市場」である。20年の間に、ハリウッドは4割の収益をビデオから稼ぐホームエンターテイメント市場を獲得し、そこにテレビの放映権、さらにはテレビ番組の制作で稼ぐメディアコングロマリットへと変貌している。劇場興行、半年後のビデオ販売、1年後のケーブルテレビ放送、2年後の地上波放送と順次公開して収入を最大化する「リリースウィンドウ」という新しいビジネスモデルが誕生した。

ハリウッドの大変革はそのまま世界映画市場の大変革である。それまで日本の配給会社を頼りにしていたワーナーやユニバーサル、フォックス、そしてディズニーといった会社は、一転して自前主義に転換する。日本法人を設立し、自分たちでの日本配給に乗り出す。慌てたのは洋画配給で最大手だった東宝であった。自社ラインナップと自社興行を強化しなければ生き残れないという時代に入っていった。

さらには1990年代に大店法の改正とともに現れたシネコンである。国内競争に終始していた「劇場」の世界に、1つの映画館に4つも5つもスクリーンをもち、グッズ販売なども含めた「総合エンタメ」で稼ぐシネコンが乱立していく。

製作においても角川書店や徳間書店、フジテレビなどのテレビ局も続々と参入するこの時代に、凋落の一途をたどっていた日本映画業界は息を吹き返すことになる。

図表2-6　世界各国の映画市場における米国/国産映画シェア

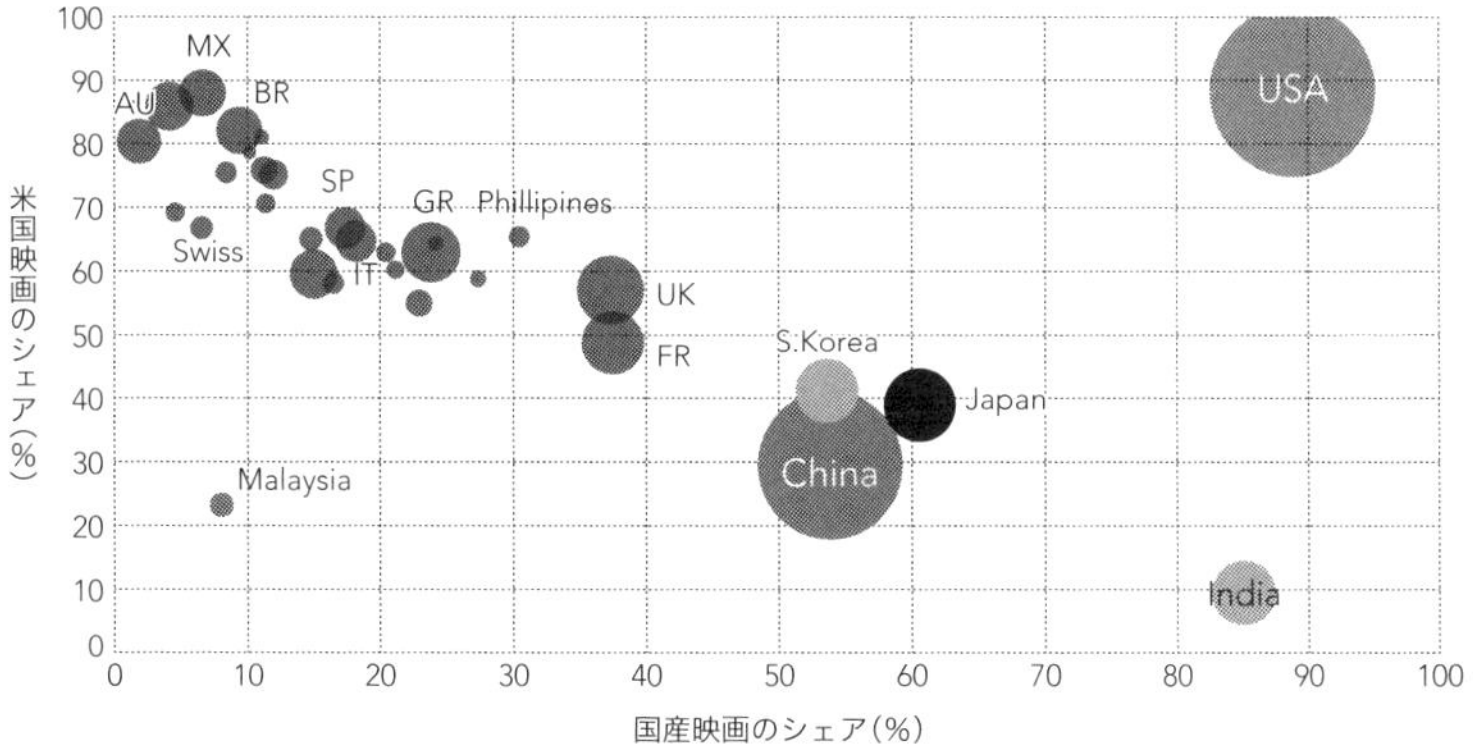

出典）UNESCO、Numbers

自国映画のシェアが半分を超えている国はごくわずか

日本の映画業界は1980年代までボロボロだったが、実は多くの国が同じだった。テレビとの競争で映画産業が死に体となった。「ハリウッド映画をハリウッド系列のシネコンに見に行くが、自国産の映画は作られていない」という国はかなりの数ある。ただ、日本はボロボロな中でも国産映画を生み続ける土壌があったということだ。

世界150カ国を見渡すと、大半の国の映画興行市場は米国映画が8~9割を占めている。自国の映画は全体のほんの1~2割しか消費されず、誰もがマーベル作品や『スター・ウォーズ』を見ているのだ。英語が外国語で言語障壁もあり、映画産業の振興に熱心なスペイン、イタリア、ドイツですら自国映画が4割、映画の始祖であるフランスですら5割なのだ。そうした中で「興行の半分以上を自国産映画で占めている国」は数えるほどしかない。インド、日本、韓国、中国である。これらは自国産もしくはアジア圏の映画が一定の割合を維持し、〝多様な〟映画消費がなされている国々である。

消費と製作の両方で独自性を保つというのはかなり難易度の高い離れ業である。中国のように海外企業の映画配給を禁じ、内資育成のための法規制によってなんとか内製映画会社を作るようなハードルを設けないと、自国民が自国産の映画を消費するようにはならない。そうした規制なくしてこれを実現している日本は、いかに草の根にクリエイティブな監督・制作チームが育ち、消費者の嗜好の多様性（≒豊かさ）がはぐくまれているかが示されている、実のところ稀少な「映画大国の一角」なのである。

第3章

音楽

ビートルズの日本武道館公演（1966年6月30日）
写真：AP／アフロ

3-1 エンタメ産業のカナリア

幾度となく〝つぶれて〟きた音楽業界

音楽業界は、100年の歴史の中で何度もつぶれている。それも1年で市場の9割が吹き飛ぶような事態ばかりだ。たとえば1927年に米国で1億4000万枚のレコードが売れたが、世界恐慌によって1929～32年の4年間合計で売れた枚数は600万枚しかない[01]。

このレベルの市場消失は、コロナ禍で様々な産業が実感したところだろう。たとえばエアラインの旅客収入は、2020年にはANAもJALも前年比9割以上も減少した。例のない業界激震である。

音楽業界の場合はそれが数十年に一度の頻度で起こっている。なぜなら音楽というのはテクノロジーの変化を最前線で味わうからだ。「音楽を人に聴いてもらって対価をもらう」というビジネスモデルは、想像以上に脆弱である。音楽は誰でも作れるし、聴く人は日常的に無料で

01 森正人『大衆音楽史　ジャズ、ロックからヒップ・ホップまで』中央公論新社、2008

聴いている。そこに市場を発生させるには、巧妙に構築された「仕組み」が必要である。「仕組み」はテクノロジーに支えられているが、それゆえ新しいテクノロジーが出現すると「仕組み」そのものが覆され、新しい市場を生み出していく。

私はひそかに、音楽業界を「エンタメ産業のカナリア」と呼んでいる。音楽業界で発生した激震は、その後必ず出版や映像、ゲーム業界に派生していくからだ。

モーツァルトは年収2000万円、プッチーニは年収数億円、その差を生んだもの

そもそも「権利」という概念を獲得するまで、音楽は空気や自然のようなものだった。

クラシック界きっての人気作曲家といえばモーツァルトだが、彼があれほど多作でありながら常に貧しい生活を強いられていたのは「曲の切り売り」によるものである。彼は依頼を受けて作曲するたびに、その曲を依頼主に譲渡していた。その曲は依頼主のものになり、その後どんな使われ方をしているかなど知る由もない。

作曲の才能が底なしだったモーツァルトは、それを気に留めることなく、曲の販売代金、そしてわずかばかりの演奏会の出演料や貴族へのレッスン料、寄付で生活をしのぎ、35歳で終わる人生で600余りの曲を作り出した。年収は当時で2000万円程度であり、浪費の激しい彼はほとんど財産らしい財産も残さず、亡くなると共同墓地に投げ捨てられている。[02]

では、音楽家としてリッチになることは難しかったのか。19世紀後半に活躍したイタリア人

02 正林真之『貧乏モーツァルトと金持ちプッチーニ』サンライズパブリッシング、2018

オペラ作曲家のプッチーニは、「著作権」が確立する1886年のベルヌ条約を経て、生涯10作のみのオペラで「プッチーニ財団」を現在まで残すほどの莫大な富を得ることができた。

音楽出版社という楽譜の権利を守る企業が存在した時代、彼の楽曲が上演されるたびにロイヤリティを受け取れる仕組みが出来上がっていた。彼自身が指揮棒を振ったり、演奏を教えたりせずとも、彼の「知財」が利用されるたびに権利としての収入が入り、数億円規模の年収を得ることができていた。

モーツァルトとプッチーニの収入の差は、曲の影響力ではない。同じ時代に生きていたとすればモーツアルトが圧勝するほど知名度も人気も差があったことだろう。だが、「楽譜」と「印税」というビジネスモデルの確立が、音楽を市場として育て、収入の確保を可能にした。そのおかげで音楽家になることを志すクリエイターが数多く生まれるようになったのだ。

音楽業界を襲った様々な〝災厄〟

だが、「権利」を確約するメディアは絶対的なものではない。

音楽を一般の人も楽しむようになったのは、音楽専門誌が生まれ、ピアノによる演奏の普及があった19世紀である。それによって人々は楽譜を買う習慣を手に入れ、プッチーニのように音楽出版社を通じて対価を作曲家に戻す仕組みが生まれ、作曲家を富ませることができた。ここで成長したのがピアノの市場である。

図表3-1 ピアノ生産台数とラジオ聴取世帯数

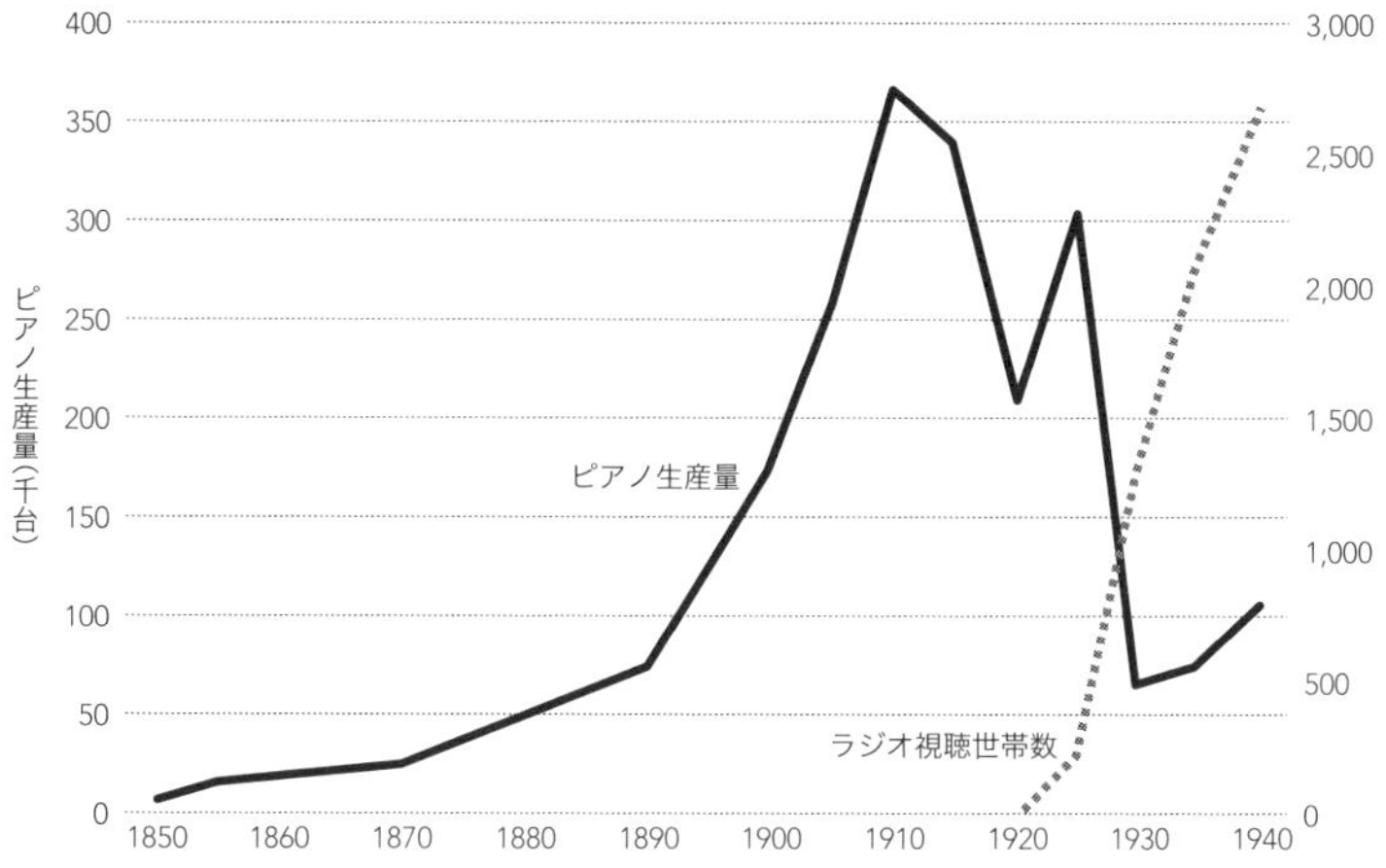

出典）西原稔『ピアノの誕生　楽器の向こうに「近代」が見える』（講談社、1995）などをもとに著者作成

しかし蓄音機の発明による「レコード」の普及が、ピアノの市場を奪い取っていく。エジソンが1877年に最初の蓄音機を開発したとき、それがどう使われるかなど彼自身見当もつかなかった。だが音声を記録するという機能を使うと、比較的安価にプロの演奏を流せるようになる。1914年にエジソン(現在のGE)、ビクター、コロンビアの大手3社を含む18社だったレコード会社は1918年には166社に激増し[03]、1920年代はレコードが大量普及した。その結果、ピアノが売れなくなった。

さらにピアノにとっての最大の災難はその直後、世界恐慌のあとに起こる。安価になったラジオが急速に普及し、蓄音機の市場ごとかっさらう。図表3-1にみるように、ピアノ市場は9割減となる。

レコード業界も蓄音機業界も同様だった。

03　榎本幹朗『音楽が未来を連れてくる』DU BOOKS、2021

ラジオはその後１９３０～40年代に急速に普及し、人々はより多くの音楽に親しむことになる。

これと同じレベルの大転換が音楽の世界では繰り返されてきた。ラジオからテレビに、テレビからＣＤに、ＣＤからネットに、という「メディアの乗り換え」のタイミングで、音楽市場には革命が起きてきたのだ。

3-2 対立こそが音楽創造の種

黒人音楽が生み出した米国音楽市場

音楽の歴史は長い。だが、それがビジネスになったタイミングを考えると、一般的にはラジオ、それも米国の歴史から始めるのが妥当だろう。現在、世界の音楽市場の7割以上を寡占する3社のうち、ワーナー・ミュージックの源流ワーナーレコードを除けば、ユニバーサル・ミュージックの源流NBC、ソニー・ミュージックの源流CBSはいずれも「ラジオ局」が祖業である。

米国の音楽史は黒人奴隷と切っても切れない。文字文化を持たなかったアフリカ人が口頭伝承や舞踏・演奏によって代々メッセージを伝えてきた文化を米国が取り込んだからだ。「黒人霊歌」から始まりキリスト教に感化されて南北戦争中に生まれたゴスペルも、過酷な農園作業で労働歌として生まれたブルーズも、死者の鎮魂の意味で明るく歌い上げられたジャズも、すべて黒人が作り上げた[04]。

そのタイミングが南北戦争という時代の切り替わりであったという点も興味深い。「黒人は解放されるべき存在だ」という〝概念〟が生まれ、自分たちが奴隷であると自認し始める時期にその葛藤を表す歌が急速に広がったのである。

文化とは火力をもたない武器である。異なる思想や様式に染められまいというアイデンティティの強い抵抗が、1つの文化となって現れ、その様式・ふるまいが1つの集団を凝縮させ、思想の共有に多分に貢献する。

エルヴィス——史上最も成功したソロアーティストの出現

米国で最初のポップスターといえば、マイケル・ジャクソンやビートルズの前にエルヴィス・プレスリーがいる。彼の音楽のオリジンは〝黒人音楽の聖地〟のメンフィスであり、当時は白人たちから嫌われていた黒人ゴスペルに魅せられたエルヴィスは、幼少期から教会に通い、当時黒人社会で生まれていたR&B（リズム&ブルーズ）をそのダンスとともに習得した。さらには黒人ファッションまで模倣し、長いもみあげの、当時の白人社会からいえば「異様な」若者だった。

高卒でトラック運転手になったものの、歌手になる夢を捨てきれず、なけなしのお金をはたいて自費でレコーディングをした18歳の青年は、2年で米国全土に知れ渡る有名人になったシ

04　里中哲彦『はじめてのアメリカ音楽史』筑摩書房、2018

エルヴィス・プレスリー（Wikipedia）

ンデレラボーイだった。マイナーなラジオ局でかけられた曲に5000件ものリクエスト電話が殺到し、その1年後に全米で放送されたテレビ番組の視聴率はなんと82％に達した。その番組は、〝下品すぎる〟ので上半身しか映さないという不自然な撮影だった。レコードは彼が21歳になった1956年に1250万枚売れ、米国トップのRCAの売上の5割以上はエルヴィスによるものだった。[05] 関連売上の2200万ドルは現在価値でいえば250億円を超える。

彼が現在においても「史上最も成功したソロアーティスト」としてギネス認定されている背景には、彼が黒人と白人の文化融合に果たした影響も含めて、音楽とアーティストの持つ価値を示したこともあるだろう。音楽はたんなる消費行動ではない。言葉による議論では対立も生まれるが、演奏と歌詞による伝承はそれを阻む手段を講じにくい。

すでに南北戦争から100年がたち「黒人奴隷」がいなくなった米国社会でも、当時は歴然とした差別があった。その後、公民権運動として黒人を本当の意味で解放しようという方向に米国社会が向かうきっかけを与えたのは、エルヴィスの音楽である。若者がエルヴィスの音楽を通じて差別的な社会を認識し、黒人音楽・黒人文学に慣れ親しみ、理解を示すようになる。親世代の過ちを糾弾するようになる。

プロテスタントの試みの先に生まれた「ロック」

エルヴィスが生み出した「ロック」は白人文化の代表のようにも扱われるが、その中身は完

05　東理夫『エルヴィス・プレスリー　世界を変えた男』文藝春秋、1999

全に黒人音楽の派生である。音楽は「対立・分裂」における言語以外の対抗手段として、必要不可欠なものだ。戦前世代と戦後世代の対立、黒人と白人の対立がなければロックも生まれなかっただろう。

そもそも、音楽を創造する行為自体が宗教対立を母体としている。キリスト教でカトリックとプロテスタントが対立しなければ、音楽自体が一般化しなかった可能性すらある。[06] 教条主義的な言葉ばかりのカトリックと差別化するために、プロテスタントは教会に音楽を取り入れ、人々の感情に訴えた。近代西洋音楽はこのプロテスタントの試みの先に発展し、短調・長調といった音楽「学」も生まれている。

音楽は対立のないところに生まれない、本質的に「ロック」なものなのである。

06 浦久俊彦『138億年の音楽史』講談社、2016

3-3 「日本一速い企業」ソニー、音楽コングロマリットに

アップルに比肩するベンチャー企業

ゲーム業界の始祖は任天堂であると言えるが、同じレベルで音楽業界に影響をもたらしたのがソニーである。１９７９年発売の「ウォークマン」というハードウェアを世界中隅々まで浸透させた偉業は、30年後のアップルのｉＰｈｏｎｅに比肩するような成功事例であった。

スティーブ・ジョブズが敬意を表してやまないソニーという企業が、いかにして〝新興企業〟として日本で音楽レーベルを始め、さらには米国の音楽業界において威容を誇るところまで成長できたのかについて語りたい。

音楽業界を知らない素人だけで作り上げたソニーミュージック

ウォークマンの開発秘話については有名すぎるため、ここでは割愛する。むしろソニーの凄さは、ウォークマンを開発したハードウェア企業というだけでなく、遅れて参入した音楽業界で日本一、世界でもトップ3に君臨している点である。１９６８年に米国ＣＢＳとのジョイントベンチャーを立ち上げ、日本コロムビアやテイチクなどその時点で30年以上も歴史がある大手レーベルを抜いて、１９７９年に日本音楽レーベルとしてトップになる。

成長する日本市場に期待したＣＢＳレコードは、提携相手を求めて日本の音楽レーベル大手に声をかけたが、どこの会社も「検討中」を繰り返し、日本企業に辟易していた。そこに門外漢のソニーが「じゃあうちと一緒にやらないか」と即断で合弁を求めてきた。当時のソニー社長、盛田昭夫の心意気にＣＢＳは応じた。

おりしも外国資本の規制を続けていた日本は１９６７年に「外資の参入」を認め、規制産業であったレコード会社も外資50％までは許容されるようになり、その資本自由化措置後の第1号として誕生したのがＣＢＳソニーであった。ちなみにソニーは「日本企業として初」の記録を多数持っていて、米国での株式上場も、部門別採算制も、執行役員制度も、日本で一番乗りであった。

驚くべきは、ＣＢＳソニーは音楽業界の人間を雇わなかったことだ。10人足らずの転籍社員

ソニーグループの歴史（同社 HP）

図表3-2 日本の音楽レーベルの発足史

音楽レーベル	現在の親会社	設立	詳細
日本コロムビア	フェイス	1910	内資系だが、1927年から米コロンビア・レコードと提携関係、2010年よりフェイス傘下
日本ビクター	JVC ケンウッド	1927	米ビクターの日本法人として設立。のちにRCA、日産財閥、東芝と株主が変わり、1954年から松下電器と提携関係にあったが、2007年以降ケンウッド傘下
日本ポリドール	ユニバーサル	1927	独ポリドール・レコードの日本法人として設立。フィリップスに株主が変わって、1998年からユニバーサルミュージックとなる
キングレコード	講談社	1931	講談社系列として創業。雑誌『キング』に因んでキングレコードとなった
テイチク	ブラザー工業	1934	内資系ではキングと並ぶ老舗。1961年から松下電器と提携、親会社が日本ビクターとなり、2015年からブラザー工業傘下
東芝音楽工業	ユニバーサル	1960	1955年から東芝の一部門としてレコード販売をしていたが、1960年に分社化、1973年にEMIとJVの東芝EMIに。2012年にEMIごと米ユニバーサルに売却されて消滅
ポニーキャニオン	フジサンケイ	1966	ニッポン放送の関連会社として設立
CBSソニー	ソニー ミュージック	1968	外資規制撤廃のタイミングでソニーと米CBSとの合弁で設立

（出向を認めなかった）で立ち上げている。最初の求人広告への応募者は7000人で、その中で選ばれたのは最高齢70歳も含めた「音楽業界経験のない」80人であった。「今さら歴史ある競合と同じことをしても勝てない」「新しい会社には、新しい眼だ。素人でもいいから、やる気のある人だけ集めて新しいビジネスをやろう」というわけだ。この点はディズニーランドを作ったウォルト・ディズニーが、パーク事業の経験者を一切雇わなかったことにも通じる。

1968年当時のソニーは、売上317億円、営業利益25億円。量産に失敗するクロマトロン・カラーテレビの技術に全勢力をつっ

図表3-3　1970年代の音楽関係メーカーの売上

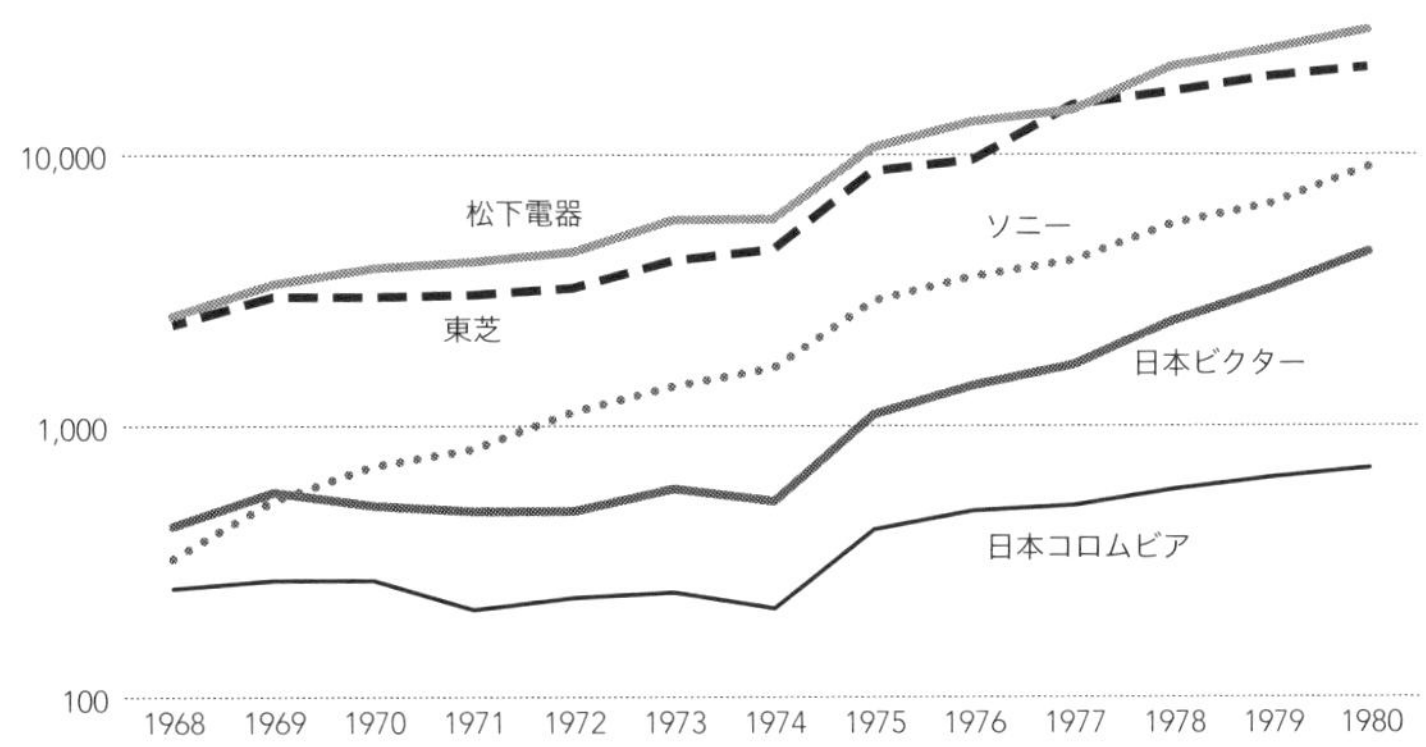

出典）各社資料

こみ、会社は倒産寸前ですらあった。ライバルを見ると、東芝は売上2270億円、松下電器産業は1567億円、日本ビクターは412億円で、ソニーは水をあけられていた。かつ音楽レーベルでは、東芝とビクターがすでに「出来上がった状態」で展開していた。その市場に挑むという「賭け」ができる胆力こそが、ソニーの強さだということは疑いようがない。

「20分」でCBSレコードを買収

CBSソニーはロックから始まる。エルヴィスからビートルズへの流れに乗り、「米国の流行は必ず日本にもくる」とロックに賭けた。[07] そして洋楽ブームが後押しして1979年に国内最大手のレーベルになり、最終的には合弁相手のCBSレコードを1988年に買収する。空港でCBSのトップから相談をもちかけられたソニー・アメリ

07　東洋経済オンライン 2014年7月9日「エンタメ界の神様が語る『逆張り成功論』」https://www.dreamincubator.co.jp/bpj/2014/07/09/sony01/4/

カ副社長のミッキー・シュルホフは、12・5億ドルという買収価格を伝えられ、そこから会長の盛田と社長の大賀典雄に電話し、決裁にかけた時間は驚くべきことに「20分」であった。1960〜80年代において、ソニーは「日本一速い企業」だった。

3-4 アイドルビジネスとしての音楽産業と芸能事務所の影響力

政界を巻き込んで日本特有の権利ビジネスを確立したナベプロ

日本音楽市場のエポックを描く上では「芸能事務所」について深掘りする必要がある。芸能事務所と音楽出版社・レコード会社は別業態だが、日本ではその垣根が低い。2010年代に「世界一」になった日本の音楽CD市場を支えるのは、「音楽コンテンツ」というよりは「音楽を使ったアイドルというキャラクタービジネス」であり、日本の音楽ビジネスの一端を支え続けたのは事務所主導のアイドルビジネスである。

米国では音楽レーベル（ワーナー、ユニバーサル、ソニーなど）とタレント・エージェンシー（CAA、UTA、WMEなど）は役割が異なる。レーベルはタレントの所属するエージェンシーと契約関係として付き合い、ビジネスディールとして出演契約や音源管理などを行う。タレントは知名度を上げると自らエージェントを選択し、オプションごとの取引のようにサポートを依頼していく。

日本はタレントが芸能事務所という組織に所属し、育ててもらって有名になったのちに、その恩に報いるように事務所に儲けを返していく。その芸能事務所が音楽出版からレーベル機能まですべてを担うケースもある。

渡邊晋・渡邊美佐の夫妻が始めたナベプロ（渡辺プロダクション、1940年代から事業を開始し1957年に法人化）が芸能事務所として日本初の音楽出版社を設立したのは1962年である。さらに所属する梓みちよの『こんにちは赤ちゃん』（1963年）が100万枚のミリオンセラーとなったのに、自社の収入はたった800万円で、レコード会社のキングレコードが2億円の収入を得たことに不満を持ったことから、自社で原盤製作を行うようにもなった。楽曲制作やレコーディングなどの機能を持ち、その費用を自前で負担する必要はあるが、そのリスクも取れるザ・ピーナッツやクレージーキャッツなどの大人気タレントを擁していたナベプロは音楽原盤権を獲得していく。

ナベプロはテレビ業界にも大きな影響力を持つ芸能事務所であった。まだテレビ局の制作費が潤沢ではない新興の時代に、ともに業界を作り上げてきたからだ。当時は新興テレビ局だったフジテレビの『ザ・ヒットパレード』の制作費は30分で10万円強。キャストのギャラも出ない金額だった。ナベプロは1年間持ち出しで番組づくりを協業するかわりに、自社タレント出演のアサイン権を確保する。「歌番組」がヒットコンテンツになるにつれて、自社タレントの知名度を上げるプラットフォームになった。[08]

08 軍司貞則『ナベプロ帝国の興亡』文藝春秋、1995

渡辺プロダクションの歴史（渡辺音楽文化フォーラム HP）

１９７１年に確立された著作権法の草案を主導したのもナベプロである。テレビ局、レコード会社、映画会社を集めて音事協（日本音楽事業者協会）を設立し、その会長に中曽根康弘を据えた。もともとゴルフを通じて佐藤栄作と付き合いを深めていたナベプロは、水商売と見下されてきた芸能・音楽業界にあって、政治家へのロビー活動を通じて権利収入が得られるようにルールを整備し、演奏ごとに収入が得られるようにしていった。音楽が「業界」として安定収益を得られるようになるのはこの１９７０年代であり、まさにテレビの普及と軌を一にしている。

産業としての発展には「業界連帯」も重要である。芸能事務所は、社長とタレントの２人でも設立できてしまう参入の容易さがあり、中小規模の会社が乱立する。映画業界がそうであったように、タレントにブランドがつくこのビジネスは、移籍・引き抜きが事業の致命傷になる。その点、日本の芸能事務所は、業界内の不文律で〝引き抜きはしない〟とされていた。

上場企業がほとんどないため計測不能だが、あるデータでは３００社からなる芸能事務所ビジネスの規模は１・２兆円（２００５年度）[09]で、これは当時の日本の音楽市場全体の２倍にもなり、年間のテレビ映像制作費に迫るほどの売上になる。米国と比べても「大きすぎる」規模であり、日本では芸能事務所という存在がいかに大きいかを物語る。

09　星野陽平『芸能人はなぜ干されるのか？』鹿砦社、2014

図表3-4　大手芸能事務所の設立年

設立年	芸能事務所
1912	吉本興業
1950	マセキ芸能社
1952	劇団ひまわり
1957	渡辺プロダクション
1959	芸映
1960	ホリプロ
1962	ジャニーズ事務所（創業年）
1963	東宝芸能
1963	長良プロダクション
1963	太田プロダクション
1964	劇団NLT
1968	サンミュージックプロダクション
1968	浅井企画
1970	オスカープロモーション
1971	バーニングプロダクション
1973	田辺エージェンシー
1974	ソニー・ミュージックアーティスツ
1974	マウスプロモーション
1977	プロダクション人力舎
1978	アミューズ
1978	ビーイング
1978	プロダクション尾木
1979	スターダストプロモーション
1979	ヒラタオフィス
1979	研音

設立年	芸能事務所
1980	テアトルアカデミー
1980	ジャパン・ミュージックエンターテインメント
1980	ボックスコーポレーション
1981	ユマニテ
1983	アップフロントグループ
1984	ワハハ本舗
1985	融合事務所
1985	ライジングプロダクション
1988	オフィス北野（現TAP）
1988	エイベックス
1991	レプロエンタテインメント
1993	ケイダッシュ
1993	トライストーン・エンタテイメント
1995	サムデイ
1995	トップコート
1996	スウィートパワー
1998	フラーム
1999	ブルーベアハウス
2001	アップフロント プロモーション
2003	LDH JAPAN
2006	AKS
2013	リトルトウキョウプロダクション

独自のアイドル文化とジャニーズ

映画同様、音楽も1970年代までは洋楽・邦楽の間には絶対的な壁があり、レコードの小売価格も洋楽が高かった。そうした中で芸能事務所が歌番組を使って小柳ルミ子、天地真理、南沙織の「新三人娘」、森昌子、桜田淳子、山口百恵の「花の中三トリオ」などのアイドルを売り出す文化を作ったことが、現在まで地続きの日本の音楽市場を作り上げた。日本の音楽市場は、「洋楽」が文化の中心にあったアジア諸国とはまったく違うものであった。

また女性ファン向けの男性アイドルといえば、日本において寡占市場を築いたのがジャニーズ事務所である。1970年代までは新興事務所だったが、80年代の光GENJI、90年代のSMAPを代表にテレビ・出版のマスメディアと一体となりながら、ファンクラブ、コンサート、ミュージカルで数百万人にも及ぶ巨大な女性ファン経済圏を創出した。宝塚歌劇団をモチーフとする育成段階の研修生からデビュー後の露出管理まですべて事務所が面倒をみる垂直統合型の仕組みを構築し、売上1000億円を超える過去最大の芸能事務所を作り上げたのは2000年代に入ってからの話である。[10]

10 大谷能生ほか『ジャニ研！ ジャニーズ文化論』原書房、2012

ジャニーズ事務所の歴史（同社 HP）

3-5 エイベックスと小室哲哉の時代 J-POP鎖国化した日本

レコードと著作権が生み出した「年を越せるキリギリス」たち

今日の日本音楽市場のビジネスモデルには、先行の成功例があった。ビートルズである。日本で初めての大規模コンサートを行ったのは日本人ではなく、1966年に来日したビートルズだった。それ以前、音楽コンサートの会場は収容人員1000人程度の県民会館や公会堂が最大だった日本で、ビートルズがライブをしたのは1964年の東京オリンピックのために出来立てほやほやの日本武道館であった。これ以降、1万人を超えた大規模ライブが普及する。

ビートルズのコンサートへの日本武道館の貸し出しには、反対する意見もあった。プロ野球の巨人戦を神宮球場で開催した正力松太郎が「神聖な場所を穢《けが》した」と暗殺されかけたのと同様に（第9章「スポーツ」参照）、柔道・剣道など由緒正しい武道の会場をコンサートに使う

図表3-5　音楽業界（CD販売）のバリューチェーン

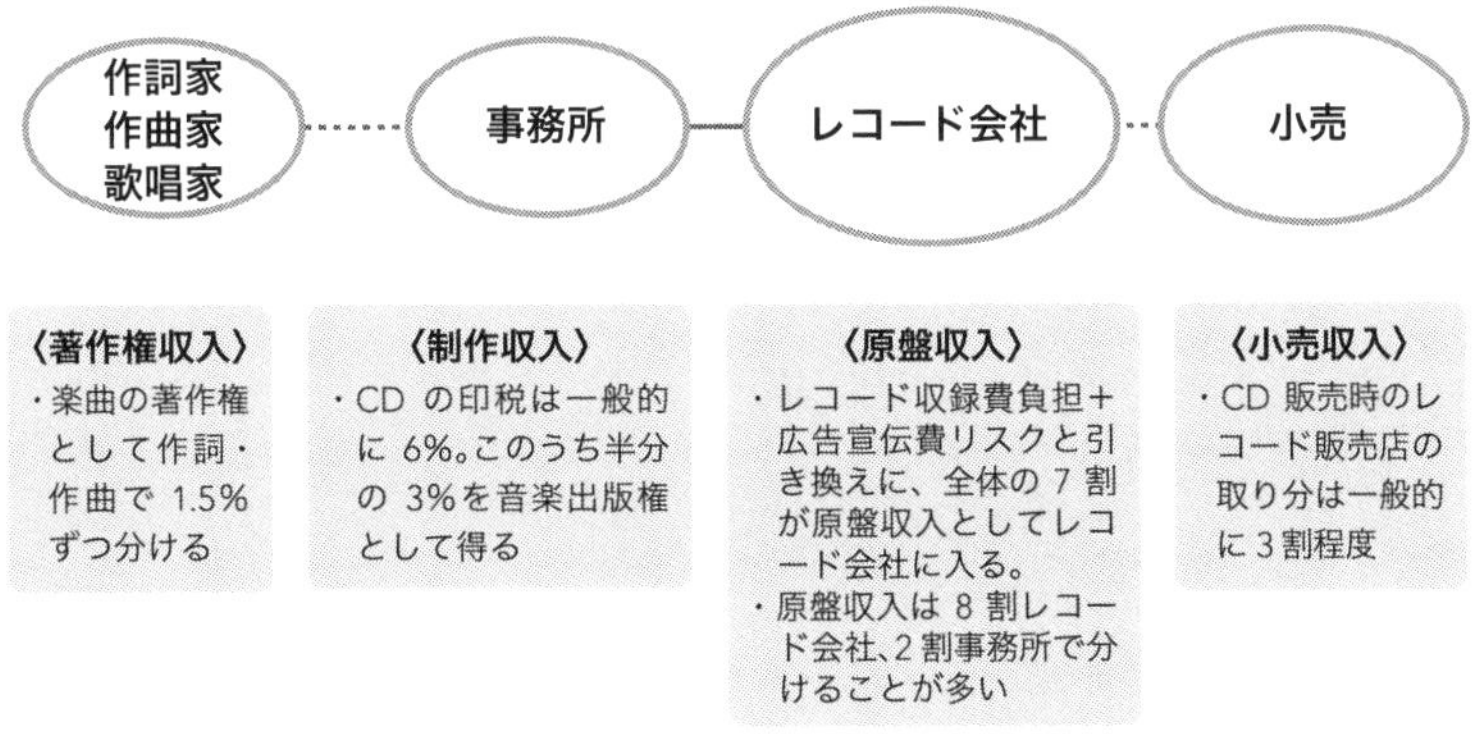

作詞家
作曲家
歌唱家
事務所
レコード会社
小売
〈著作権収入〉
・楽曲の著作権として作詞・作曲で 1.5% ずつ分ける
〈制作収入〉
・CD の印税は一般的に 6%。このうち半分の 3%を音楽出版権として得る
〈原盤収入〉
・レコード収録費負担＋広告宣伝費リスクと引き換えに、全体の 7 割が原盤収入としてレコード会社に入る。
・原盤収入は 8 割レコード会社、2 割事務所で分けることが多い
〈小売収入〉
・CD 販売時のレコード販売店の取り分は一般的に 3 割程度

出典）著者作成

ことに対して「ベートルズとかいうやつらには貸せない」と文句がついていた。しかも、文句を言ったのは日本武道館会長でもあった正力松太郎だった。

英国から米国に市場拠点を移したビートルズが音楽業界にもたらした画期性は、それまでライブ入場料や投げ銭で生きていたその日暮らしのミュージシャンが、レコードという新しいメディアで、「著作権」を持ってビジネスを始められる新世界にあった。そもそも楽器を弾いて、歌を歌って生きていくという発想は、1960年代以前の社会では完全にヤクザ者の考えだった。労働をするアリたちに対峙するかのように、その日暮らしのキリギリスであり、貯えもなく越冬できなかった。そのミュージシャンが「アーティスト」としてブランドを使ったビジネスができるようになるのは、レコードと著作権のおかげだった。それを初めて大規模に実践したのがビートルズである。

図表3-6　日本の音楽市場

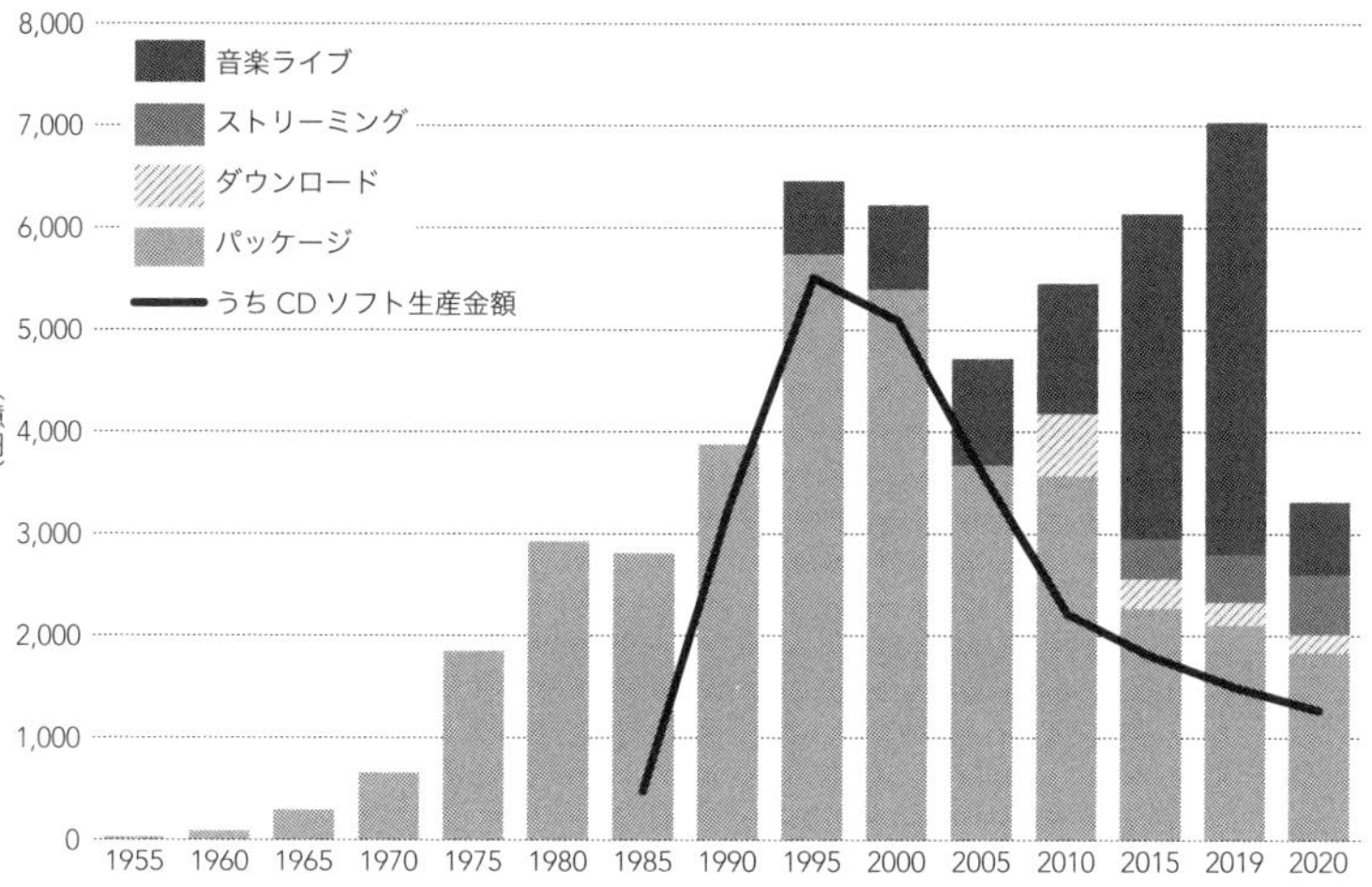

出典)『情報メディア白書』、ぴあ総研資料、日本レコード協会資料より著者作成

ナベプロやホリプロなどの事務所がテレビとの〝共犯関係〟の中で多くのアーティストを育て、そのレコード・CDの販売で数百億円を稼ぐ「企業」になっていくのは、1970年代におけるこの画期的なビジネスモデルの発明によるものだった。

それでも著作権で大きな市場を築くには、レコードとカセットテープだけでは十分ではなかった。音楽業界が他のエンタメ業界を圧倒するようになる1980年代、その収益をもたらしたのはCDという技術革新であった。ビデオレコーダーの競争でビクターに負けたソニーがフィリップスと共同開発し、1982年に商品化したCDは音楽業界の救世主となった。製造費・輸送費などのコストが安価なCDのアルバムを3000円で売ると、そのほとんどは粗利となる超高収益であった。ユーザーにとっても、音質の劣化がなく、取り扱いが容易なCDは、レコードやカセットテープに比べて格段に便利であった。

日本の音楽市場は1970年に600億円規模だったところから1980年には3000億円、1990年には4000億円、そして1995年には6000億円と、25年で10倍という異次元の成長を遂げる。

J-POPへの傾斜、鎖国された巨大音楽市場

日本の芸能事務所ビジネスの強さは、「360度ビジネス」と呼ばれる手広い商売範囲から来るものだ。6000億円のCDビジネスにおける著作権印税は6%にすぎないが、テレビメディアとの共同でスター・アイドルを生み出す芸能事務所は、音楽コンサート事業も展開できれば、グッズの販売事業もできる。CM出演費も期待できるし、ファンクラブを作れば月額固定で一定金額のサブスクリプション収益を期待できる。欧米のようにアーティストが法人格を持ってエージェントを使い回す契約社会と異なり、あくまで就職するかのようにタレントが芸能事務所に育ててもらう日本においては、事務所が1人のスターの全ビジネスを一手に引き受けることも可能だ。

その勝機をつかんだのが、貸レコード店から身を立て、小室哲哉という希代のミュージシャン兼プロデューサーとともに日本の音楽シーンを席巻したエイベックスである。1997年に

は、同社売上560億円の7割、400億円近くを小室の楽曲によって生み出し、ヒットを飛ばし続ける。[11] エイベックスは「音楽でビジネスをする」アーティストを主眼とせず、「有名アイドルをアーティストにする」というコンセプトで、ドラマのタイアップからCM枠までテレビの波及力を使ってマスの市場にどんどん展開していった。

これらの結果として進んだのは、J-POPによる日本のガラパゴス化だった。2000年前後の日本音楽市場で洋楽シェアは10%にとどまっていた。開かれた市場で9割が国産という国はあまり事例がない。国産が強かった日本の映画興行でも、洋画は最低でも3割、近年は5割のシェアがある。

11 松浦勝人「真相。売り上げ7割を占める小室哲哉との『決別』」(Newspicks Innovetors Life 2018年7月9日) https://newspicks.com/news/2942512/body/

3-6 ストリーミングで再び「掛け算ビジネス」が始まる

世界一のCD大国というガラパゴス

日本の音楽市場の特殊性を示すのは、洋楽比率の低さとともに、CD売上の大きさだろう。2020年のCD売上は、全世界の42億ドル（約4500億円）に対して、日本は1800億円。世界の4割が日本なのだ（図表3－7）。米国の6億ドルの倍以上のCD大国日本は、CDショップ数でも米国1900店舗、ドイツ900店舗に対して、6000店舗とはるかに多い。世界的にはストリーミング市場が2010年代後半に過半を占めたトレンドの中で、日本だけがその重力をものともせずにCD比率7割を保ち続けている。

その理由は、国土が狭く流通網がありCD小売店が身近にあったこと、ユーザーの高齢化で新しいフォーマットへの転換が進まなかったこと、音楽レーベルが多数あるために配信権利契約が進まなかったこと、配信サイトが多すぎてユーザーが分散したこと、など様々あるが、特に大きかったのはAKB48の「総選挙」とセットにした販促のように〝興行ビジネスとしての成功〟ではないだろうか。

世界の音楽市場はユニバーサル、ソニー、ワーナーの3社で7割を占める。北米も欧州も概ねこの比率だが、日本だけは3社合計で3割程度にとどまっている。[12] そこにエイベックス、ジャニーズ、ビクターなど20社以上が連なっている。

世界トップ3社は1970〜90年代を通じてM&Aを繰り返してきた。レコードからCD、iTunesのダウンロード配信、スポティファイのストリーミングと、めくるめく変わる技術革新に対抗するために、「大きくなって交渉力をつけて、権利収益を最大化させる」ことに腐心してきた。複雑すぎる買収や親会社の変更などは一覧化してもなお混乱するレベルで、「フランケンシュタインのようだ」とも揶揄される。

あらゆるコンテンツ産業の中でここまで技術革新と権利交渉が未来を決定づけてきたものは音楽のほかには存在せず、それもこれも産業としての脆弱性を関係者が強く自覚しているがゆえの自己防衛でもある。

その世界的なうねりが、なぜか日本には届かなかった。多くの企業が〝ムラ社会〟と呼ばれる紐帯を作り、ノウハウをシェアし合いながら、規模拡大の業界再編が起こらず、老舗レコード企業を存続させてきた。

2010年代のオリコンチャートを見れば、日本の「異様さ」は際立つ。トップ50に入ったアーティストを調べると、アイドル（ジャニーズ、AKB&坂道系）、LDH（EXILE系）、

12 SPEEDA

図表3-7　音楽レーベルの売上内訳

世界

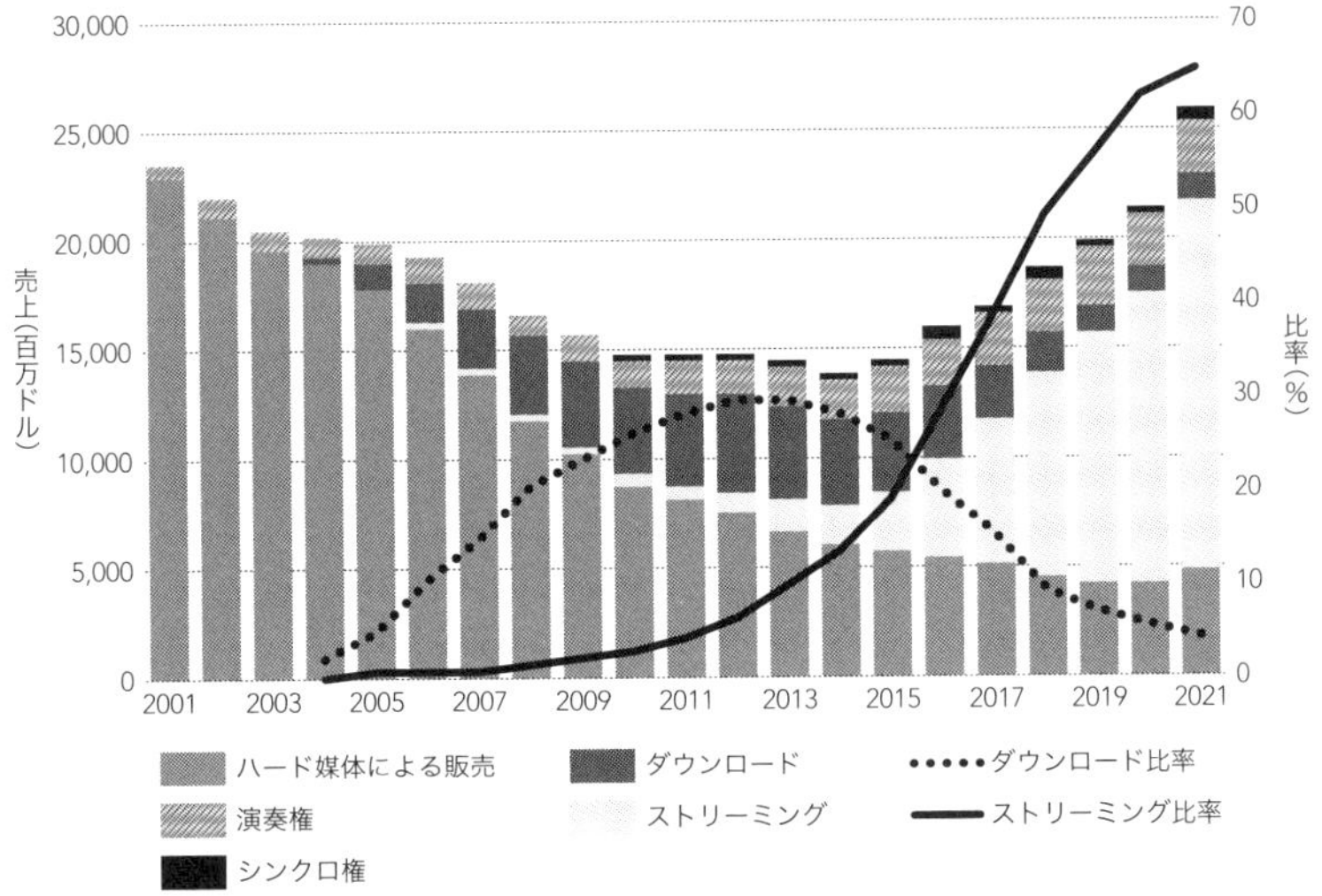

日本

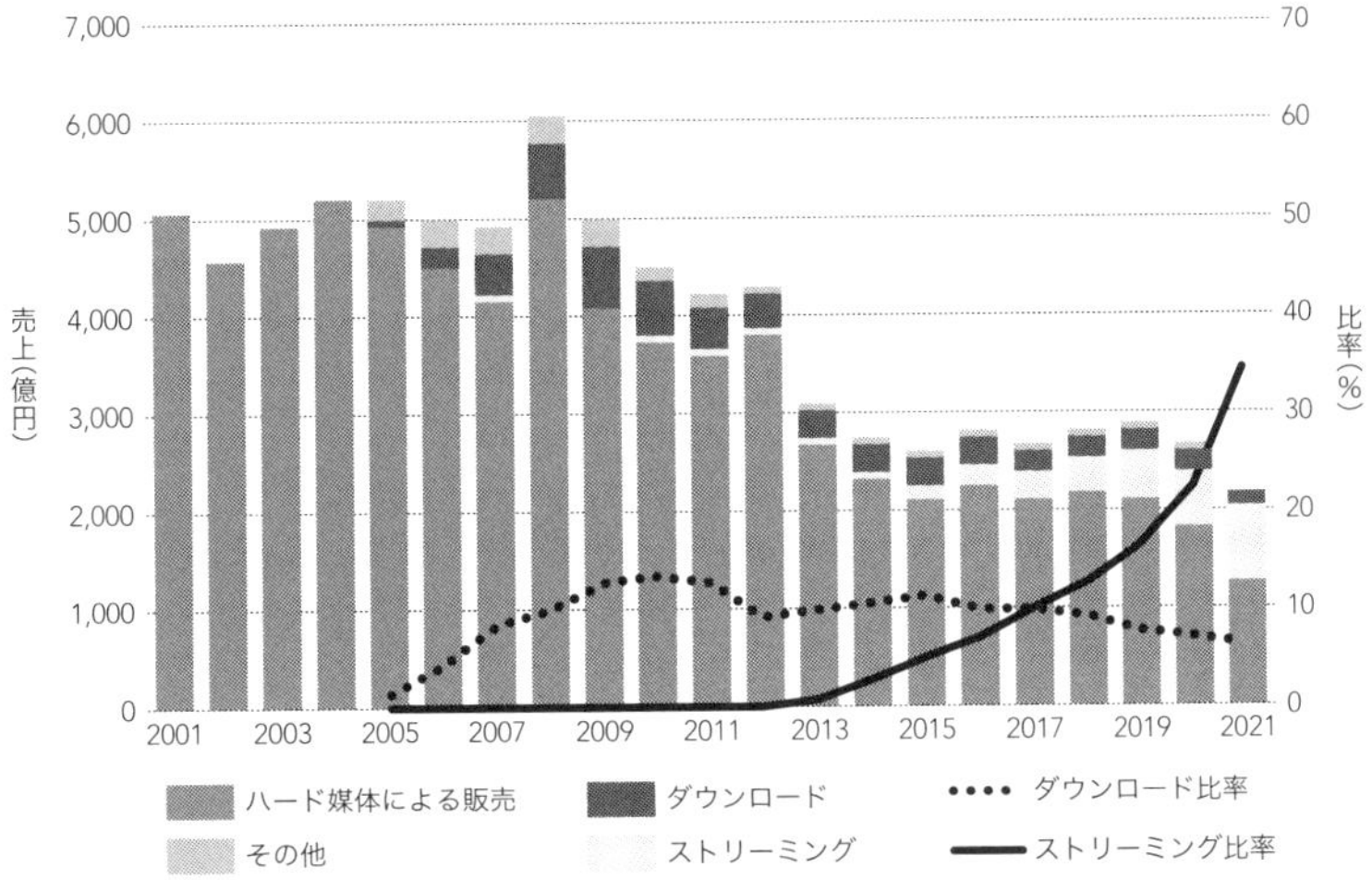

出典）日本レコード協会『日本のレコード産業』などから著者作成

Ｋ－ＰＯＰで9割以上が寡占されていて、その３つ以外に新規で入ったアーティストは１割にも満たない。それほどすき間なくアイドル系グループが寡占できるのは、音楽ライブの大量動員に紐づけた物販事業としてのＣＤ販売の成功のたまものだろう。

ナップスターという大事件とアップルの対応

１９９９年の「ナップスター」出現は、インターネット世界の産声のような事件だった。ここから動画やテキストを含め、全コンテンツ産業が激動の時代に入るが、まず襲われたのが〝カナリア〟である音楽産業である。ＭＰ3という圧縮技術を使い、Ｐ2Ｐでユーザー同士が直接ＰＣをつないで他のユーザーが持っている音楽ファイルを検索し合える仕組みで、音楽の著作権ビジネスを崩壊させかねないサービスだった。

実際にサービス稼働していたのは１９９９～２００１年の3年間だったが、シェア、フリーミアム、レコメンド、インタレストグラフ、ソーシャルグラフ、ダウンロード販売など21世紀の音楽・ネットビジネスの必須のコンセプトすべてが、このナップスター事件で議論されている[13]。当時19歳の創業者ショーン・パーカーは２００４年にフェイスブックのＣＥＯになったり、２００９年にスポティファイに出資したり、いまだ牽引力のある音楽業界の大物である。

ナップスターの喧噪を収めたのはスティーブ・ジョブズ率いるアップルのｉＴｕｎｃｓである。１曲99セントのばら売りというアイデアは、アルバム販売を中心としてきた20世紀の音楽

13　榎本幹朗『音楽が未来を連れてくる』DU BOOKS、2021

ビジネスに殴り込みをかけるものだったが、大手3社との交渉成功はナップスターという脅威がなくてはなしえなかっただろう。2000年代はiTunesのダウンロード販売が音楽業界を牽引し、2010年代後半にストリーミングに入れ替わるまで権勢を誇った。

ジョブズはその後に登場したスポティファイとも対立する。2011年に逝去するまでずっとアンチ・スポティファイの姿勢を崩さず、「サブスクは誤った方法だ。これまでも我々は音楽を『買ってきた』のだから」と主張し、彼らの米国進出を阻止し続けてきた。[14] 2006年設立のスポティファイは欧州を席巻していたが、ジョブズが「ストリーミングが業界を壊す」と吹き込み続けたことで北米展開は遅れ、2011年にようやくスタート。その後アップルのアプリストアに出していくが、幾度となく拒まれ、競合サービスを不正排除していると訴訟問題にも発展している。

そのアップルが2015年に無料のアップルミュージックをスタートした時が、本当のストリーミング市場の始まりだったとも言える。2016年、ナップスター出現で凋落を続けてきた音楽業界が反転し、成長基調となった。

こうしてみると、競合の存在は大事である。アップルやグーグルもまたダウンロードからストリーミングに移行し、世界音楽市場におけるストリーミング割合は2021年までの7年間で2割から7割を超えるまで拡大した。

CDは掛け算のビジネスだった。タレントが有名になれば、そのファングッズのように全国

14 スベン・カールソン、ヨーナス・レイヨンフーフブッド（著）、池上明子（訳）『Spotify 新しいコンテンツ王国の誕生』ダイヤモンド社、2020

に流通する原価の安いＣＤが過去作品も含めて自動的に売れていった。だが２０００年代から音楽ビジネスはライブが中心になってくると、それは足し算のビジネスに戻る形となった。興行は何回も同じセットを持ち回り、観客を何万人積み上げられるかの勝負で、売上は担保されるが利益率の逓減は免れなかった。

ストリーミングは音楽業界にとって、再び掛け算を取り戻すチャンスとも言える。世界のトレンドに遅れた日本だが、２０２０年代はまさにストリーミングによる音楽ビジネス再構築タイミングだろう。

第 4 章

出版

『週刊少年ジャンプ』が500万部へ（1988年７月11日）
写真：読売新聞／アフロ

4-1 戦後最大のベンチャー産業

流行の周辺で繁栄を享受する機敏な産業

映画もゲームもグローバルな産業である。それらは「映像」であるがゆえに、言語の壁を越えて世界中に浸透しやすく、世界をハリウッドと任天堂が席巻するような状態が起こりえた。だが出版業に関しては、それが当てはまらない。出版は文字を主体としたメディアであり、必然的にローカルな商品となる。各国が等しく言語障壁を持って、それぞれの歴史・事情・時代性を反映させていくものである。

実はコンテンツ市場の中でも日本の市場が相対的に大きいのが出版だと言える。コンテンツ市場全体では40兆円の米国と30兆円の中国に対して、10兆円の日本はすでに大きな差をつけられているが、こと出版に関しては米国の4・5兆円、中国の3兆円に対して、日本は1・5兆円と、他の産業ほど米中との規模の差が開いていない。[01] しかも輸入・輸出が少なく（全体の数

01 ヒューマンメディア「日本と世界のメディアコンテンツ市場データベース」

パーセント程度）、日本で生み出された出版物を日本人が消費するという好循環が維持されている産業である。

それは大正時代に普及した「世界最高の（流通）システム」のおかげであり、地方部までゆきとどいた書店・問屋の流通網が、全国民に同時的に印刷物を届ける仕組みによって支えられている。

また出版は音楽と並んで、投資商品としてわかりやすかった。書籍は「1人の著者と1人の編集者がいれば始められ、1冊出すのに投資は多くて数百万円、結果も見えやすい」という特徴は新規参入を生みやすく、何千社という中小出版社を生み出した。

雑誌の創刊もブームが繰り返された。1970年代末にアニメ人気が高まったときには『アニメージュ』（徳間書店、1978年創刊）、『ニュータイプ』（角川書店、1985年創刊）、ゲームでも『ファミコン通信』（角川書店、1986年創刊）が生まれた。グラビアが売れるとなれば『FOCUS』（新潮社、1981年創刊）、『FRIDAY』（講談社、1984年）と続き、1985年だけで245誌もの雑誌が生まれている。PCの黎明期だった1983年にPC雑誌が60誌近く存在していた事実も出版業界がいかに流行へのキャッチアップが早かったかを示している。

つまり出版はその時代に最も流行っているものの周辺でサブメディアを作り、必要な情報のキュレーションによって共に繁栄を享受する、機敏かつ重要な産業であったのだ。

第2章「映画」で述べたが、戦後にGHQが民衆の不満のはけ口として3S（スポーツ、セ

図表4-1　日本の出版市場

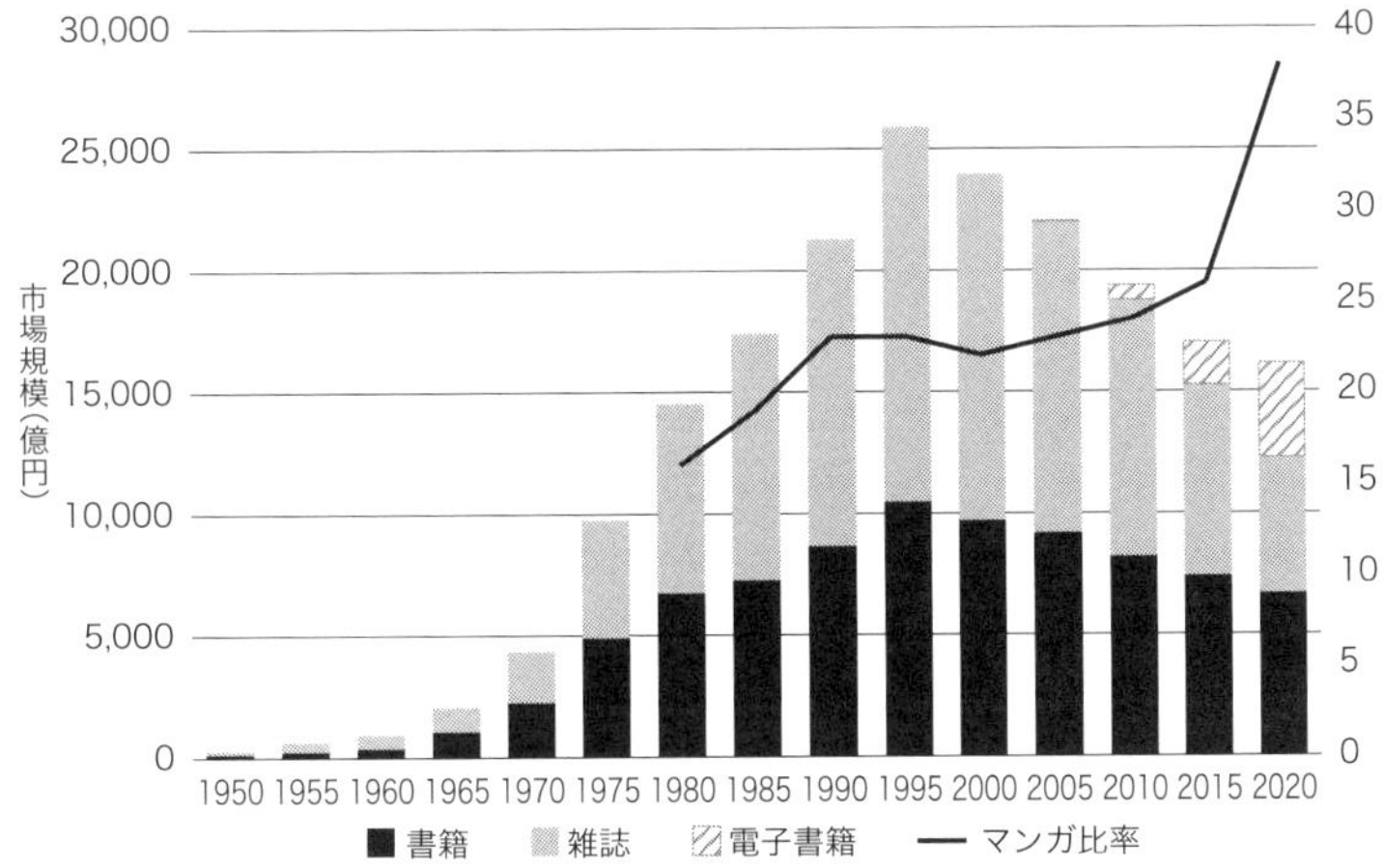

出典）『情報メディア白書』

ックス、スクリーン）の展開を奨励したその時代、エンタメ産業の中で最初に勃興をみせたのは出版であった。出版社の数は、1945年に300社→46年に2000社→48年に4600社と爆発的な増え方をする。だが供給過多に加えて1949年からの不況も重なり、1951年には1900社へと半分以下になり、そこから徐々に回復して3000社（1960年）まで安定的に増えていく。現在の3500社に近い数字である。

出版市場の推移を総覧してみれば（図表4-1）、戦後50年、1995年までいかに栄華の時代にあったかを示している。同時にバブル景気後は凋落し、縮小の一途である。これは音楽や新聞などとも近い市場波形である。

電子書籍は拡大しているものの、出版市

場全体の縮小を止めるには至っていない。マンガではコロナ後にウェブ・アプリの売上が急成長し、すでに電子が紙を凌駕しているが、出版市場全体ではまだ電子は3割に届かない。この20年間で3分の1になってしまった雑誌に代わる収益源を見つけられていない状況である。

「教育の浸透」と「出版の成長」

本や雑誌を読むという娯楽は、ラジオもテレビもなかった時代においては唯一ともいえる家庭でのエンタメであった。明治・大正において「教育の浸透」と「出版の成長」は軌を一にしている。小学校就学率は明治初期に3割だったが、19世紀末には7割まで上昇し、学制発布で1910年にはほぼ10割まで引き上がる。読み書きを覚えた人々は、活字に飢え、急激に「出版」を求め始める。識字人口は、1890年に1500万人→1910年に3500万人→1930年に5500万人と急激に増えた（図表4－2）。

すると円本ブームが起こる。改造社が1926年に『現代日本文学全集』を1円（初任給の2％程度、現在の400円くらいの価値）で販売し、1巻あたり60万～80万部売れた。そこから新潮社『世界文学全集』や春秋社『世界大思想全集』などの全集シリーズが続々と出版され、売れに売れた。

雑誌も部数を増やした。1924年創刊の講談社『キング』は、それまで最多だった『主婦之友』の25万部をダブルスコアで抜く初刷50万部という記録を打ち立て、1927年には12

図表4-2　就学率と識字人口の推移

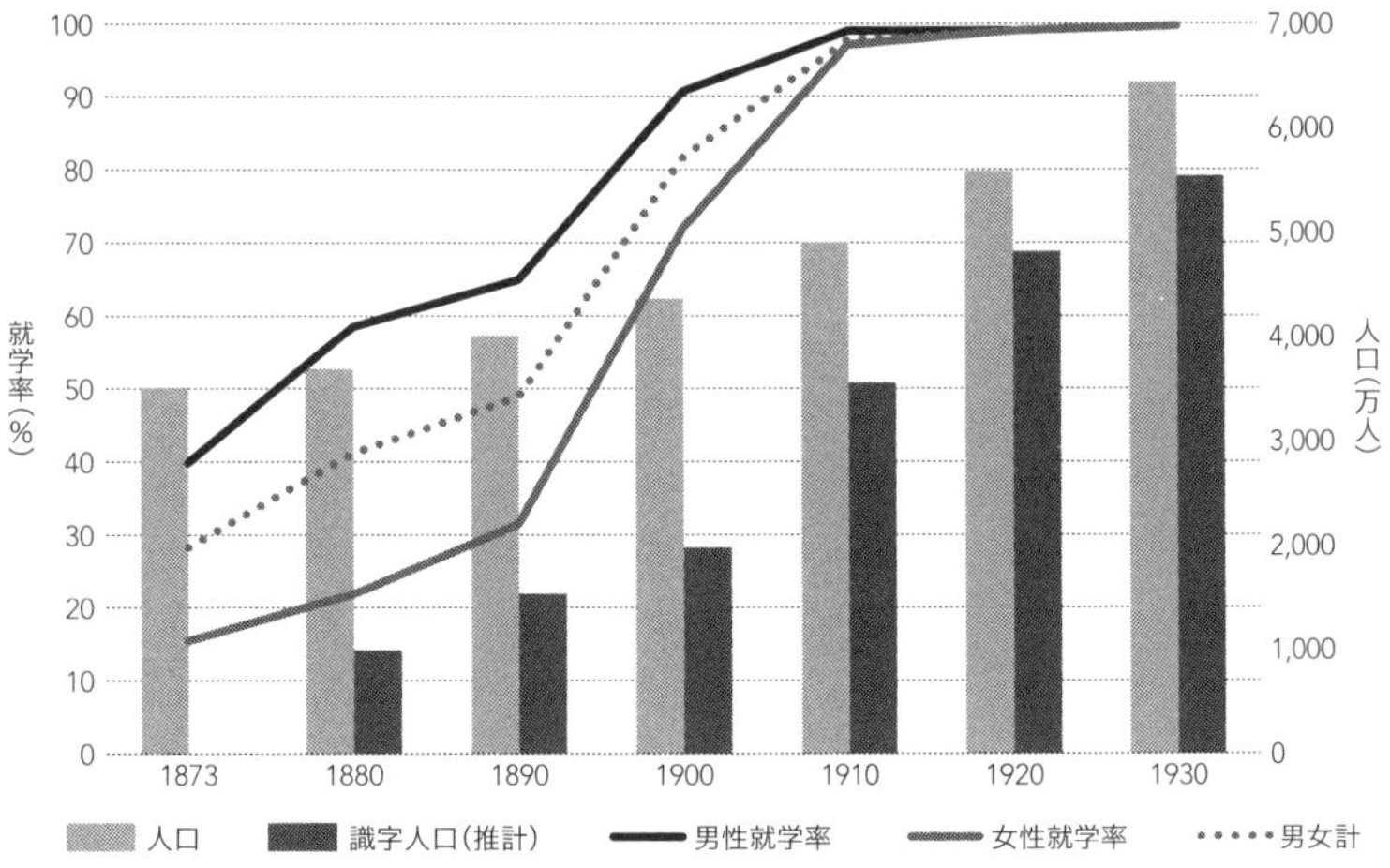

出典）総務庁「日本長期統計総覧」。識字人口は人口×10年前の就学率で簡易的に計算

0万部となって雑誌史上の最高記録となった。毎日新聞、朝日新聞も100万部を超え、子供向けの『幼年倶楽部』ですら1931年には95万部に達した。この時代は戦後の高度経済成長期やバブル期と比較しても勝るとも劣らない、近代化を象徴する出版の黄金時代である。

マスメディアの時代は、まさにここから、1925年前後の出版から始まるのである。

4-2 大正時代に確立された世界最高の出版流通システム

取次流通、委託販売、再販制の3点セットで業界発展

日本の出版業界の特徴は「再販売価格維持制度（価格の固定）」と「委託制度（書店が買い取らずに出版社に返品できる仕組み）」、そして出版－取次－書店が生み出す流通構造の3点にある。本は定価販売で安売りされず、また書店が在庫リスクをもたないので売れない本も店頭に並べやすく、多種類の本をそろえることができる。

小売に価格決定権がなく、メーカーが決めた定価ベースで棚に並べる再販制度は、それが始まった1950年代は化粧品や医薬品、写真機などにも適用されており、（ユーザーにとって得ではないが）価格が安定するがゆえに多様なブランドが育ち、小売の新規参入も促しやすいメリットがあった。

この制度は産業成長期には機能するが、成熟期になるとメーカーと小売の力関係がアンバラ

出版業界の基礎知識（出版科学研究所 HP）

ンスになる。ダイエーが引き起こした流通革命は、まさにこのメーカー希望小売価格から自由になることによって、ユーザーと接する小売が割引・販促を駆使するところから起こっている。

かくして、ほとんどの商品はその適用外になっていくが、新聞、音楽ソフト、そして出版物に関しては再販制度が維持されている。「著作物（知的財産であるがゆえの）」としての例外規定である。米国や欧州ではメーカーが価格を縛る制度は原則違法である（欧州は時限性のある再販制や、高額に売ることを禁止する上限制度などはある）。

では、委託販売はどうか。これこそ出版業界を象徴する仕組みである。明治から大正の1910年前後に始まり、日本全国に新興の書店を増やし（書店数は明治末期の3000店から大正末期には1万店に増加）、書籍を全国の隅々まで行き届かせた革新的な制度であった。これは書店の意向というより、出版社と取次が委託制を適用することで、書店の意思に関係なく大量の本・雑誌を送り付けることを可能にする仕組みであった。

1890年前後から整備された取次流通、1910年前後に始まった委託販売、1950年前後にスタートした再販制。この3つが出版業界を大マスコミ産業に仕立て上げた「産業構造」であり、現在もまだ維持されているものでもある。

この流通の仕組みは「世界最高のシステム」との誉れ高いが、逆に何が売れるかの見立て力をもたない書店が乱立することになる。書店は1980年代に供給過剰となり、それを取次が資金的に支えたことがかえって事態を悪化させ、出版社はどんどん出版点数を増やすという3層構造で、1995年以降は出版界の困窮が深まっていく。[02]

02 小田光雄『出版業界の危機と社会構造』論創社、2007

雑誌流通は文具店などの店先で客寄せとして発展

流通網について伝えるなら、書籍と雑誌の違いについても言及する必要があるだろう。ジャーナリズムとしての週刊誌、娯楽としてのマンガ雑誌やファッション誌、そしてホビーからビジネスまで、世の中の人々のありとあらゆる関心事をターゲットにして雑誌のジャンルは増え続けてきた。

この「雑誌」の範囲がクセモノで、マンガは雑誌もコミックスも「雑誌」扱いである。取次流通や委託販売が確立する大正時代までは、書店は発注ベースで書籍のみを扱い、流通スピードも保守的だった。かたや雑誌は、文具店や呉服店、旅館などが兼業で店先に客寄せのために置いておくものであり、はるかに広く細やかな流通網を構築した。輸送面では、書籍は木箱に入れて送付しなければならず、かたや雑誌は新聞紙にくるんで安価に汽車で運べた。このように書籍と雑誌で〝格の違い〟があったのだが、関東大震災で流通網が一度大きく崩壊したあと、多くの書籍が〝雑誌扱い〟として、全国に大量に供給されていく。

書籍はとにかく1作1作で当たりはずれがあるヤクザな商売である。それに対して雑誌は、定期発行するのは大変だが、読者がつけば収益が積み上がっていく「座布団商売」になる（失敗すると当然ながら赤字も大きくなるが）。明治初期に士族階級が起こした出版社（当時は流通も書店も一緒に運営していた）は、丸善、有斐閣、教文館などいくつか残っているが、ヒッ

図表4-3　出版業界のバリューチェーン

〈印税収入〉
・定価の10%が基本。書籍を印刷するタイミングで発生する

〈出版収入〉
・取り分は6割程度、その中から著者印税、企画・製作費、印刷費などを負担する

〈取次収入〉
・取り分は1割程度
・仕入、配本、返本回収、代金回収まで一気通貫で行う出版業界の屋台骨
・書店開設時には仕入れをすべて行い、支払いも3年間据え置き（取次が出版社に立替支払い）

〈販売収入〉
・取り分は3割程度
・委託制度により売れ残りは取次に戻す

出典）著者作成

トメーカーも例外なくどんどん倒産していった。残っているのは雑誌や教科書など「座布団型」ビジネスを待っていた出版社ばかりだ。

同時に雑誌は、その集客力によって「広告収入」という新たなモデルを出版社にもたらす。20世紀の出版業界の躍進は間違いなく、この出版流通の産業構造と雑誌ジャンルへの進展によって引き起こされたと言える。

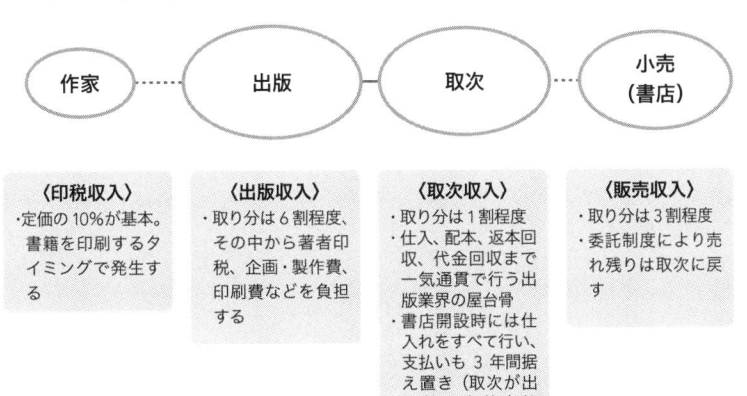

4-3 出版市場の3割を超えるマンガ

団塊世代の成長とマンガ雑誌の巨大化

日本がマンガ大国であることはもはや言うまでもない。書籍・雑誌も含めたすべての出版物売上の3割を超える5000億円がマンガである。マンガ文化があるフランスのバンド・デシネでも出版全体の1割を切る程度、米国のアメコミは同3%弱である。世界全体で1・5兆円規模になるマンガ・コミックス市場において、日本1カ国だけで3割のシェアを握っている。[03]

マンガ大国を作ったのはマンガ週刊誌の成長である。1950年代は『サンデー毎日』『週刊朝日』といった新聞社系の週刊誌が100万部を突破し、『週刊ポスト』『週刊現代』といった出版社系の週刊誌も部数を伸ばしていた。大人向け週刊誌は「色・カネ・出世」を三大テーマに続々とリリースされていった。

マンガは当時まだ月刊誌の時代であり、『冒険王』（秋田書店、1949年創刊）に始まり、

03 増田弘道「アメコミ市場は日本の10分の1、世界のマンガ市場を見る」（ITmedia ビジネスオンライン2012年09月12日 ）https://www.itmedia.co.jp/makoto/articles/1209/12/news013.html

『少年画報』（少年画報社、1950年創刊）が1958年に80万部の最高記録を打ち立てている。

だが、マンガもいずれ週刊誌の時代になるのではと目されていた。そして子供向け少年マンガ週刊誌として、講談社の『週刊少年マガジン』と小学館の『週刊少年サンデー』が産声をあげたのは1959年のことだ[04]。

その背景にあったのは団塊世代の成長である。小学館の看板雑誌『小学一年生』から6年間小学館の雑誌で育った子供たちが、中学生以上になると小学館を離れてしまう。1947～49年のベビーブームで生まれた団塊世代の子供たちがちょうど中学生に上がり始めたこの時代、年間出生数はピークの250万人から150万人程度まで落ち込み、いかに団塊世代を〝卒業〟させずに読者として残ってもらうかを考えて「週刊マンガ誌」という発想に至る。

マンガ雑誌の成長の歴史はそのまま団塊世代の成長の歴史でもある。団塊世代が大学生となった1968年は新たに区切りの年であった。マガジンは1967年まで14歳（中学2年生）以下の読者が全体の8割だったが、1969年にそれは2割になる。つまり団塊世代の読者が高校生・大学生になっても離れず、また同時に『週刊ぼくらマガジン』など低年齢層の受け皿にも流れず、そのままマガジンが同じ読者をひっぱった。

手塚治虫の『鉄腕アトム』などから始まる黎明期のマンガ作品は、『巨人の星』『あしたのジョー』など大人向け劇画作品へと緩やかに政権交代していく中で、マンガは世代を超えてユニバーサルなメディアになっていく。1995年には『週刊少年ジャンプ』が発行部数650万

04 元木昌彦『週刊誌は死なず』朝日新聞出版、2009

部突破という驚異的な記録を残すことになる（第5章の図表5－4参照）。テレビにしても、音楽にしても、1990年代半ばのピークに向けて、すべて同じ「団塊世代のためのメディア」であったと言えるだろう。

他国の「3倍の速度」「10分の1の価格」で量産

週刊マンガの成立は、出版業界におけるビジネスモデルの革命でもある。当時の週刊マンガは30円という低価格で原価率90％を超えていた。マガジンもサンデーも13人の編集スタッフを配してマンガ家に毎週遅れず描き上げてもらっていたが、それは赤字覚悟の展開だった。[05] かつ大人向け週刊誌と違って、マンガ雑誌は広告がつかない。10年の時を経て、マガジンが100万部を突破した時点でも赤字だったというほどの長期戦に耐えた2社の競争の結果できあがった「奇跡の市場」でもある。[06]

それほど低収益のマンガ雑誌がビジネスとして成り立ったのは、連載をまとめるコミックスの販売収入、そしてキャラクター玩具から得られるライセンス収入があってのことである。週刊誌だけでは収支が厳しくても、それを続けることで得られる利益は大きかった。

図表4－4に示すように、日本のマンガ雑誌の200円、コミックスの500円という価格は、米国と比べるとその破格ぶりが際立っている。マンガ雑誌の1ページ0・5円という単価は米国のアメコミの10分の1以下である。収益源となるコミックスの1ページ3・1円ですら

05　大野茂『サンデーとマガジン』光文社、2009
06　西村繁男『さらば、わが青春の「少年ジャンプ」』幻冬舎、1997

図表4-4　日米のマンガ雑誌・コミックスのタイトル数・価格比較

	日本		米国	
	コミックス	マンガ雑誌	コミックス	マンガ雑誌（アメコミ）
ページ数	160ページ	400ページ	160ページ	32ページ
カラー	モノクロ	モノクロ	モノクロ	オールカラー
価格	5.0ドル（3.1円／ページ）	2.0ドル（0.5円／ページ）	12.0ドル（7.5円／ページ）	2.0ドル（6.3円／ページ）
タイトル数	1000／月	300／月		100／月

出典）1990年代想定で著者作成。簡易化のため1ドル＝100円で計算

米国の半分以下だ。

一方、毎月生産されるマンガのタイトル数は、米国の100に対して、日本は300。日本のマンガ産業は、米国の3倍のスピードで量産され、10分の1の価格で販売されるという「生産革命」によって成長を遂げてきたのである。

マンガの生産革命は、マンガ家の驚異的なハードワークによって支えられてきた。マンガ週刊誌の成長期における一例を挙げると、永井豪は週刊誌5誌に同時連載をしていた。ジャンプに『ハレンチ学園』、チャンピオンに『あばしり一家』、サンデーに『あにまるケダマン』、マガジンに『デビルマン』、キングに『スポコンくん』である。1作10ページ以上もの作品を週5種類。そのネームから仕上げまですべてを統括する。アシスタントのスタッフを抱えているから1人ですべて完成させるわけではないにしても、ほかの時代・国では実現しようもない仕組みである。

日本がマンガ大国であり、なぜ日本以外がそうでないか。ここには明確な答えがある。ほかの国においてはこのような生産体制は作りようがない。普通の労働者の2〜3倍の労働時間を費やし、ほとんど休みない生産体制が盆と正月のほかは回転し続ける。それが毎週数百冊と出続けるマンガ雑誌メディアを通じて書店やコンビニなどに流通し、大人から子供まで手に取ってパラパラと読む。

半世紀かけて確立された日本のマンガ生産・消費市場は、世界で随一の「文化消費インフラ」として機能しており、これがその後のアニメ・ゲーム市場につながっている。いびつな需要と危うい供給のバランスの上に、我々は究極的に安価な状態で様々な「作品」の創造性に触れ続けることができるのだ。

4-4 メディアミックスとキャラクタービジネス

角川書店の「読んでから見るか、見てから読むか」

出版の本質は、安く早いメディアでありながら、最終的には「世界観、物語、キャラクター、情報の浸透」を行うことである。それは紙に印刷されている必要もなければ、極端な話、テキストで書かれている必要すらない。作家が持っている物語・絵・情報を、いかにユーザーに届け、それを購入・消費してもらうか。そう考えると出版社が紙だけを扱っているのはあまりにもったいない。

そして現に21世紀に入って、出版社は紙の凋落とともに様々なビジネスモデルを模索した。映画やアニメに出資し、ゲームを作り、キャラクターをＩＰ（知的財産）としてイベントを開催したり、グッズを販売したり。こうした動きの最先端にいるのがＫＡＤＯＫＡＷＡである。

角川書店（現ＫＡＤＯＫＡＷＡ）は出版社としては後発だった。１９４５年に創立し、国文

KADOKAWAの歴史（同社HP）

学者でもあった角川源義が亡くなる1975年までは「週刊誌とマンガとポルノには手を出してはならない」と、辞書、教科書、文芸書だけで成り立っていた出版社であった。どちらかというと岩波書店や新潮社と対峙する会社で、マスに向けた雑誌やマンガのブームには完全に乗り遅れていた。

しかしその角川は源義の没後、堰をきったように映画（1976年）、週刊誌（1982年）、マンガ（1984年）へと進出していく。[07] 源義の長男の角川春樹の指揮であった。

特に「読んでから見るか、見てから読むか」と、文庫本の栞《しおり》を割引券として活用した「活字と映像と音楽のメディアミックス」は革新的で、のちのジブリを生み出す徳間書店と並んで、停滞していた映画産業に新しい風を吹かせた。

角川書店が松竹と組んで製作した『八つ墓村』は、最初請求された間接費が4億円で、値引交渉の結果1億円で済んだといった経緯などからわかるように、異業種から映画に参入していくことの障壁は多分にあったことだろう。[08] そこから毎年4～5本ペースで映画に出資をしていき、この映画事業がのちの大映や日本ヘラルド映画の買収へと続いていく。「古典の岩波、文芸・海外文学の新潮、映画文庫の角川」と言われるようになった。

新しいビジネスモデルで最大手になったKADOKAWA

角川映画に出演した薬師丸ひろ子、原田知世などが1980年代後半に次々に独立し、芸能

07 佐藤辰男『KADOKAWAのメディアミックス全史　サブカルチャーの創造と発展』KADOKAWA、2021
08 角川春樹『わが闘争』角川春樹事務所、2016

事務所機能を閉じるころには、角川書店は巨額投資のツケで負債を抱えるようになり、おまけに角川春樹は麻薬取締法違反で逮捕される。

だが、春樹の逮捕後、弟の歴彦の時代に移った角川書店は、新たなビジネスモデルを打ち立てていく。

歴彦が推進したのは「活字とアニメとゲームのメディアミックス」である。マンガと週刊誌で後発だった角川はニッチな領域で出版社の生き筋を開拓し、PC雑誌『コンプティーク』（1983年）、アニメ雑誌『ニュータイプ』（1985年）、都市情報誌『東京ウォーカー』（1990年）などを創刊していく。ゲームと文芸の中間点であるライトノベルというジャンルも開拓する。1990年代はこうしたサブカル雑誌の躍進で年商500億円から1000億円へと成長する。

2000年代は『涼宮ハルヒの憂鬱』から始まるアニメ出資、『ファミコン通信』のアスキーの子会社化（2004年）、リクルートの出版企業メディアファクトリーの買収（2011年）、ネット動画配信のドワンゴとの経営統合（2014年）、ゲーム会社のフロム・ソフトウェア買収（2014年）と、立て続けのM&Aで2015年には年商1500億円へと成長し、出版大手3社（講談社、小学館、集英社）に並ぶ。出版業界が地滑りを始め、老舗出版社が軒並み売上を落としてきたこの20年間に、むしろ売上を倍増させた角川書店は最も出版社らしくないがゆえに、出版社としての次のモデルを打ち立てたと言える。

源義（1945〜75年）、春樹（1975〜93年）、歴彦（1993〜2022年）と、角川

図表4-5　出版総合大手４社の年度売上推移

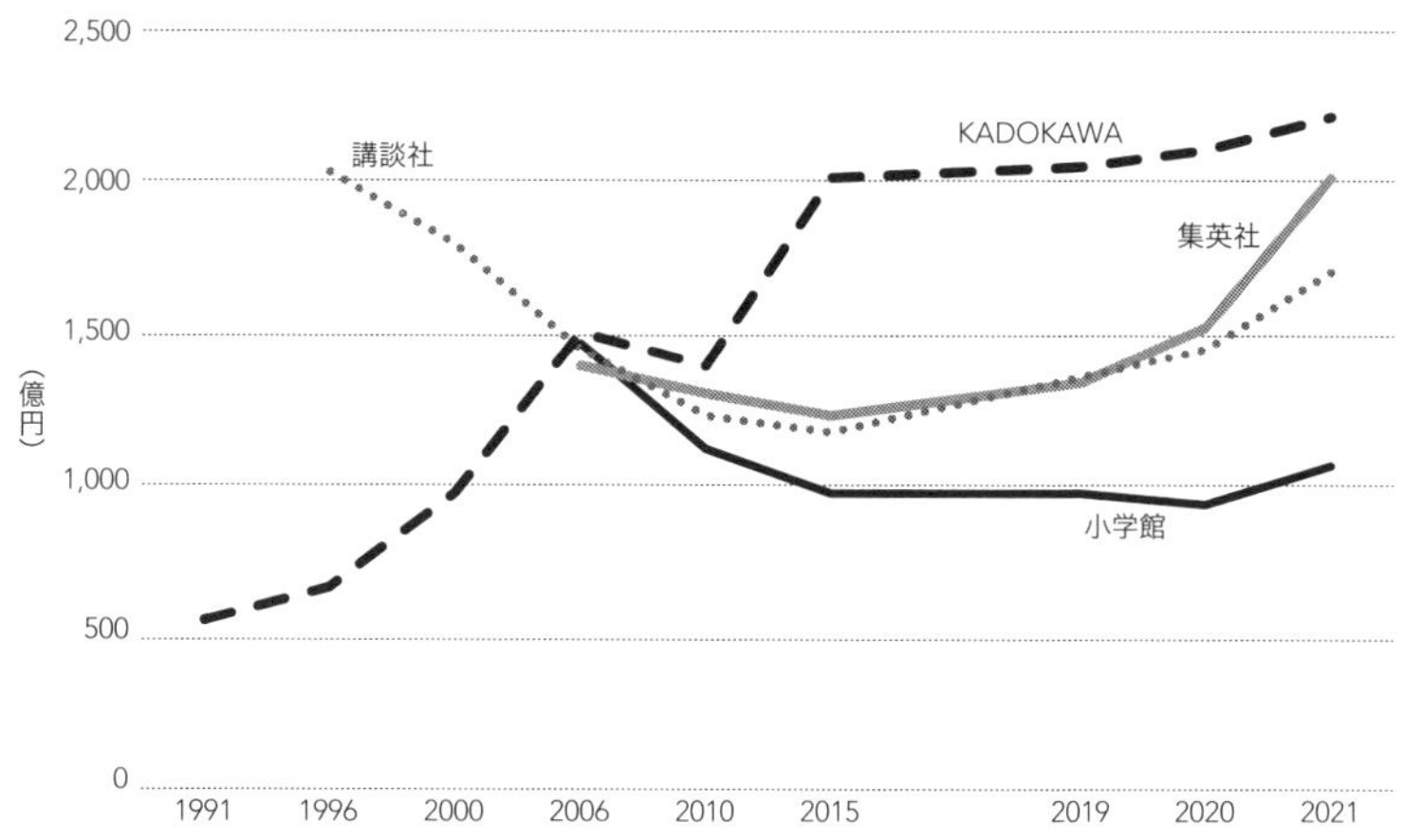

出典）新文化オンライン。小学館は2月決算（2022年2月までを2021年度）、集英社は5月決算（2021年5月までを2021年度）、講談社は11月決算（2021年11月までを2021年度）、KADOKAWAは3月決算（2022年3月までを2021年度）とした

は３人の経営者がそれぞれまったく違う戦略で会社を成長させてきた。トップ交代でこれほど変わることを考えると、出版業は身の軽さが特徴の業界とも言える。

20世紀は雑誌の時代で「雑誌は大手、書籍は中小」と言われるほど大きな差が開いたが、逆に雑誌の速報性や広告スペースがインターネットに奪われる中で、１世紀近く続いてきた出版社のモデルチェンジが求められている。

現状では、M&Aで拡大したKADOKAWAが最大手となったが、マンガを持っている集英社、小学館、講談社にも変化の芽が見えている。ずっと赤字続きだった電子書籍・マンガアプリが収益化し、同時にマンガに紐づいたアニメ業界の海外番組販売の好景気で、売上・利益ともに上昇傾向になってきている。特に『鬼滅の刃』ブームによる集英社の売上増は目覚ましいものである。書籍・雑誌が凋落傾向にある中で、ここにきてようやくメディアミックスとキャラクタービジネス化という異業種とのコラボが、出版業を次なる成長に導く道筋として見えてきている。

第5章

マンガ

手塚治虫（1984年12月25日）
写真：The Asahi Shimbun／寄稿者

5-1 日本独自の発展過程

浮世絵に端を発する日本のマンガ文化

アニメもゲームも米国から輸入されたものだが、マンガに関してはちょっと異なる。英国・米国のマンガは、新聞が時の権力者を揶揄するための「風刺画」を起源とし、米国初のコミックは１９３０年代にそれらを切り抜いて集めた薄手の雑誌（いわゆる「アメコミ」）から始まる。現在も30ページ程度のオールカラーで展開され、ニューススタンドやホビーショップと呼ばれる中小リテール店舗で販売される「マニア向け」商品であり、どこでも手に入る日本のマンガ雑誌とは大きく異なる。

「漫画」という言葉は、１８１４年に葛飾北斎が「きまぐれな絵」という意味で使ったところに起源を発している。[01] そこから１００年の時を超えて、「マンガ」は少年少女向けの分厚い教養書の一部として掲載される。日本のマンガは輸入物ではなく自国産物として発生してきたもの

01　フレデリック・L・ショット（著）、樋口あやこ（訳）『ニッポンマンガ論　日本マンガにはまったアメリカ人の熱血マンガ論』マール社、1998

と言える。

だが誇るべき文化物となったのは、ここ数十年の話。戦後は「おもちゃマンガ」として子供だましの代表格だった。手塚治虫も映画・アニメはお金がかかって作れないために、その〝代用品〟としてマンガを描いていた。

マンガは長いことサブカル的なものでしかなかった。マガジン、サンデーの創刊号が、「週刊マンガ誌」と銘打ちながら、「マンガだけだと社会的批判を免れないから」とマンガは全体の3割だけだったことも、当時のマンガの位置づけを物語っている。[02]

不況期の人気商売だった紙芝居の絵師がマンガ家へ転身

初期のマンガ家の多くは戦前の赤本（江戸中期から発行されていた子供向け絵本）や紙芝居の絵師から生まれている。

紙芝居は一大産業だった時代がある。1930年代の話である。公園などにオジサンがやってきて紙芝居を見せる移動式紙芝居が人気を博した。1銭（現在の200円程度）で飴を買い、目の前で20〜30分の即興劇を楽しむことができる。劇場に行けば演芸落語があり、映画もトーキー（無音映画の横で「弁士」がせりふ回しを行う）だった時代に、それをより身近にしたような商売だった。世界恐慌後で失業者があふれる中、1日15銭（現在の3000円程度）で紙芝居の道具を借りて、飴を売り歩く商売が流行したのである。戦後にも同じように紙芝居が流

02　大塚英志『戦後まんがの表現空間　記号的身体の呪縛』法蔵館、1994

図表5-1　紙芝居業者数・映画館数・テレビ普及率

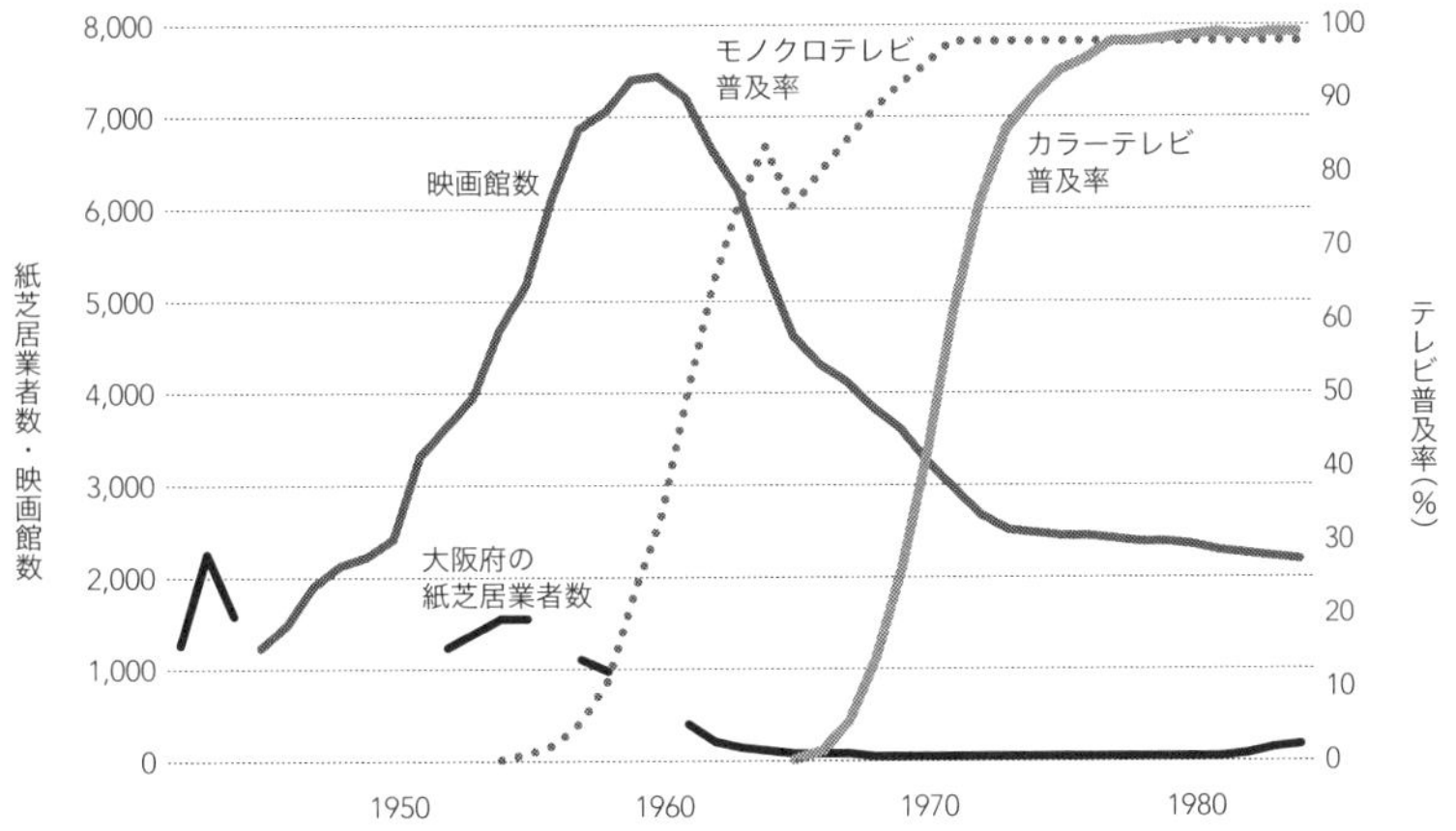

出典）山本武利『紙芝居　街角のメディア』（吉川弘文館、2000）などをもとに著者作成

行し、ピークの1950年代には大阪で1500人、全国で5000人の紙芝居業者がいた。その後、テレビの普及とともに激減していく。

一時的流行だったとはいえ、戦後の紙芝居の普及には目を見張るものがある。図表5-2のように1949年の日本の紙芝居の観客数は年6・2億人で、映画動員数（7・8億人）とほぼ変わらない。平均で1人が年7回、大阪に至っては月3回も見ていた。現在の観客動員数は、映画が年1・9億人（年1・5回）、音楽コンサートが年0・5億人（年0・4回）ということを考えると、紙芝居は娯楽なき戦後のすき間でいかに人々を魅了した一大エンタメだったかがわかる。

ちなみに米国のアメコミも、ピークは日本の紙芝居と一致する。1930年代に隆盛し、1950年代前半にピークとなり、その後はテレビの普及と、エログロへの自主規制により中身

紙芝居（Wikipedia）

図表5-2　1949年の紙芝居の観客数

		観客数（万人）	人口（万人）	1人あたり年間視聴回数
	東京	14,877	628	23.7
	大阪	12,947	386	33.6
	福岡	3,504	353	9.9
	兵庫	3,480	331	10.5
	神奈川	3,376	249	13.6
	栃木	2,970	155	19.2
	愛知	2,628	339	7.7
	群馬	2,320	160	14.5
	埼玉	2,296	215	10.7
	京都	2,218	183	12.1
	その他	11,526	5,413	2.1
全国		62,141	8,412	7.4
映画動員数		78,676	8,412	9.4

出典）山本武利『紙芝居　街角のメディア』（吉川弘文館、2000）などをもとに著者作成

が陳腐化し、「マニア向け」なものになっていく。かたや日本は、テレビの普及は米国より10年遅く1960年前後からだったが、紙芝居が1950年代半ばからすでに凋落していたのは、日本全国で2万店舗にも及んだ「貸本屋」により手塚治虫のマンガなどが読める赤本が急激に普及し、多くの子供たちが紙芝居から貸本に移っていったことに起因する。

キャラクタービジネスも紙芝居から

「子供向けの教養的物語」という現在の紙芝居の印象は、あくまで現在「残されたもの」から逆算した幻想である。当時の紙芝居は、豹の脳みそを移植された科学者が魔人になって犯罪を犯す『魔人』とか、三味線の皮にするため猫殺しを生業にしていた

家の娘ミーコが、生きたまままねずみを食べる猫娘となり、四つん這いでエロティックな描写を魅せる『猫娘』と、その魅力はエログロにあった。

そこからＩＰ（知的財産）と呼べるキャラクターも育っていった。１９３０年代初頭の第１次ブームで生まれた『黄金バット』もその１つである。戦後は子供向けヒーローものとして最初のブームを形成し、実写映画化（１９５０年）、テレビアニメ化（１９６７年）、コミック化（１９９０年）と、マンガからキャラクタービジネスが生み出される最初の一歩を築いた作品でもある。

毎月数百点作られた紙芝居が多くのマンガ家を育てたことは間違いない。『あしたのジョー』のちばてつやも、「私が漫画を描くにあたって影響を強く受けたものとして、紙芝居を挙げたい」と語っている。[03] この即興劇コンテンツを支えた人材は、その後、演劇や出版界に散り散りになっていく。

03　ちばてつや『ちばてつやが語る「ちばてつや」』集英社、2014

5-2 手塚治虫が築き上げた産業インフラ

「邪道マンガ家」から「マンガの神」へ

手塚治虫の功績はこの限られた紙幅では描ききれない。1946年、大阪大学附属医学専門部1年生のときに新聞の4コママンガ『マアチャンの日記帳』でデビュー。赤本『新寶島』で異例の40万部のベストセラー作家となり、1954年の26歳時には関西長者番付の画家部門でトップに輝いている。だが栄光の道は、多くの挫折とコンプレックスの上に築かれる。

大阪では有名になった手塚も、意気揚々とマンガを持ち込んだ東京の出版社からは総じて冷淡な反応を受ける。『新寶島』を「こりゃ、マンガの邪道だよ。こんなマンガが流行ったら一大事だ。描くのはあんたの自由だが、あんたひとりにしてもらいたいね」と批評した島田啓三の発言は、当時の反応の代表だった[04]。島田啓三は『冒険ダン吉』などのヒット作で知られ、東京児童漫画会の会長を務めていた。

04　手塚眞『手塚治虫　知られざる天才の苦悩』アスキー・メディアワークス、2009

赤本マンガの大家がひしめく東京で新人がデビューできるのは、弟子入りして20年後というのが普通だった時代に、大阪で一旗揚げた若造が絵やマンガの基礎も学ばず、自由に描いた〝映画的なコマ割り表現〟は異端だった。当時のマンガは舞台演劇のように全体像をコマに収める『のらくろ』的手法がスタンダードだったが、手塚は一部をドアップにしたり、コマ運びで臨場感を描いたりした。

業界を切り拓くのは常に「漬かっていない」外部者であり、その革新的手法はたいてい想像を絶する批判を浴びたうえで、後年に次世代のスタンダードとなっていく。マンガは子供向けで2〜4ページに収めるのが普通だった時代に、8ページ以上の「長編」で、大量のコマ割りでストーリーをみせようとした手塚に、「無駄ゴマを減らせ」と多くの編集者が文句を言い、登場人物にキスをさせたマンガはPTAから共産党まであらゆる方向から非難を受けた。だが、手塚のマンガ表現は、その後のマンガの基礎となる。

手塚はマンガ家をしながら、宝塚歌劇の機関誌にも作品を描き、民放アナウンサーの採用試験を受け、落語家の桂春團治に弟子入りしかけたり、関西民衆劇場という劇団に入団したりしている。かなりアヴァンギャルドな存在だったと推察できる。[05]

それにしても、手塚はなぜこれほど多くの人に語られ、「マンガの神」と言われるのか。それは彼が一作家を超えて、産業基盤を作ることに加担した作家だからだろう。「アシスタントを長くやりすぎると同じ絵しか描けなくなる」と、手塚は2年以上は雇わずに解雇していた。常に新しいアシスタントを教育し、一定期間で独立させる。巨匠でありながら都合のよい飼い

05　手塚治虫『ぜんぶ手塚治虫！』朝日新聞社、2007

殺しはせず、多くの作家を生み出した。

手塚が1953年に住み始めたトキワ荘もまたマンガ産業の重要なインフラとして機能した。本人が住んだのは1954年末までの2年弱だったが、『スポーツマン金太郎』の寺田ヒロオ（在住1953～57年）、『ドラえもん』の藤子不二雄（1954～61年）、『おそ松くん』の赤塚不二夫（1956～61年）、『仮面ライダー』の石ノ森章太郎（1956～61年）、『星のたてごと』の水野英子（1958年）、つのだじろう（通い組）など多くの才能を生み出した。

キリストは聖書の一字一句すら書き残さなかったのにキリスト教が後世に残されたように、手塚自身の多くの「弟子」が語り部となり、彼は「マンガの神」になった。

時代に追いつき追い越され

マガジンとサンデーが創刊され1960年代に週刊マンガ雑誌が普及し始めるころには10年以上のキャリアがあった手塚は、すでに「体制側」で「戦後マンガの代表格」とみなされるようになっていた。むしろ大御所の手塚を否定するほうが「新しい」とみられる時代、流行を作ったのは石ノ森章太郎やちばてつやなど「劇画」作家たちだった。

手塚自身は大御所の位置に甘んずることなく、その晩年まで驚くほど悪戦苦闘を繰り返す。後年の手塚自身の言葉は非常に含蓄深い。

『鉄腕アトム』はぼくの好きな作品のベストテンには全然入ってない…八方ふさがりのときに描いた、あたらずさわらずの作品…読者が増えてくると何万人の人が等しく評価をしてくれるような、平均点くらいのマンガでないと、絶対に描けないんだという悟りのようなものができた。（後年になってから『あしたのジョー』や劇画ブームで暴力、セックスが流行ったときに）そういうものと比較されて…手塚治虫は、やはりここまでの人間だということを言われる。[06]

「好きな作品ランキングでは101番目」と言うほど、制約の中で自由に描けなかった『鉄腕アトム』が、偶然にも手塚を日本一のマンガ家に押し上げ、日本のアニメ業界を作り上げる歴史的傑作となった。それゆえに本人はその傑作を超えるために、1970〜80年代になっても安住することなく過去を拭い去るような作品を出し続けている。

06　手塚治虫『ぜんぶ手塚治虫！』朝日新聞社、2007

手塚治虫（TEZUKA OSAMU OFFICIAL）

5-3 女性版トキワ荘「大泉サロン」から始まるBLとコミケ

2人の少女マンガ家と痛烈な批評家が同居

少女マンガの起源を定義するのは難しい。女性のマンガ家という意味では『サザエさん』（1946年）を生み出した長谷川町子とも言えるし、その師匠であった田河水泡が講談社『少女倶楽部』に掲載した『スタコラサッチャン』（1932年）とも言える。またここでも手塚治虫の足跡は存在し、『リボンの騎士』（1953年）は宝塚とディズニーの影響をふんだんに受けた手塚らしいラブロマンスの金字塔である。当時は少女向けのマンガの多くを男性マンガ家が手掛けた時代である。

だが、大量の心理描写とヨーロッパ的な情景描写など、1970年代半ばの「少女マンガ」爛熟期を演出したものは明確である。

少女マンガ雑誌は、講談社の『少女フレンド』（1963年創刊）、集英社の『マーガレット』（1963年創刊）が先陣を切った。そこで数多くのヒット作が生まれ、たとえば『マーガレット』に連載された池田理代子の『ベルサイユのばら』（1972年）は一世を風靡し、当時業績不振に陥っていた宝塚は1974年にこの作品を上演することで奇跡の復活を遂げた。1979年にはアニメ化も果たしている。

後れをとっていた小学館はその巻き返しとして1968年に『少女コミック』を発刊する。そこで発掘された2人の少女マンガ家がその後、業界を牽引していく。『ポーの一族』の萩尾望都と『風と木の詩』の竹宮惠子である。この2人を中心とする「花の24年組」（昭和24年、1949年生まれ）の少女マンガ家たちが1970年代に一世を風靡する。

男性作家たちがトキワ荘で育ったのであれば、そこから約20年経過した「大泉サロン」こそが、女性版トキワ荘である。萩尾と竹宮が同居していた1970~72年、マンガ家も編集者もファンも多く出入りしていた。

大泉サロンには増山法恵という女性がいた。田舎から上京した2人と違って、増山は音大を目指す都会育ちの浪人生で、映画・音楽・文学に造詣が深かった。彼女自身はマンガ家ではなかったが、遠慮なく2人の原案に手を入れ、後年でいう「プロデューサー」「原作者」のような立ち位置にあった。

「何考えてんの?ちょっと死んだほうがいいよ。こんな作品描いて、どうしてのうのうと生きていられるの?」。これは一字一句違わず、増山が竹宮にぶつけた言葉でもある。大泉サロンの幸甚は、ライバルのマンガ家2人と痛烈な批評家という稀な3人が奇跡的に2年間同居して

萩尾望都（小学館「月刊 flowers」萩尾望都作品一覧）

いた事実だろう（萩尾や一条ゆかりとの才能の差をつきつけられた竹宮がスランプに陥り、文化的に豊かだったが〝精神的に非常にきつい場所〟になって、同居は解消される）[07]。

大泉サロンの集大成は1972年、竹宮・萩尾・増山と『アラベスク』の山岸凉子などで出かけた45日間の欧州旅行である。ロシア・北欧・西欧の文化を体いっぱいに吸い込んだ参加者たちから「フランスブーム」が火を噴き、その後のオリーブ族や前衛的な表現の数々が生まれてくる。

BLから生まれたコミケ、1975年の参加者700人の9割が中高女子

BL（ボーイズラブ）とはなんだろうか。形式的に語れば「性に奔放になれない・なるべきでない女性の制約ゆえに、『攻め』ができる男性もしくは『受け』として女性役を担う男性に自分を仮託し、ファンタジーの中で行われる代理的な性愛表現」ともなるのだろうか。大半は異性愛者の女性によって消費されるBLの起源は、萩尾の『トーマの心臓』と竹宮の『風と木の詩（風木）』である。

『風木』は当時あまりにも前衛的すぎたその内容に、男性編集者から何度も突き返され、最終的に「人気1位をとれたら『風木』を通してもいい」という言葉通りに、『ファラオの墓』を成功させ、問題作が掲載されることになる。「作者の自慰行為」など多くの非難も受けたが、あまりに奔放に表現された少年同士の性描写は、マンガ界を超えて絶大な影響を及ぼし、あの

07 竹宮惠子『少年の名はジルベール』小学館、2016

竹宮惠子（公式HP）

図表5-3　コミケ参加者数（1990年まで）

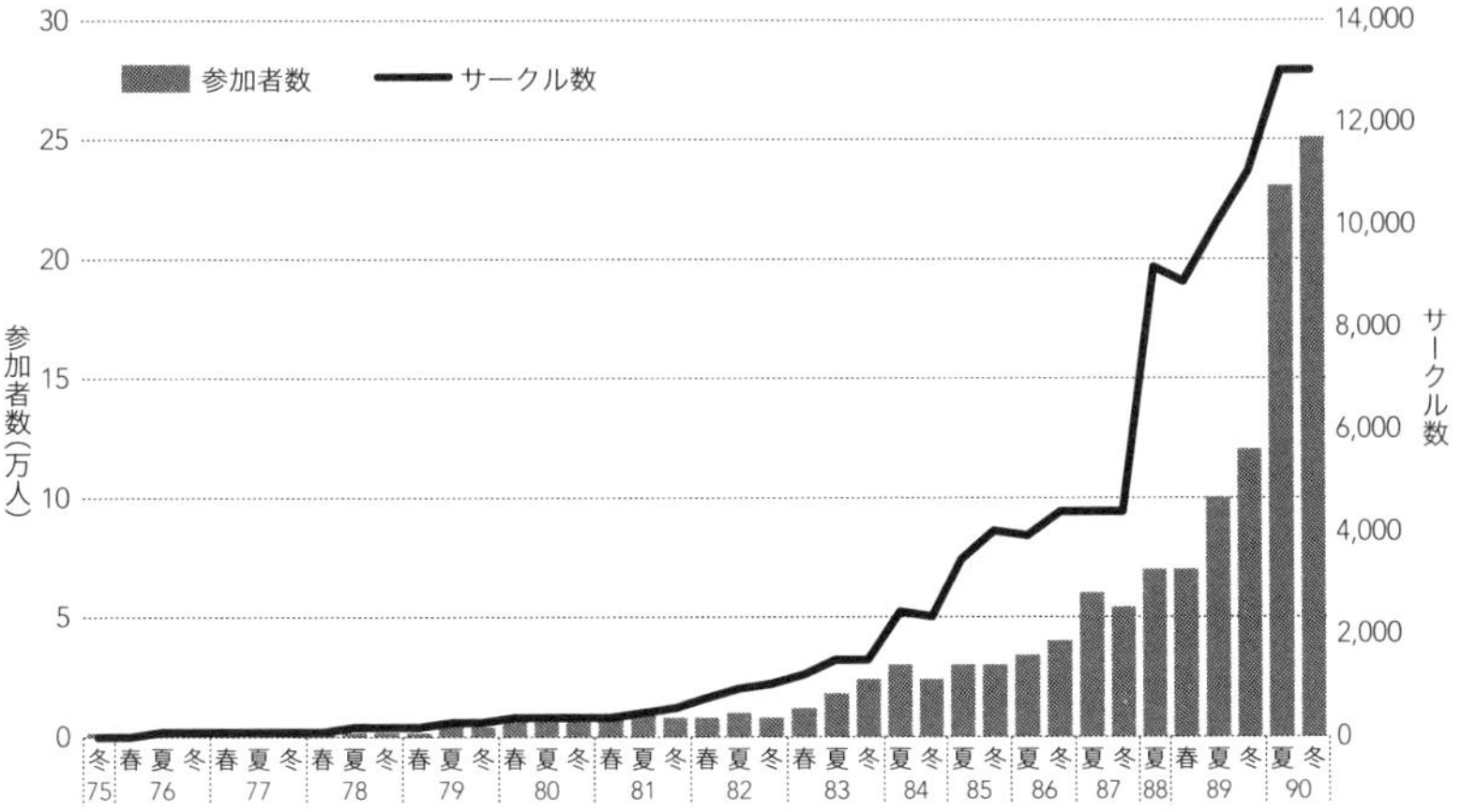

出典）コミックマーケット年表　https://www.comiket.co.jp/archives/Chronology.html

寺山修司をして「これからのコミックは『風と木の詩』以前・以後という呼び方で変わってゆくことだろう」と言わしめている。

「彼女（増山）もまた、私と同じく少年が好きだった…自分と同性の少女にではなく、少年たちの群れに興味を持っていた」と竹宮が記しているように、[07]増山という共感者がいなければこの問題作を竹宮が発表するところまで持っていけなかったかもしれない。

萩尾と竹宮の作品は「コミックマーケット（コミケ）」という新しい産業も生み出した。2019年冬、コロナ前のピークで3・2万サークル、75万人が参加する世界最大のマンガ・アニメのイベントとなったコミケだが、1975年の第1回の参加者は700人。そのうち9割が中学生・高校生の女子で、その中心には花の24年組がいた（コミケ内での人気アンケートのトップ4は萩尾・竹宮・手塚治虫・大島弓子の順になるほど女性マンガが中心だった）[08]。

　このコミケ同人誌文化の中で高橋留美子、いしいひさいち、CLAMPが生まれ、1980年代に新機軸のジャンルを量産していくことになる。

08 霜月たかなか『コミックマーケット創世記』朝日新聞出版、2008

5-4 ホビーやゲームとのコラボという新機軸を切り拓いた『コロコロ』

小学生の流行を扇動した月刊マンガ雑誌

マンガはスポーツからBLまで様々なジャンルの読者を増やしたが、「遊び」自体を開拓し、読者の流行を扇動するに至ったマンガ雑誌は『月刊コロコロコミック』をおいてほかにない。ミニ四駆、スーパードッジボール、ビックリマン、ハイパーヨーヨー、カードゲームなどはコロコロの発信が強力なプロモーションとなって人気化した。

小学生向け月刊誌のコロコロは1977年に創刊された。すでにマンガ雑誌は爛熟期を迎え、決して早い創刊だったわけではない。

コロコロが扱う「ホビー」という領域は、すでに完成された状態で大量生産する「玩具」とはちょっと違う。それは未完成な状態で届けられ、ユーザーが自分なりの技や組み立てを加えることで「自分独自のものを完成させていくもの」である。

完成品を求めないという姿勢は、コロコロのマンガ作りにも表れている。読者ターゲットは小学校3〜6年生の男児だが、彼らの好きな遊びは年どころか数カ月単位で切り替わる。難しい内容も好まない。そのためコロコロのマンガは、物語を伝えるよりも、その時一番流行っているものを取り入れて、とにかく変化することを前提とした。ここには小学館の祖業である『小学五年生』など学年誌の「毎年フリダシに戻って作り替える」という伝統がそのまま凝縮されている。

1000ページを超える分厚さに付録もつけて、宝箱をひっくりかえしたようなワチャワチャした表紙が特徴のコロコロは、それゆえに「コミックス」とは呼ばれず、「ホビーマガジン」という位置づけで競合のいない世界を作り出した。

講談社の『コミックボンボン』（1981〜2007年）など多くの競合も参入したが、真正面からコロコロに対抗することは叶わなかった。コロコロはホビーとマンガとイベント（コロコロまんがまつり、ミニ四駆イベントなど。1994年からは次世代ワールドホビーフェア）の三位一体で流行を作り出し、マンガ編集はあくまでその一部にすぎなかった。

ゲームが流行すればハドソンと協力して「高橋名人」を生み出し、当時ハドソンの宣伝部員だった高橋利幸が夕方6時の退社後から（飲みも含めて）翌朝4時まで、毎日のように小学館に常駐するほど、「外部を取り込み、一緒に流行を加速させる」装置として機能していた。

高橋は、『ロードランナー』の宣伝のために様々な雑誌での展開を仕掛け、その中でコロコロが最も反応が良く、宣伝イベント「コロコロまんがまつり」を銀座松坂屋で行うことになった（1985年）。そのときコロコロ編集長が無断で「ファミコン名人来たる！」とライブデモプレイのステージを煽る記事を出してしまったことをきっかけに（「俺、そこまでうまくないぞ。どうすんだこれ」と焦ったと後年語る）、「高橋名人」というキャラクターが生まれた[09]。コロコロがなければ「ゲーム名人」という概念自体も生まれなかったかもしれない。

少年ジャンプも嫉妬して追随

1995年に「発行部数653万部」という今も世界出版史に残るギネス記録を打ち立てた『週刊少年ジャンプ』も、コロコロに触発されてマンガ以外への展開を推進した。1982年からの読者投稿コーナー「ジャンプ放送局」や1985年からのゲーム紹介コーナー「ファミコン神拳」では、さくまあきらや堀井雄二などゲーム業界の人材を編集工程に入れ込んだ。『ドルアーガの塔』を特集した際には、ファミコン神拳は読者アンケートで3位になり、マンガ作品を超える人気を誇るようにすらなる（当時の1位は『ドラゴンボール』）。

こうした領域の展開を手掛けた鳥嶋和彦は、ゲーム業界でも多くの伝説を生む。スパイク・チュンソフトの中村光一とライターの堀井雄二を引き合わせ『ドラゴンクエスト』の創出に一役買い、そこに自ら編集を担当していた『Dr．スランプ』の鳥山明をつなぎ込み（鳥山自身はゲームにまったく無知だったと後年詳述）、マンガ家が人気ゲームのデザインを担当する新しい潮流を開いた。さらに『ファイナルファンタジー』の坂口博信を引き合わせて実現した

09　高橋名人『高橋名人のゲーム35年史』ポプラ社、2018

図表5-4　週刊少年マンガ誌の発行部数推移

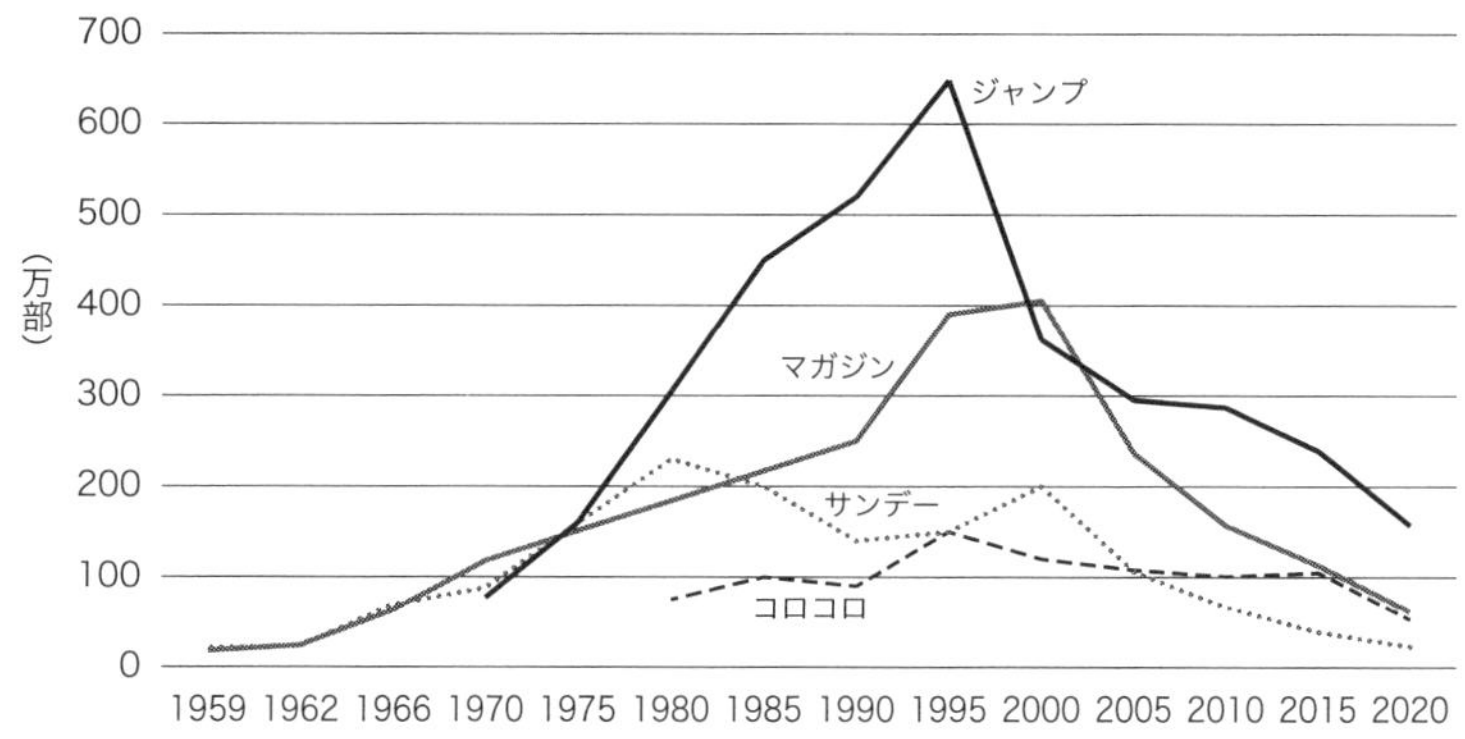

出典）出版科学研究所「出版指標年報」、日本雑誌協会「印刷部数公表」、各社公表数字より著者作成。2000年以前は最高発行数値や近接年の数字を寄せて計上してある

『クロノ・トリガー』は、マンガ家の鳥山明が描き上げたゲームシーンをもとに、あとからゲームのプログラム・画面を作っていくという、デザイン優先の作り方もなされた。

鳥嶋は一時少年ジャンプを離れるが、部数が落ち込み始めた中で、6代目編集長として復帰する辞令を受ける。1997年に部数で抜かれるマガジンばかり競合視していたジャンプの歴史に対し、「(僕が編集長になって最初に指示したのは）マガジンのことは一切気にしなくていい…『ジャンプ』はキャラクターを中心に作ってきた雑誌。でも『マガジン』はドラマで作ってるから、方法論がまったく違う…本当にこっちが意識してほしいのは『コロコロ』なんだ、と」[10]。

ジャンプには「この世の面白いもの」はすべて集まらなきゃいけない。[11]それが鳥嶋の発想だった。

10　渋谷直角『定本コロコロ爆伝!! 1977-2009「コロコロコミック」全史』飛鳥新社、2009
11　電ファミニコゲーマー2016年4月4日「伝説の漫画編集者マシリトはゲーム業界でも偉人だった! 鳥嶋和彦が語る「DQ」「FF」「クロノ・トリガー」誕生秘話」https://news.denfaminicogamer.jp/projectbook/torishima/3

5-5 電子マンガの急拡大と強敵の出現

ポストコロナの最強商品「電子マンガ」

日本マンガ市場は週刊少年マンガ誌とともに、1990年代半ばをピークとして、それから20年以上にわたって下落を続けた。これでも雑誌や書籍に比べるとましなほうで、出版市場全体におけるマンガの割合は長らく20~25%だったが、2020年には40%近くにまで上がってしまった（第4章の図表4-1参照）。電子書籍の売上はほとんどがマンガであり、集英社と講談社が直近3年で急激に売上を伸ばしたのは（第4章の図表4-5参照）、週刊マンガ誌の電子化・アプリ化に成功したからにほかならない。

マンガの電子化は容易だったわけではない。書籍・コミックスの電子化は2000年前後に始まり、マンガアプリも2013年の「comico」や「GANMA!」などを皮切りに「ジャンプ+」や「マガポケ」など大手出版社のものが立ち上がったものの、数年間にわたっ

図表5-5　電子書籍・電子コミック市場

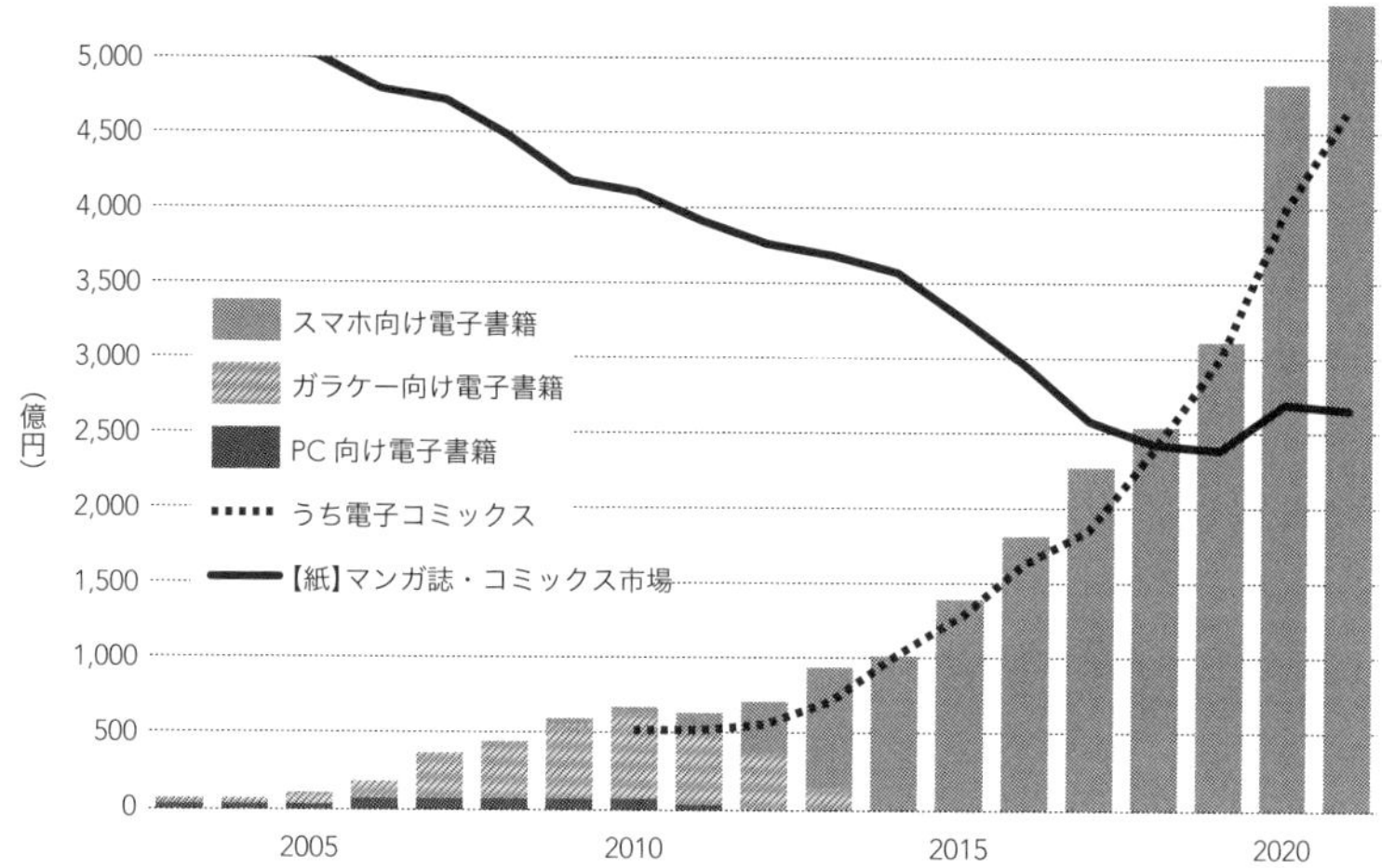

出典）インプレス総合研究所『電子書籍ビジネス調査報告書2022』、総務省『モバイルコンテンツビジネスを促進するための市場規模に関する調査研究』、ダイヤモンド社『情報メディア白書』などから著者作成

て赤字運営を続けてきた。それらが収益ドライバーになるのはコロナ禍で電子マンガの消費が急増してからの話だ。2019年に紙のマンガ市場を逆転してからその勢いは加速し、すでにマンガ市場の6〜7割を電子版が占める時代に入った。「マンガはいずれデジタルで読まれるようになる」ということは、20年も前から言われていたにもかかわらず、本格化したのはこの2年ほどのことだ。適したデバイス（スマホ端末）と配信サイト、課金システム（無料で読めるが一気見するなら有料）、そして消費行動の変化（コロナ禍での電子購入の日常化）などがそろって、ようやく出版社にとってメイン市場として輝き始めたのだ。

韓国勢が圧倒するウェブトゥーンが猛烈に成長

電子マンガと一括りに言っても、細分化すると、①ストア型（書店の電子版。多くの作品に個別課金あるいは定額課金で読み放題）、②レンタル型（時間限定で貸し出し）、③サブスク型（月額定額で読み放題）、④メディア型（毎日無料をフックに1話ずつ提供。広告式やチャージ式などに加え、新人を発掘し、マンガライセンスの横展開も行う）などの形がある。

現状では①②③が主流だが、1000億円市場に成長してきた④の新領域は、韓国カカオの「ピッコマ」と韓国ネイバーの「LINEマンガ」が大半を握っている。

ピッコマの売上は、134億円（2019年）→376億円（2020年）→695億円（2021年）と急増し、「日本支社だけ」で600億円を調達し時価総額は8000億円超と言われている。これはKADOKAWAの時価総額の約2倍規模にもなる。

「なぜ韓国のマンガアプリがそんな価値を？」という疑問も当然だろう。そのトップ作品『俺だけレベルアップな件』（月2億円という販売額はコミックでいうと40万冊売れていることになる）の聞き覚えのなさも、さらに謎を深くする。これらカラーで縦読みを基本とするウェブトゥーン（Webtoon）は、日本のマンガとは似て非なる市場である。

ウェブトゥーンは作り方から展開方法、売り方に至るまで「デジタル&グローバルに特化した韓国版マンガ市場」である。かつては「マンガ家」という職業がなかった韓国で、2003

~05年にＤＡＵＭ（カカオ）とネイバーの2社がウェブ上の電子マンガサイトを立ち上げた。シナリオライターやイラストレーターが分業で作品を作り、２０００年代前半は年に数十本、２０１０年代に入って年に数百本、最近では毎年数千本の作品が生まれるようになってきた。いまやアマチュア作家は58万人、プロが１６００人、連載作家は３５０人と、日本のマンガ市場にも迫る勢いで産業が形成されている。

かつ驚くべきは、そのビジネスモデルである。日本もマンガから多くのアニメやドラマ作品が生まれているが、それらはあくまで出版社もしくは作家本人が副業の範囲でやっている。韓国のウェブトゥーンはむしろ半分近くの作家がドラマ化などでの収益を優先し、出版社も映像原作の脚本としてどんどん映像メーカーに売り込む。ピッコマの『梨泰院クラス』はネットフリックスで一躍世界的なドラマになった。日本では脚本料一括１００万円といった程度だが、韓国作品は数千万円や億円のレベルでライセンス販売ができるようになってきている。

世界的な展開も段違いだ。ＬＩＮＥマンガやピッコマは日本でも１０００万人に近づいているが、実は世界全体では８０００万人の規模に育っている。「ジャンプ＋」も米国やタイなどで展開し、「それなり」のサイズにはなっているが、北米のマンガプラットフォームを5億ドルで買収するようなカカオの攻勢はケタが違う。

このウェブトゥーンという新しいマンガ市場には、ソラジマ、コルクなど多くの日本の新興企業が参入しており、国境を越えた新マンガ群雄割拠の時代に入っているのである。

5-6 海外市場が史上最大化

アニメが入口となり、出口としてマンガ市場が拡大

世界でのマンガの浸透は一元的に進むわけではない。例えば韓国で１９８８年に創刊されたマンガ誌『ＩＱ Ｊｕｍｐ』は１９９３年に30万部まで伸びたが、５年後には３・５万部と縮小した。これは１９９７年の経済危機で韓国全体に貸本屋が急激に増え、「無料でマンガを読める海賊版サイト」のごとく、市場を９割減させてしまった結果である。韓国では１９９８年当時、書店８０００店舗に対して、貸本屋は６０００店舗あり、貸本屋の消費の８割はマンガであったと言われる。[12]

日本のマンガにとって海外市場はずっと海賊版との闘いだった。２０００年代は、日本国内で７０００億円のマンガ市場に対し、海外で海賊版によって無料消費されている分は１兆円を超えたという。[13]

12 夏目房之介『マンガ世界戦略　カモネギ化するマンガ産業』小学館、2001
13 総務省「インターネット上の海賊版サイトへのアクセス抑止方策に関する検討会」資料、2021

海外市場は、アニメを入口とし、出口としてのマンガの市場が広がるという順序になる。アニメ人気に火がついたのちに、原作などのマンガが売れるようになる。アニメの海外展開が仕組み化していなかった20世紀の間は、マンガの海外ライセンス収入は大手3社を合わせても年に数億円にとどまり、国内売上より3桁も小さい状態であった。そんな中で「海外」に目を向けていた者はほとんどいなかったと言える。

ヒッピーが作った小学館米国子会社、ポケモンヒットで売上10倍

海外市場の最有力国である米国での成長を見ると、1999年の『ポケモン』ブームがいかに大きかったかを物語っている。

小学館が米国子会社ビズコミック（現ビズメディア）を作ったのは1987年。カリフォルニア州立大学院をドロップアウトしてヒッピーをしていた堀淵清治が、小学館3代目社長の相賀昌宏に対して、スティーブ・ジョブズ出資前のピクサーに3DCGアニメ出資のコーディネートをしたことがきっかけだった。[14] 4人で始めたビズメディアは、『カムイ外伝』や『うる星やつら』などを発行し、年商数億円で10数年にわたって細々と経営してきたが、1999年に突然売上が10倍以上の1・1億ドルになる。ポケモンアニメの全米テレビ放送とともにマンガもVHSもバカ売れしたのである。

米国でマンガ市場が100億円規模を超えるのは2002年のことである。図表5-6に見

14 堀淵清治『萌えるアメリカ　米国人はいかにしてMANGAを読むようになったか』日経BP、2006

図表5-6　マンガの米国市場浸透

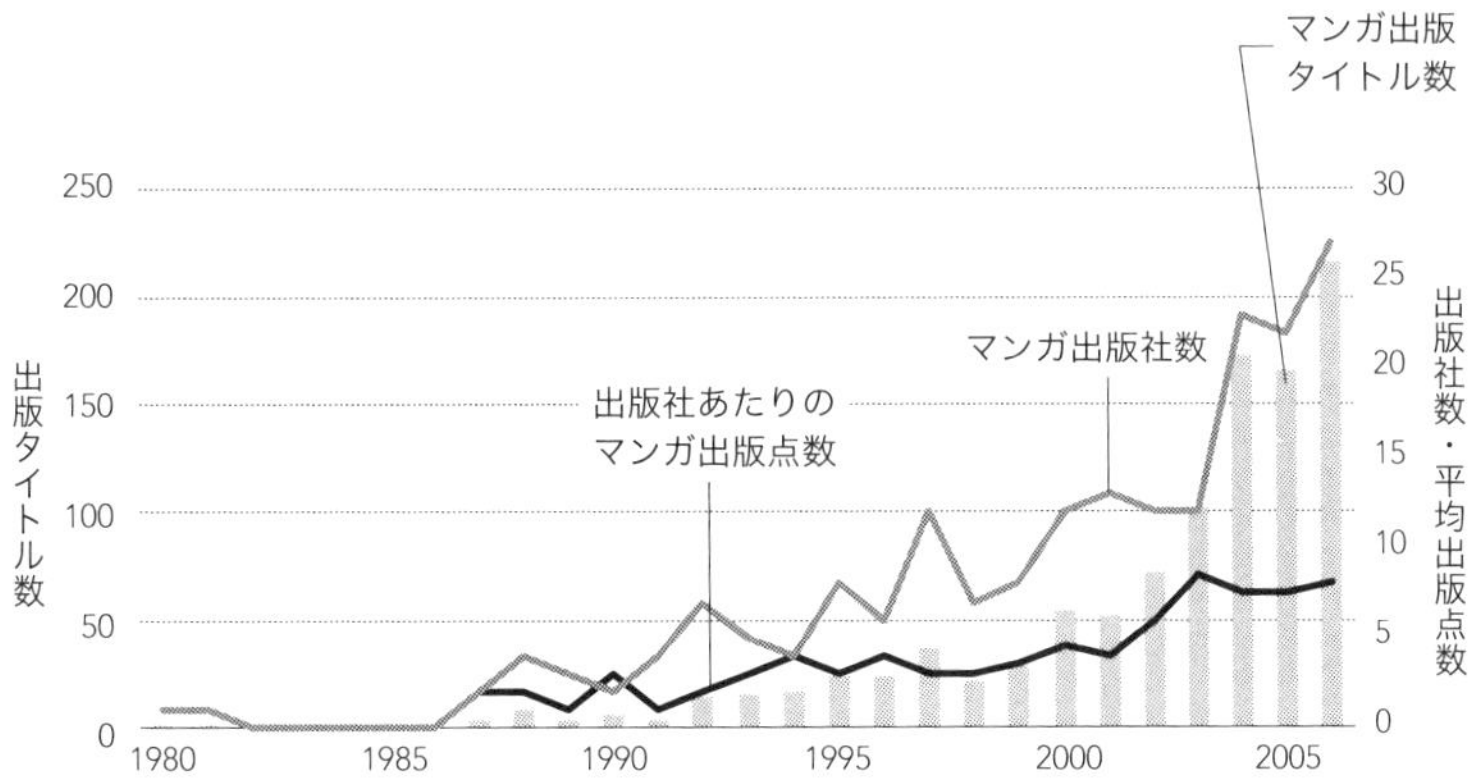

出典）松井剛『アメリカに日本のマンガを輸出する』有斐閣、2019
Gilles Retier, << 2003: L'année de la consécration>>, ABCD http://www.acbd.fr/867/les-bilans-de-l-acbd/2003-lannee-de-la-consecration/

るようにポケモン前後の10年間でマンガの出版タイトル数は25作品→200作品、マンガ出版社も8社→27社と急増する。この時代に『遊☆戯☆王』や『セーラームーン』が浸透し、北米ツアーをしていたPUFFYが『ハイ！ハイ！パフィー・アミユミ』と現地アニメ化し（初回視聴率3・9％はカートゥーンネットワークで史上最高記録）、まさに北米では「日本アニメブーム」になる。その中で当時4000億円規模だった日本由来のキャラクターグッズ市場のうち、7割はポケモンだったとも言われる。

この時の「一時の熱狂」としてポケモンで育った北米の子供たちが、その後2016年になって『ポケモンGO』で再びファンとして戻り、数年間にわたってポケモンカードが巨大市場を形成することになったのには、この20年前のブームが地続きにあるのだ。

図表5-7　北米のコミックス市場

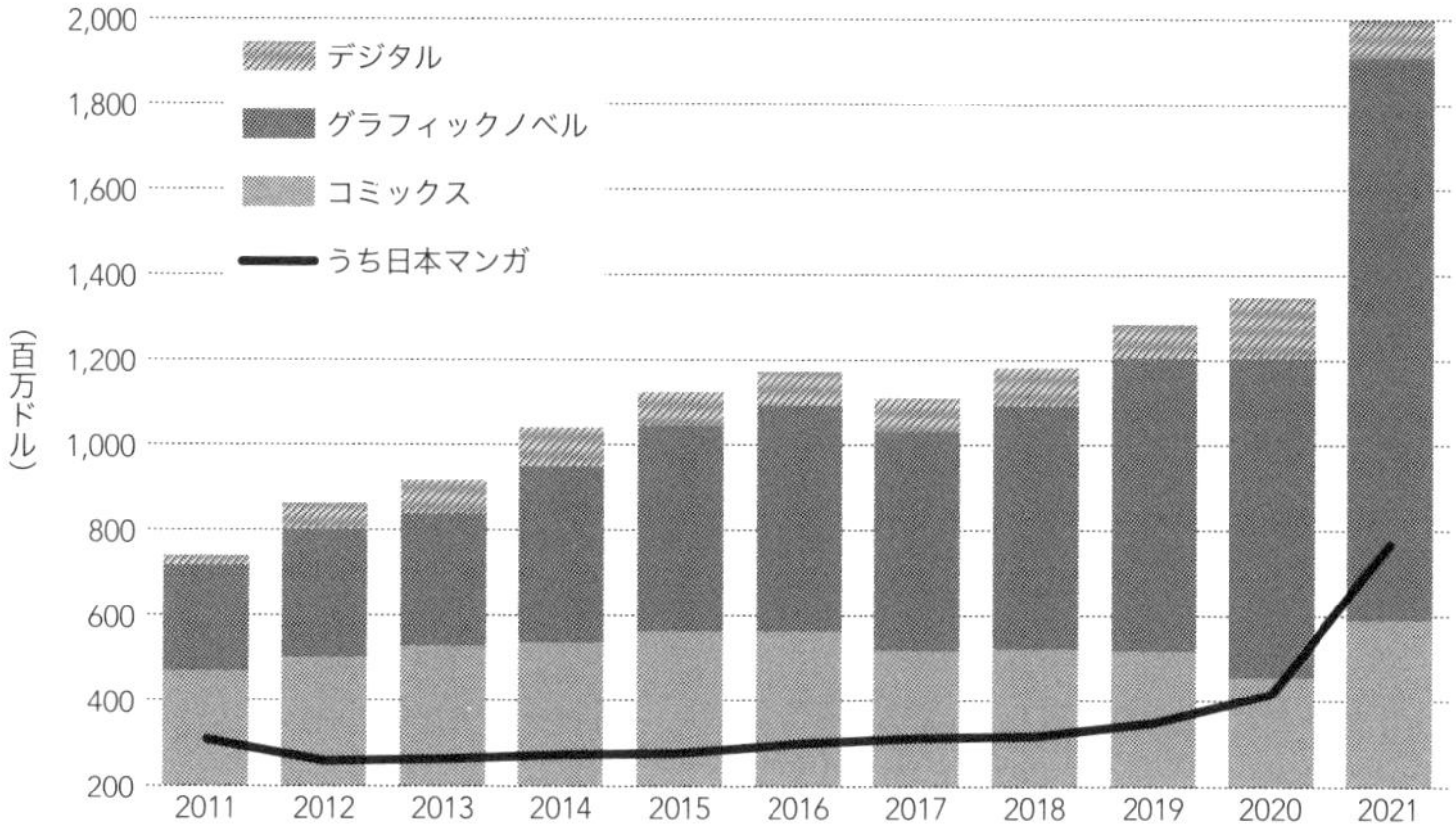

出典）ICv2、Nielsen BookScan

アニメ配信を追い風に、空前の規模で世界中に広がる

２０００年代後半になると、『涼宮ハルヒの憂鬱』あたりで北米のアニメバブルが終わり、ＤＶＤも売れなくなり、マンガ・アニメの日系企業が撤退していく。現地マンガ出版最大手のトーキョーポップは２０１１年にマンガ出版をクローズ。双日も出資していた最大手のアニメ配給会社ＡＤＶフィルムは２００９年に消滅。「日本ブームによる熱狂」はこのタイミングで終わったと思われていた。

だが「革新」というのはたいてい絶望の闇の中で生まれる。この日本マンガ・アニメの絶不調期であった２００８年に講談社ＵＳＡが設立される。のちにＫＡＤＯＫＡＷＡが共同出資するエン・プレスも２００６年に設立される。そしてソニーに10億ドルで買収されることになるアニメ配信のクランチロールもまた２００６年に設立されている。２０１０年代に入って配信時代となると、ネットフリックスやアマゾンまでもがアニメを高額で買い集めるようになる。

そして予想だにしない余波を世界マンガ市場に及ぼしたのがコロナ禍である。図表５－７のように、米国コミックス市場は巣ごもり需要とアニメ配信による派生購入によって、２０２１年には前年の倍近い20億ドルに拡大する。この成長はマーベル作品などのアメコミよりも、８億ドルまで爆発した日本マンガによるところが大きい。ビズメディア、講談社ＵＳＡ、エン・プレスなど、出版大手の海外部門売上は過去30年で見たことのないレベルまで成長した。

米国だけではなく、フランスも８・９億ユーロに拡大したコミックス市場のうち、３・５億ユーロ、冊数では半分以上が日本マンガとなった。今、日本マンガはかつてない規模で世界中に波及しているのだ。

第6章

テレビ

「8時だョ！全員集合」の最終回（1985年9月7日）
写真：毎日新聞社／アフロ

6-1 日本のテレビはなぜこんなに強いのか

国家による電波管理下で競争なき独占

日本の全テレビ局が国に支払う電波使用料は年50億円。テレビ局にとっての「原価」となる電波使用料は、1・7兆円の広告費収入から考えると0・3%でしかない[01]。

市場競争にさらせば、電波使用料はあっという間に数千億円に膨らむだろう。「タダ同然の価格で、独占的な地位を築けている」この業界は、コンテンツ事業からみるとうらやましいポジショニングにある。

国が電波を独占し、免許を持つ限られた事業者のみに配給される仕組みは、1912年のタイタニック沈没事故から始まる。タイタニック号の近くを運行する船が氷山の危険を知らせたが、同じ周波数の中で混線してしまい、またタイタニック号が発信したSOS信号も受信されなかった。この事故をきっかけに米国で電波法が整備され、国が電波を管理して周波数ごとに

01 渡邉哲也「電波利用料の巨大利権…テレビ局は携帯キャリアの11分の1」Business Journal 2017年11月17日 https://biz-journal.jp/2017/11/post_21406.html

電波の利用者に配給する形になったのだ[02]。欧米からこの仕組みが始まり、日本やアジア諸国でも100年以上この体制が続いている。

この電波管理体制のもとにあるテレビ業界の特異性は、「倒産事例がない」ことに象徴される。1953年の日本テレビ開局以来、地方局も含めて126社が設立されたテレビ局は、倒産事例が半世紀で1件もない。統合すらないのだ。これは産業史を眺めても例外的なテレビ業界の特性とも言えるだろう。

ヒット作品がなくても生き残れる地方局の構造

テレビというメディアの強さは折り紙付きである。図表6－1に見るように、市場規模は1970年の5000億円弱から2000年に3兆円まで成長した。2010年ごろから民放の収益は減少傾向だが、衛星放送やケーブルテレビが拡大している。日本では音楽・出版・ゲームとすべてのメディア業界が凋落していったのを尻目に、4兆円規模の収益（ほとんどは広告費だが）を下げることなく、直近の20年間を乗り切っている。現時点では「20世紀マスメディア唯一の勝ち残り産業」と言ってもよい。視聴率低下による広告収入の減少はあるが、関連事業とコストカットで乗り切っている。

NHKと民放キー5局（日本テレビ、TBS、フジテレビ、テレビ朝日、テレビ東京）をトップに据えて、日本全国の126局は基本的にこのいずれかに与する（本章6－3参照）。地

02 池田信夫『電波利権』新潮社、2006

図表6-1　テレビ関連産業の市場規模

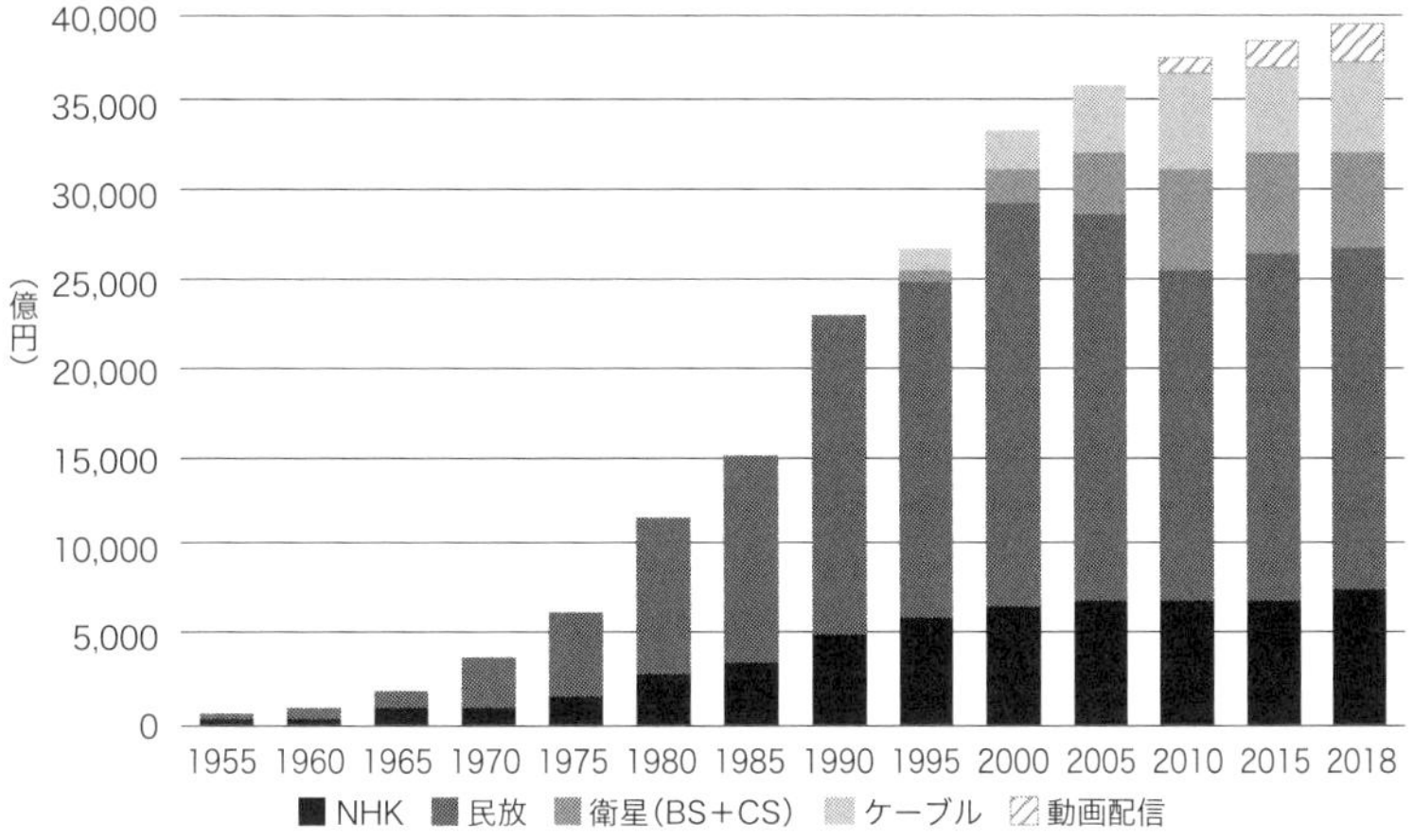

出典)『情報メディア白書』ほかから著者作成

方局ではコンテンツの8割が東京キー局でつくられたもので、それを流すことで「ネットワーク分配金」の収入が得られ（全収入の4分の1を支える）、「電波を流すだけの箱」のようになっている事例すらある。

コンテンツで勝負する業界は本質的には当たりはずれの差が大きく、新陳代謝が激しく、1作品のヒットが多くの失敗を支える多産多死の構造である。音楽も出版もゲームもそのルールの中にある。だが、テレビ局は（視聴率による広告費の多寡という競争はもちろんあるものの）当たる作品を作らなくても生きられる構造にもなっている。

限られた箱庭の中での視聴率競争

テレビが良質なコンテンツを作っていな

いとは言わない。1980~90年代の「流行」を作り出す起点としてテレビが果たした役割は大きく、バラエティも、ニュースも、スポーツも、その時代のトレンドを最初に生み出してきたのはテレビだった。現在ユーチューブに面白い番組が増えているが、その中身を見るとあの有名番組を作っていたディレクターが入っている、なんてことも珍しいことではない。

では何が問題なのか。それはキー局と地方局の系列があり、参入障壁が高く、〝限られた箱庭〟の中での競争しかなかったため、様々な問題が残されてしまったことだろう。要するに〝市場原理のなさ〟に尽きる。

米国ではキー局と系列という構造がないし、1980年代からケーブル局が地上波放送局を圧倒するようになり、競争環境の中で放送局のM&Aがしょっちゅう起こっている。

公共性と横並びで産業を組み立てるとエラいことになる。それは「1県に1空港は作らないと」と要不要に関係なく98カ所に地方空港ができて、黒字は8カ所だけという状態だった空運業界の動きを見てもわかる。

ひと昔前、「風呂屋と銀行とテレビ局の共通点は?」という問答があった。答えは「建物を作れば、金がついてくる」[03]。しかし風呂屋も銀行は、とうの昔に衰退に突入している。

03 石光勝『テレビ番外地　東京12チャンネルの奇跡』新潮社、2008

6-2 「テレビの神」正力松太郎

官僚から下野して読売新聞を買い取り、テレビに目を付ける

「マンガの神」が手塚治虫であったなら、「テレビの神」は正力松太郎である。読売新聞の社主にして日本テレビの創始者であり、同時にラジオを含めた放送を産業として整備した功績は、彼に負うところが大きい。東京帝国大学を出て内務省の官僚から警視庁警務部長まで順調な出世をしていた正力は、1923年の虎ノ門事件（皇太子が狙撃された）の責任を負い38歳のときに下野。経営不振で弱小だった読売新聞を買い取って第7代社長となる。

正力は1920年に米国で普及が始まったばかりのラジオ放送の免許申請を1924年に行った。言論機関の新聞社がラジオを持つべきでないとの論調があり、結果として読売はラジオに参入しなかったが、新聞にラジオ番組欄を作ったのは読売が初めてだった。ラジオ契約者（当時はNHKと同様に受信料契約だった）が全国で3500世帯しかいなかった時代にラジ

正力松太郎（Wikipedia）

オの可能性に気づいていた経営者はほとんどいなかった。

その正力がテレビにも目を付けたのは当然だろう。戦後すぐに正力がテレビ放送免許の解放を求めた時、当時のテレビ局開局に必要な費用は10億円であった（現在価値で１０００億円近く）。テレビ1台作るのに数百万円もかかっていた時代、誰もが「時期尚早だ」「ＮＨＫに任せていればよい」という声を上げたが、競合する読売・朝日・毎日新聞をまとめあげ、１９５３年8月、民間テレビ局第1号の「日本テレビ」を開局させた。ＮＨＫのテレビ放送開始の６カ月後だった。

その後、ＴＢＳが開局し、松竹・東宝・大映など映画会社や文化放送・ニッポン放送などラジオ局が作ったフジテレビ、東急・東映グループが中心になって作ったテレビ朝日、財団法人が主体となって科学技術の普及のために作られたテレビ東京が続いていく。

正力は読売新聞を発行部数５万部から２００万部にして、日本一の新聞社に持ち上げた名経営者だった。正力がいち早く気づいた放送の可能性と影響力の大きさを目の当たりにした競合各社は、正力の背中についていった格好である。正力はテレビ放送構想をＧＨＱへの政治的根回しによって実現した。[04] まさに「テレビの時代をこじあけた」のが正力の功績であった。

「民間放送は文化を衰退させる」と主張するＮＨＫとの抗争

正力がいなければ、１９７０年代までの欧州諸国や現在の北朝鮮のように、日本も「テレビ

04　有馬哲夫『日本テレビとCIA 発掘された「正力ファイル」』新潮社、2006

は1局だけ」という状態が日本でも続いていたかもしれない。というのも、日本でテレビ産業を分析していた唯一の機関であったNHKが、戦後になっても民間テレビ局の設立に大反対であったからだ。

免許申請の受理前夜、NHKの古垣鉄郎会長が正力に会食の場で伝えた言葉が、それを象徴している。「ここまでテレビ熱をあおって実現の機運になったのは、まったく正力さんのおかげです。たいへんな功労者です。しかし、テレビをやるのはNHKなんですから、あなたのほうは手を引いてください」[05]。

古垣はアメリカにおける商業放送が著しく文化レベルを衰退させていると主張していた。「殺人、傷害、放火等の犯罪を扱った卑俗な番組」「1週間のうちに2723というおびただしい数の広告が放送」「純音楽の放送はまったく行われず、建築、彫刻、経済学、育児、歴史はまったく扱われなかった」「このまま民間に免許をおろすと、〝アメリカのように〟文化は衰退する」。これが当時の商業放送に対する共通見解だった。

日本テレビ開局後に始まったNHKによる妨害工作は、今となっては想像できないものであった。「テレビジョンは公共放送で！売国テレビは絶対お断り！日本放送労働組合」というポスターを全国に配布し、そのポスターにはストリップが出てきて困惑する学生の絵と、動物園のキリンを見せて教育をしている公共テレビの絵が対比されている[05]。その後、NHKの契約数は1955年に16万世帯、60年に686万世帯、65年に1822万世帯と増えていく。

しかし日テレは視聴者をひきつけ、経営を軌道に乗せていく。開局後4カ月で単月黒字化し、

05　日本テレビ放送網（編）『テレビ塔物語—創業の精神を、いま』1984

図表6-2 メディア消費時間の推移

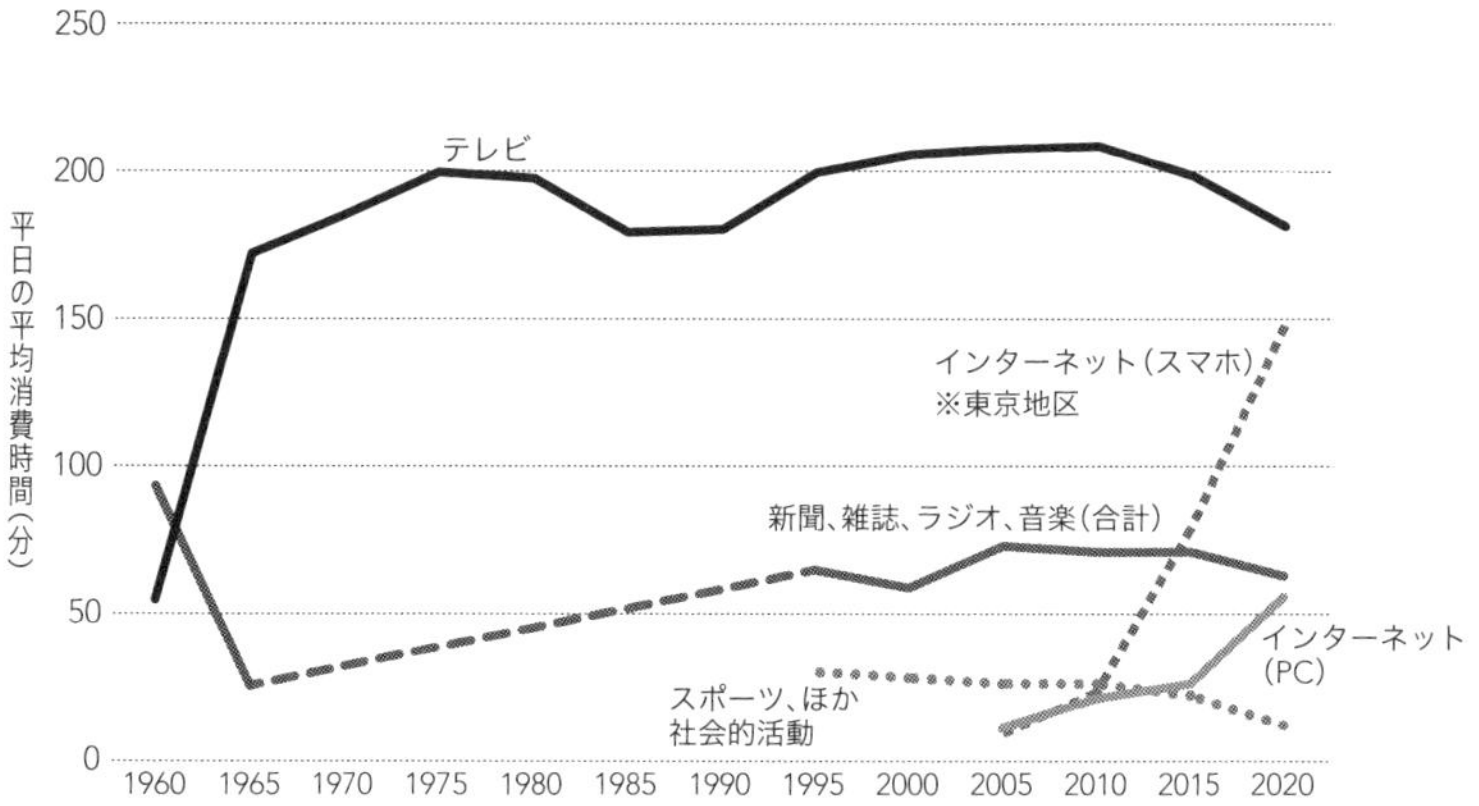

出典）NHK放送文化研究所「国民生活時間調査」より「平日・国民」で抽出。スマホ消費は博報堂DYメディアパートナーズ「メディア定点調査」より

NHKが毎年数億円の赤字を積み上げる中、4期目には黒字になり株主配当まで行い、テレビ放送が事業になることを証明した。テレビが高額でなかなか普及しないとみるや「街頭テレビ」を全国220カ所に無料配布し、1つのテレビに数千人の人だかりができた様子そのものを番組として流布したセンスは抜群だった。

当時の日本人をテレビの前に釘付けにした巨人軍の設立も力道山のプロレスも（第9章「スポーツ」参照）、正力松太郎という希代のプロモーターによって生み出されたものであり、半世紀たった今も我々の世界に影響を及ぼし続けている。

日本テレビの歴史（同社 HP）

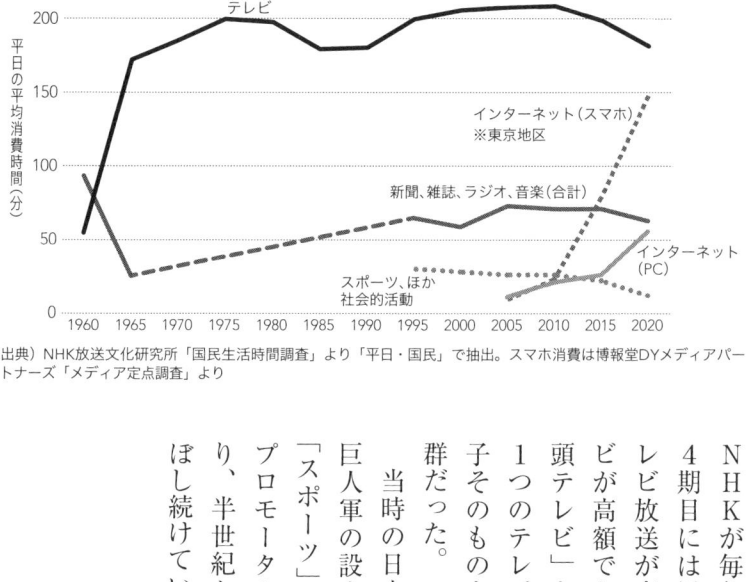

6-3 テレビ局の大再編と全国ネットワーク化

田中角栄の差配で生まれた、新聞資本が統括する系列構造

１９７０年代にはテレビ局の大再編がなされた。テレビ局を新聞資本の傘下にとりまとめ、全国の系列化（全国ネットワーク化）、制作会社の分社化が進められたのである。

新聞社とテレビ局の資本再編や全国ネットワーク化をコントロールしたのは、正力松太郎とともにテレビの歴史に名を刻む田中角栄である。１９５７年に39歳で戦後最年少の郵政大臣になった田中は、「コンピューター付きブルドーザー」という異名を持つ辣腕で、日本全国からのテレビ局開局の申請に介入し、役員人事から持ち株比率に至るまでまとめあげた。もともと資本関係も地域もバラバラなものを、「お前は朝日」「お前は読売」と政治家が整理したのである。

そして読売－日テレはもともとの資本関係のままとしても、朝日と日経が高シェアを持って

いたテレビ朝日は日経にテレビ東京を持たせる形で切り分け、毎日はTBSに紐づけし、産経をフジテレビに紐づけるといった荒業で、キー局と新聞社の関係を仕切り直した。

新聞社がその傘下にテレビ局を従えるという構造は日本にしかない。必然性がある話でもない。米国は先に放送局としてスタートしていたラジオ局の資本でテレビ局が出来上がった。また新聞は州ごとのローカル紙が強く、「アメリカ全国紙」と言えるメディアはUSA トゥデイなど数えるほどだ。

世界の新聞購読者数を見ると、世界一の読売のほか朝日、産経、毎日、日経はいずれもトップ10社に入って5社は日本が占めている。[06] 日本の新聞は、人口・市場のわりには異常なほどに巨大であり、その傘下にテレビ局があるというマスメディアの構造が作られたのである。

全都道府県の局が系列化されていくメリット

東京のテレビ局に地方局を紐づけていった様は、まるで新聞社が専売店を全国に展開していった歴史を繰り返すように着々と進められた。地方局はいずれかの東京キー局から番組を提供してもらい、逆に他局の番組を放映できない形になった。図表6-3にみるように、資本を持ってすらいないのに系列に与《くみ》する地方局すらある。

全国のテレビ局が系列化されていくメリットは、地方局側にもあった。視聴率にかけ合わせる「視聴世帯数」が大きくなればなるほど、電波にのせるCMの広告料が増え、それが地方局

06 大前研一「あなたが『日本経済新聞社社長』ならばどうするか?」https://mine.place/page/65ce501e-75c4-4ba5-a19f-b49f863b9d29

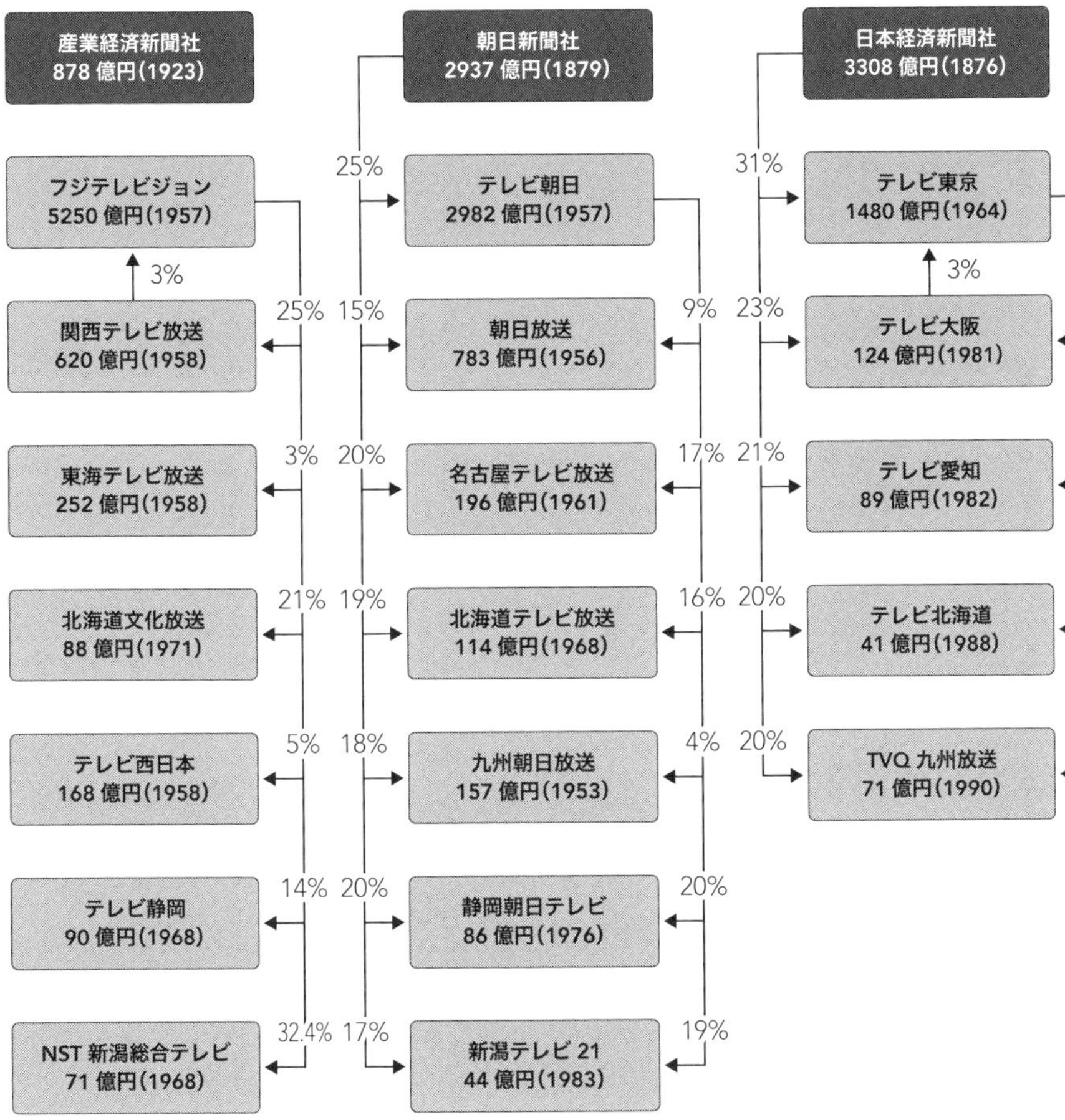
産業経済新聞社
878 億円(1923)
フジテレビジョン
5250 億円(1957)
3%
関西テレビ放送
620 億円(1958)
東海テレビ放送
252 億円(1958)
北海道文化放送
88 億円(1971)
テレビ西日本
168 億円(1958)
テレビ静岡
90 億円(1968)
NST 新潟総合テレビ
71 億円(1968)
25%
3%
21%
5%
14%
32.4%
朝日新聞社
2937 億円(1879)
25%
15%
20%
19%
18%
20%
17%
テレビ朝日
2982 億円(1957)
朝日放送
783 億円(1956)
名古屋テレビ放送
196 億円(1961)
北海道テレビ放送
114 億円(1968)
九州朝日放送
157 億円(1953)
静岡朝日テレビ
86 億円(1976)
新潟テレビ 21
44 億円(1983)
9%
17%
16%
4%
20%
19%
日本経済新聞社
3308 億円(1876)
31%
23%
21%
20%
20%
テレビ東京
1480 億円(1964)
3%
テレビ大阪
124 億円(1981)
テレビ愛知
89 億円(1982)
テレビ北海道
41 億円(1988)
TVQ 九州放送
71 億円(1990)
11%
10%
5%
12%

図表6-3　テレビ局のネットワーク構成

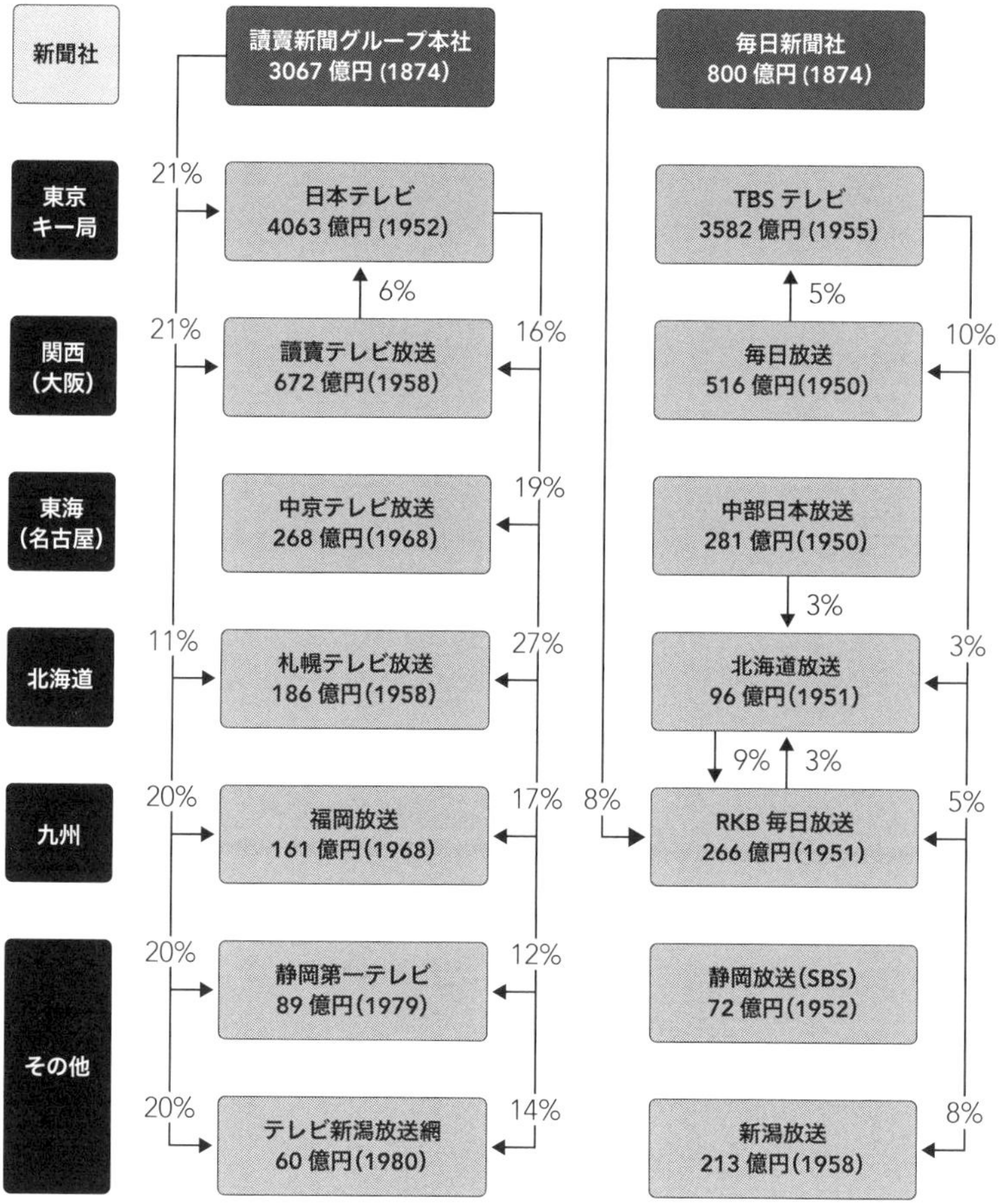

※各社の売上（2020、2021年度）と設立年を記載

にも配分されるからだ。全国に30社近いネットワークを持つ日テレ、ＴＢＳ、テレビ朝日、フジテレビと、６社しかないテレビ東京、関東圏だけのＴＯＫＹＯ ＭＸでは、同じ時間帯のＣＭでも広告費は1桁も違う。「波及世帯数」を広げるだけ広げた１９７０年代、その収穫期としての１９８０年代、テレビ局は広告収入で巨大化していくことになる。

ただ新聞社資本の調整と同じく、全国ネットワーク化も大変な難工事だった。関西の朝日放送はもともとＴＢＳとネットワークを組み、現在の毎日放送はテレビ朝日と組んでいた（「腸ねん転」と呼ばれた）。それもまた田中角栄が資本の入れ替え調整を差配して、１９７５年に現在ある形にもっていった。

その約１００年前、廃藩置県が行われ、全国に３００ほどあった藩は統合されていき、仲が悪い藩だろうとなんだろうと構わず3府35県にまとめあげられた。さらに２５０年前の江戸幕府初期の大名の「国替え」でも近いことが行われたことを考えると、トップダウンによる系列化というのは「日本の伝統芸」なのかもしれない。

ちなみに新聞社が巨大化したのも、戦時中に７３９社あった新聞社が１８４社にまとめあげられたことが要因として大きい。

制作部門の切り離し

視聴者が爆発的に増えた１９６０年代に対して、実は１９７０年代はテレビ局経営は厳しい

図表6-4　テレビ業界のバリューチェーン

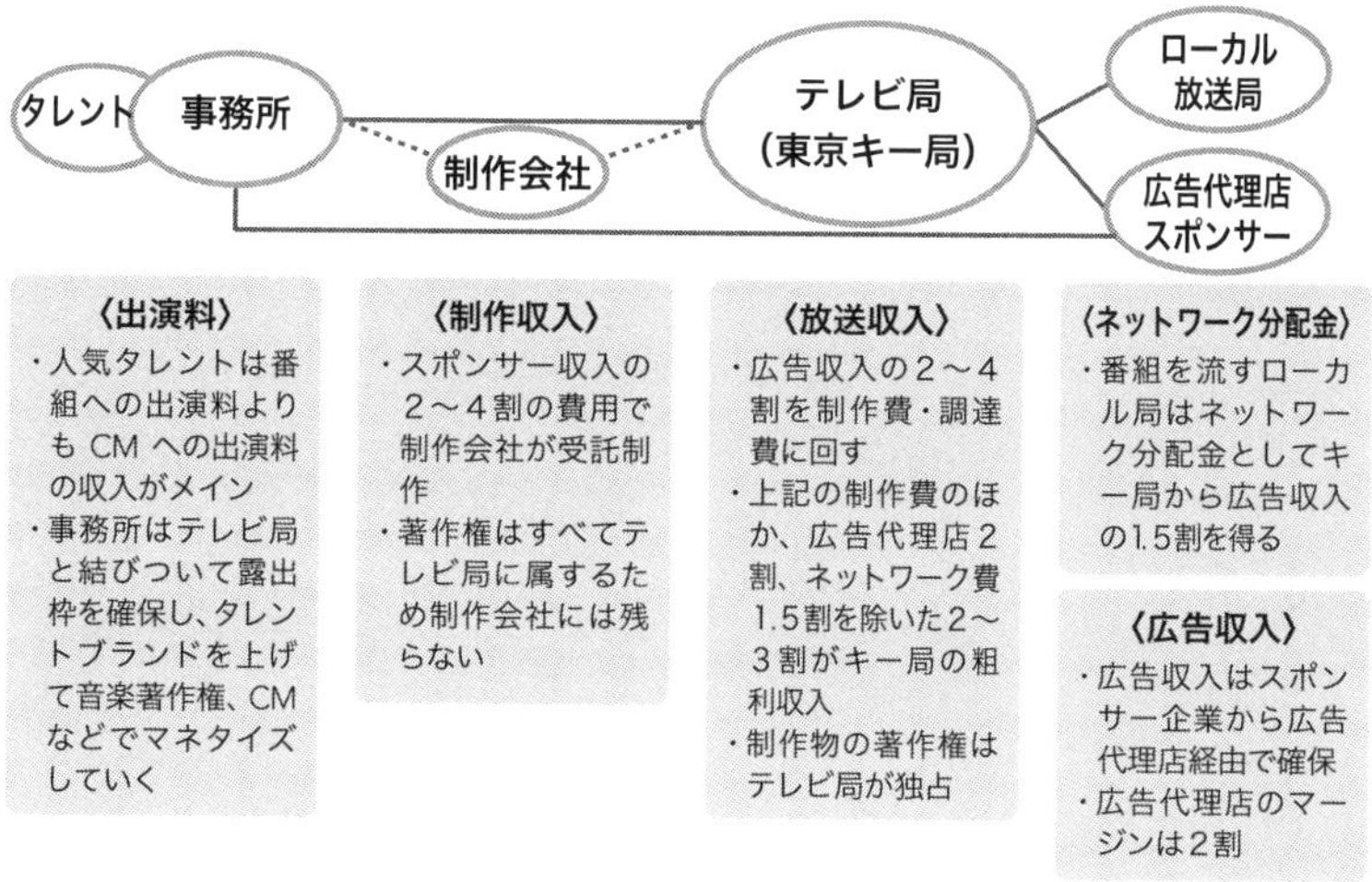

出典）著者作成

時期だった。映画会社が撮影所をつぶし、監督の雇用制度をやめたこの時代、テレビ局もまた放映フォーマット変更のための設備投資で経営が圧迫され、経営難に陥っていた。

その中で「制作部門の分社化」をすべてのキー局が行った。「テレビマンユニオン」などを輩出したＴＢＳから始まり、フジテレビは４社の制作会社を切り離して１５０人を出向させ、社内に制作局すらなくなってしまった。[07]

日テレも例外ではなく、１９７１年から赤字に転落し、そこから5年間は新卒採用もストップした。視聴率はＴＢＳ、フジテレビに抜かれ、テレ朝に肉薄される状態の中で、同様に制作部門を切り離し、徹底したコストカットを行った。

その後、前述のように全国ネットワー

07　境政郎『そして、フジネットワークは生まれた』扶桑社、2020

ク化とともに広告収入が増え、テレビ局のビジネスモデルが固まっていく。その構造の盤石さが課題になってきているというのは、現在我々が見ているとおりである。

6-4 コンテンツ王者としての存在感

音楽・ドラマ・スポーツなどエンタメのあらゆるジャンルを吸収して巨大化

テレビのコンテンツ史は「音楽史／アイドル・芸能事務所史／ドラマ史／ニュース史／スポーツ史／バラエティ史」と一体であり、コンテンツ王者としての存在感に満ちている。日本のテレビ業界はいろいろなものを吸収して巨大化していった。

テレビの人気コンテンツの歴史をたどると、音楽はテレビなしには語れない。『NHK紅白歌合戦』は1951年から70年以上も流行歌の権威付けの場として存続しており、『NTV紅白歌のベストテン』（1969年、日本テレビ）から『スター誕生！』（1971年、日本テレビ）に至るテレビ局と芸能事務所の関係は、アイドルを生み出すタレント醸成装置となった。

ドラマも人気コンテンツとなっていく。NHKの朝ドラは第6作『おはなはん』（1966年）で明治・大正・昭和を駆け抜けるヒロインというフォーマットで人気を博し、以後、毎朝

15分という生活習慣のカレンダー機能まで担う生活コンテンツとなっていく。「明るく・元気に・さわやかに」を主婦と家庭の心に植え付けたのが朝の連続ドラマだったとも言える。[08] 民放でもTBSの『金曜ドラマ』が1972年にスタートし「ドラマのTBS」というブランディングが1970年代に確立された。その後1990年代にフジテレビが生み出した「トレンディドラマ」は、番組そのものだけでなく流行歌やタレント、さらにはファッションなどコマース領域まで影響を及ぼす巨大なプラットフォームとなった。

『ズームイン!!朝!』(1979年、日本テレビ)や『ニュースステーション』(1985年、テレビ朝日)は、ニュースが商品になるということを開拓した新しいジャンルでもあった。

スポーツもまたテレビが文化として育てた。「力道山×デストロイヤー」(1963年、日本テレビ)のプロレス中継で視聴率64%という伝説的な時代には各局がプロレスを中継した。プロ野球の巨人戦の中継は1980年代に1試合で1億円がころがりこむドル箱となり、野球はプロレスと並び、テレビのトップコンテンツであった(第9章「スポーツ」参照)。

音楽、ドラマ、スポーツなどに続いて人気化したのがバラエティとお笑いである。『8時だヨ!全員集合』(1969年、TBS)は1970~80年代に40~50%という高視聴率を長期間維持し、『THE MANZAI』(1980年、フジテレビ)や『笑っていいとも!』(1982年、フジテレビ)など〝芸人〟を生み出す土壌にもなっていく。

このほかにも、『アメリカ横断ウルトラクイズ』(1977年、日本テレビ)や『なるほど!ザ・ワールド』(1981年、フジテレビ)などのクイズ番組、『火曜サスペンス劇場』(19

08 木俣冬『みんなの朝ドラ』講談社、2017

８１年、日本テレビ）などのミステリードラマ、『プロジェクトX』（２０００年、NHK）や『カンブリア宮殿』（２００６年、テレビ東京）などの経済番組も視聴者を集め、各局が〝発明〟をすると他局も類似番組を立ち上げた。まるで「柳の下にドジョウは5匹いる」かのごとくであった。

しかし、テレビ局の成長を支えた新しいコンテンツは無限に生まれるものではない。テレビが新しいメディアに脅かされているのは周知のとおりである。

ユーチューブやTikTokに視聴者を奪われる

「テレビは一過性のコンテンツだ。画面は小さく、画質も悪い。視聴者も『ながら見』、手間暇かけて凝った映像ではなく、安く早くそれなりにとれる監督がいればよい[09]」

これは１９７０年代に映画業界が語っていたテレビ評である。聞き覚えはないだろうか？まさに今、テレビがユーチューブに対して言っていることと同じである。

１９７０年代には、優れた映画のヒット作１本の利益とテレビの60分ドラマ年間３００本の利益が同じくらいの認識だった[10]。映画会社はジリ貧の状態であっても、品質へのプライドもあり映画製作に固執してしまっていた。

今のテレビ局にとってはユーチューブがまさに「質も悪い、効率も悪い」メディアである。その半面、多くの〝素人〟が無数の映像を制作するようになり、テレビは「実験場」としての

09 春日太一『なぜ時代劇は滅びるのか』新潮社、2014
10 北浦寛之「大手映画会社の初期テレビ産業への進出　テレビ映画製作を中心に」（谷川建司（編）『戦後映画の産業空間　資本・娯楽・興行』第9章、森話社、2016）

立場を失い、背中を追われる存在になっている。

創造の種は常に〝劣悪〟な新興メディアが握っている。演劇から映画が、映画からテレビが観客を奪ったように、今ユーチューブやＴｉｋＴｏｋがテレビから視聴者を奪い取っている。

第7章

アニメ

宮崎駿（2001年11月13日）
写真：ロイター／アフロ

7-1 ハリウッドに対抗する世界アニメの聖地

世界シェアはハリウッド40%、日本25%

日本を代表する産業といえば自動車やコピー機などと同様に、ゲームとアニメを挙げる人も多い。たしかに任天堂やソニーのゲーム機はプラットフォームとして世界を席巻した。しかし、『ドラえもん』や『ドラゴンボール』は日本では大人気だが、世界的な広がりは限定的である。アカデミー賞を受賞したスタジオジブリの『千と千尋の神隠し』だってすでに20年前の話だし、新海誠監督や細田守監督のアニメも、日本の高校生をモチーフにした〝小さな物語〟だ。

日本のアニメは本当に海外で流行っているのか? そういう疑問を抱く人も実は多い。

しかし現在、ハリウッドの「アニメーション」とも違う日本の「アニメ」が、世界で一大ジャンルを確立しているという事実は明確に存在する。

全世界で見られているアニメ作品のうち4分の1は日本アニメだ。「アニメーションビジネス・ジャーナル」が世界100以上の配信プラットフォームで2万弱の作品の視聴状況を分類したところ、『アナと雪の女王』や『トイ・ストーリー』など米国アニメが40%、次に日本アニメの24%。3位の英国アニメになると4%だった。3位以降に圧倒的な差をつけて、日本アニメはハリウッドに次ぐ商材となっている。[01] 日本のアベマTVやディズニー+の番組のうち2割はアニメであり、ネットフリックスやアマゾンプライムでも7%程度を占める。

驚くべきコスパの良さで2Dアニメを量産

日本アニメで驚くべきは、そのコスパの良さだ。ハリウッドアニメは基本的に2時間ものの映画作品を50億~100億円かけて製作する。かたや日本アニメでの成功例でいえば、日本アニメとして北米興行収入1位の『劇場版ポケットモンスター ミュウツーの逆襲』は製作費3・5億円ながら全世界で200億円近い売上を上げた。全世界で500億円以上の興行収入を上げ、北米で日本アニメ2位の『鬼滅の刃 無限列車編』ですら10億円足らずで製作されている。つまりシェアで見ると米国4割、日本2・5割だが、その日本の勢力図は米国アニメの10分の1もコストをかけていない「安い」作品群で実現しているのである。

アニメ作品の増加は、日本だけでなく北米でも同様だ。その要因はアニメの3D化であった。映画が年間600本以上製作されるハリウッドでは、1980~90年代に「ディズニーアニメ」は凋落の一途をたどっていた。映画の興行収入市場におけるハンドアニメーション（日本

01 アニメーションビジネス・ジャーナル「世界の配信アニメーション、日本番組シェアは24%で国別第2位」http://animationbusiness.info/archives/13194

的な2Dアニメ）のシェアは3％未満で、ディズニーは祖業であるアニメスタジオの閉鎖すら検討する状況の中、2004年にピクサーを買収し、3Dアニメに舵を切る。2000年代であってもアニメは全映画興行収入の5％未満だったが、2010年代に3Dアニメが花開き、最近では実写映画を押しのけて15〜20％というシェアを獲得している。中国も韓国も、米国を追随して3Dアニメを量産している。

対する日本は、ディズニーアニメに触発されながら、実はいまだに大半が2Dの手描きアニメ（実際には様々なデジタルツールが導入された上での手描き）である。

日本アニメ史の時代区分

日本アニメ史を大まかに振り返ると、①子供向けアニメ（1960〜70年代）、②青年向けアニメ（1980〜90年代前半）、③アニメ製作委員会時代とアニメブーム（1990年代後半〜2000年代）、④動画配信とグローバル化（2010年代〜）に分けられる。本章ではそれぞれの時代について事例と産業構造の変化を通して語っていく。

市場規模を見ると、『鉄腕アトム』から『鉄人28号』、『うる星やつら』から『となりのトトロ』まで様々なアニメ作品が生まれていた1980年代までは、アニメは市場規模を算出することすら難しいニッチな市場だった。1990年代に入って5000億円を超える市場となり、そこから2000年代半ばに1・2兆円と倍に増え、2010年代に入ってからさらに2倍の

2・5兆円といったサイズになっている。

日本のアニメ制作本数はこの20年の間に年100本から200本、そして350本近くまで増加している。米国アニメは全映画製作本数660本のうち1割の50本に満たない状態である。日本のアニメ制作会社811社のうち85%が東京に集中しており、かつ杉並区（149社）、練馬区（103社）、中野区（47社）の3区に東京のアニメ会社の4割が集中している。[02] 実写でハリウッドに対抗するインドの「ボリウッド」のごとく（インドの映画製作本数は米国の3倍にも及ぶ）、日本のアニメの多様さと本数は、杉並、練馬、中野で量産される「スギナミウッド」のような様相を呈している。

2010年代に加速した驚異的な世界市場拡大

2010年代以降のアニメ業界の成長は業界の期待値をはるかに超えたものだった。国内の需要が頭打ちになっていた中で、成長を牽引したのは「海外」である。年間200本程度で飽和していたアニメ制作は、たったの5年で倍近い年間350本に到達するところとなった。それは「海外で動画配信という別次元のコンテンツ獲得競争が起こり、外貨が日本に流入したから」に他ならない。

図表7－1は日本アニメの市場を分類したものである。リーマンショックを契機に一度はしぼむが、その後の潜伏期を経て、2012年以降にこれまでにない膨張期を迎える。国内アニ

02 日本動画協会調べ

図表7-1　日本アニメの市場推移

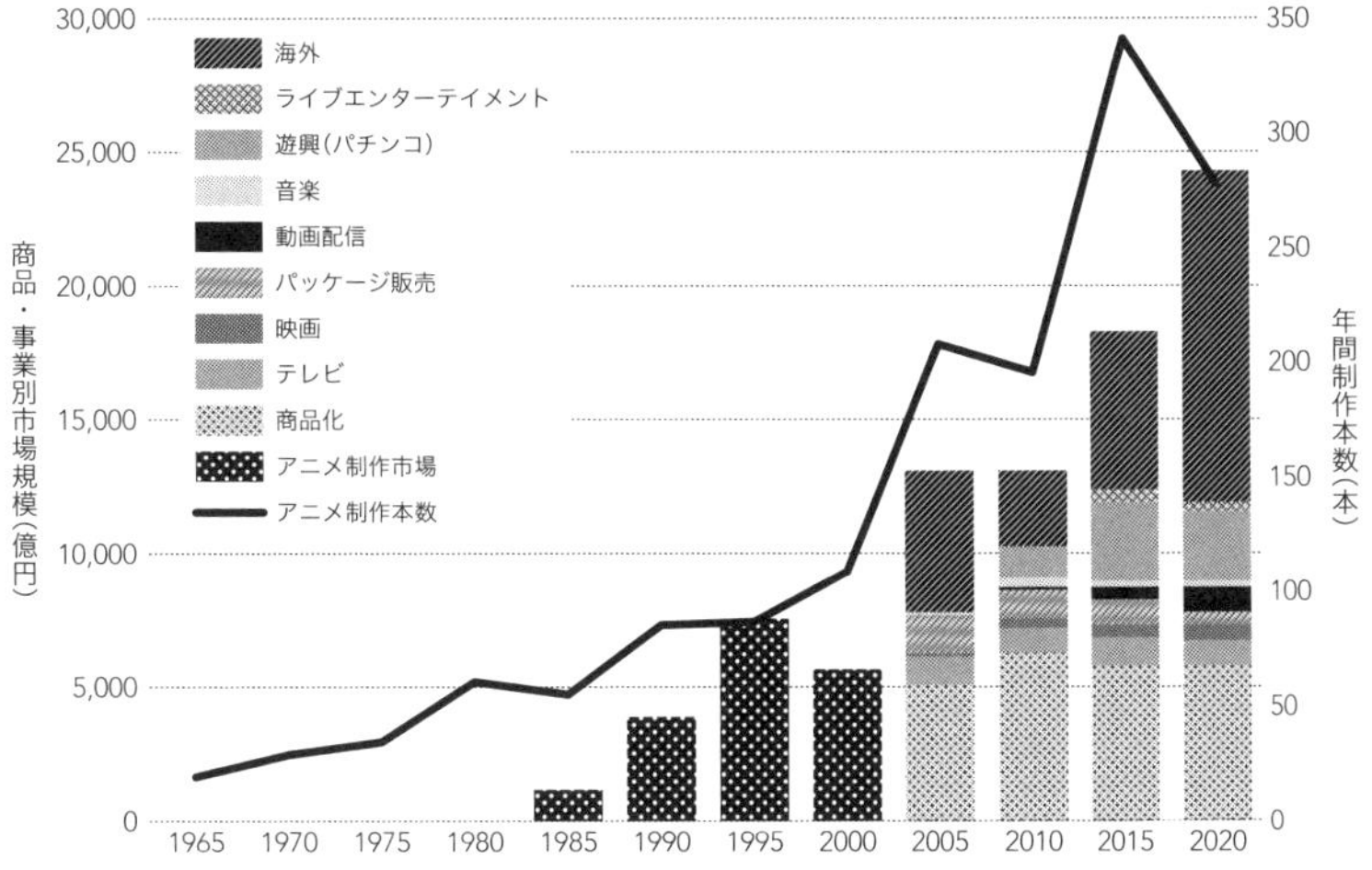

出典)『情報メディア白書』ほか資料より著者作成

メ市場も7000億円から1兆円規模に成長したが、それは産業の成功のほんの一部でしかない。それよりも目を見張るべきは、2010年前後に2000億円しかなかった「海外」が10年弱で1兆円規模へと成長したことである。もはや「海外アニメ消費市場」は日本におけるアニメ関連の玩具市場の2倍、テレビ・映画・ビデオ・玩具を合わせた金額よりも大きい。

アニメをとりまく消費は海外ユーザーの需要と結びつくことで2010年代を通して5倍になった。海外ユーザーは国内ユーザーよりも1人当たりのアニメ消費額が少ない点から逆算すると、日本の2~3倍規模のアニメユーザーがこの10年間に海外で形成されたとみてよいだろう。

これほど急激に海外市場が形成されたのは、海賊版によるマンガ・アニメの購読層が２０００年代に日本コンテンツの愛好者として育ち、動画配信インフラが普及したことでコンテンツのマネタイズが可能になったことが理由と言える。出版流通の制約があったマンガに代わり、アニメが日本のキャラクターの主たる伝道者となった。

日本で約12兆円のコンテンツ市場に投じられている年間３・５兆円の制作費のうち、半分は「テレビ番組」の制作費である（図表７－２）。これに対して、年間３００本制作されているアニメは制作費総額５００億～１０００億円と映像全体の10％にも満たないが、海外への番組販売の85％、約４５０億円分はアニメである（図表７－３）。つまり全映像制作費の３％程度のアニメが海外展開になると９割近くを占めている。

図表7-2　日本のソフトコンテンツ制作費用（2019、億円）

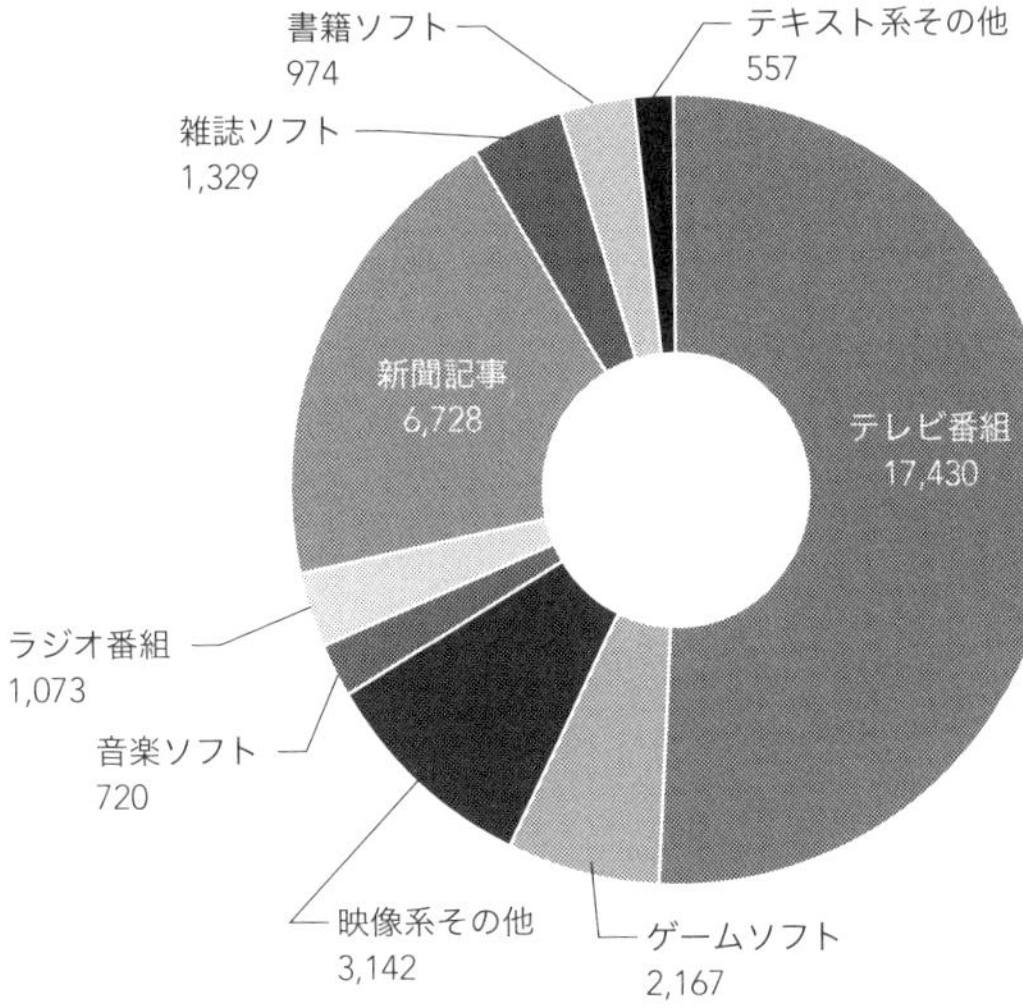

図表7-3　テレビ番組のジャンル別海外売上（2019、億円）

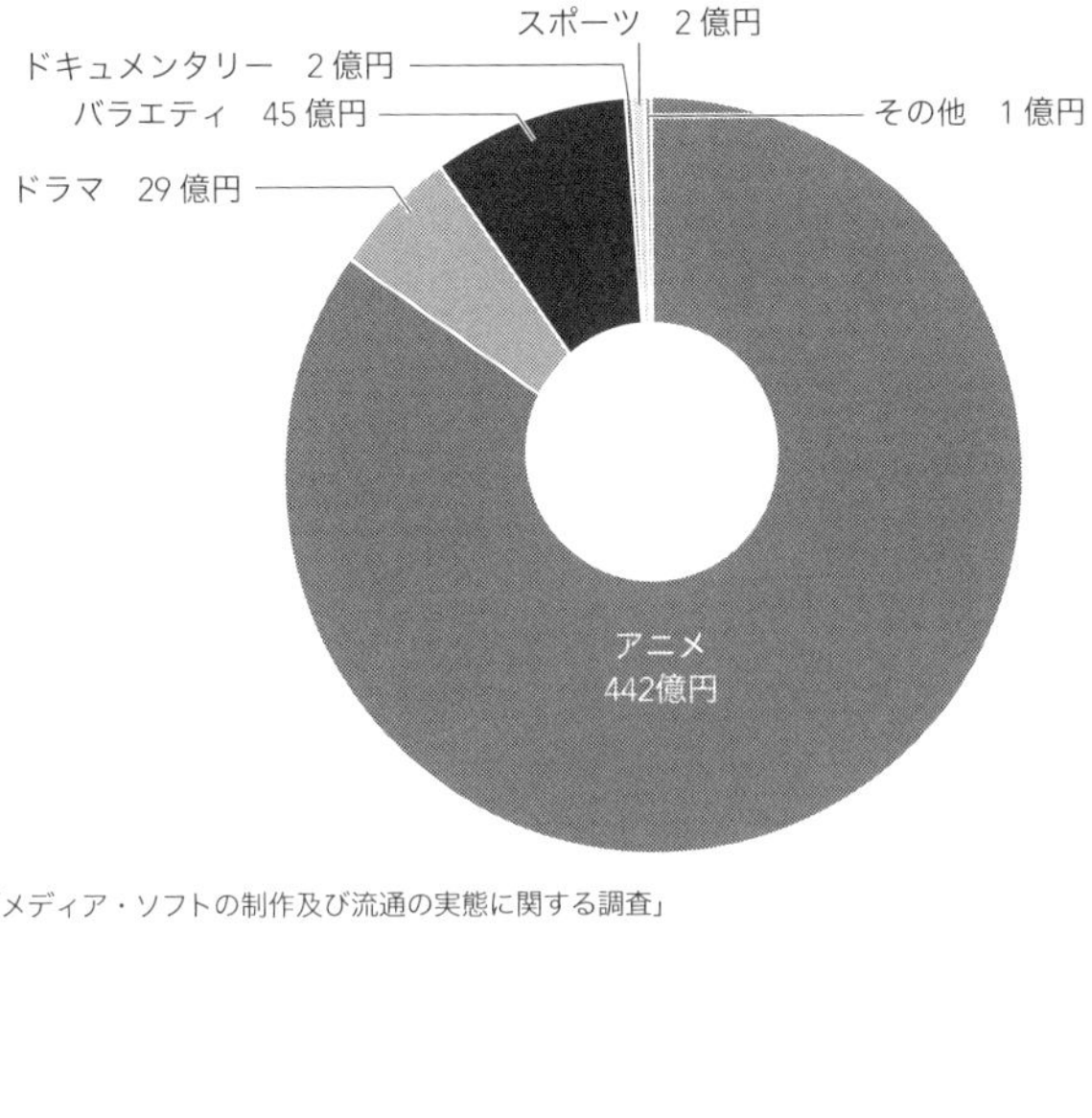

出典）総務省「メディア・ソフトの制作及び流通の実態に関する調査」

7-2 狂気から生まれたテレビアニメ産業

たまたま生き残った「東洋のウォルト・ディズニー」

アニメ業界は、最も古い東映アニメーション（以下、東アニ）が現在も最も大きい売上を誇る珍しい業界である。東アニは、スタジオジブリの高畑勲や宮崎駿らが所属したことでも知られる老舗であり、『ドラゴンボール』『ワンピース』『プリキュア』を代表作とする。

東アニは今でこそ東映グループの会社だが、前身となる東映動画時代の制作陣は、松竹動画研究所や東宝図解映画など、戦前からアニメ事業をしていた会社群が統合した陣容だった。「1人では食えないから、とにかく集まろう」という集団だったのである。その会社を東映が買収したのが1956年。東映は1951年に3社統合で発足した新興映画会社だったが、時代劇で快調に飛ばして財務盤石だった点（1956年に松竹、東宝を抜いて映画会社の首位になった）、テレビに対抗すべくアニメという新興映画市場を検討していた点、物騒なヤクザ映

東映アニメーションの歴史（同社 HP）

画などとは対極にある「良い（向社会的）」ブランドが欲しかった点などから、東アニを傘下に入れた。当時の東アニは債務超過に陥った社員30人の会社ではあったが、それでも「日本最大のアニメ制作会社」であった。[03]

映画会社の統廃合が進んでいた当時を振り返ると、「東映アニメ」ではなく「東宝アニメ」「松竹アニメ」になっていてもおかしくない状況にあった。その中で東映社長の大川博は「東洋のウォルト・ディズニーになろう」という野望を掲げたのだった。その時期のディズニーは2000人近くの制作人員を擁し、2200万ドル（現在価値で25億円）もの製作費で1時間16分の大長編『シンデレラ』を作り、開園直後のディズニーランドをテーマとした番組を制作して地上波テレビのABCで放映し（初回の視聴者は7000万人）、世界で唯一無二のアニメ制作・テーマパーク運営の会社に育っていた時期である。[04]

東アニは、東映による買収の1年後の1957年末には社員100人、3年後の1959年には社員270人を超えるアニメスタジオに成長していく。その東アニが初めて制作した79分もの長編アニメ『白蛇伝』（1958年）から日本アニメの歴史は始まる。

マンガで得た資産をアニメにつぎ込んだ手塚治虫

だが、その東アニをしても「テレビアニメ」は夢のまた夢であった。1957年に東映と旺文社が中心となって設立された日本教育テレビ（現テレビ朝日）は子供向けアニメを提供する

03 中川右介『アニメ大国 建国紀 1963-1973　テレビアニメを築いた先駆者たち』イースト・プレス、2020
04 ニール・ガブラー（著）、中谷和男（訳）『創造の狂気 ウォルト・ディズニー』ダイヤモンド社、2014

格好の舞台になりえたが、90分アニメを300人体制で1年かけて4000万円で制作していた当時、東アニは「制作費を数十万円しか出せないテレビ向けのアニメなど夢物語」と一蹴している。

国産テレビアニメの1作目は手塚治虫によってもたらされた。手塚は1947年に19歳で上京した際、芦田漫画映画製作所というアニメ会社への入社を希望していた。ここで落とされていなければマンガとアニメの歴史は大きく変わっただろう。

手塚は1951年に光文社で連載を開始した『アトム大使』から、またたく間に月刊誌10誌で連載を持つ人気作家となり、1954年には関西の長者番付で画家部門のトップになるほどの財を得た。その彼が1950年代を通じてため込んだ資産は、そのほとんどが1960年代にアニメ制作につぎ込まれている。ディズニーに傾倒して『バンビ』を80回以上見た手塚にとって、マンガよりもアニメこそが「夢」だった。

1961年に設立された虫プロダクションは、製作費用の1割に満たない「1話55万円」で、『鉄腕アトム』のテレビアニメ化に合意した。1話55万円という金額は当時の実写映画の相場であったが、アニメは実写の10倍コストがかかる、非常に生産性の悪い映像作品だった。虫プロは1年で1億円にも赤字を膨らませたが、視聴率27%のアトムは奇跡的な成果を残す。米国のNBCから1話1万ドル（当時360万円）の放映権オファーがあり、年間で1億円の収入を得た。さらに鉄腕アトムのキャラクターを使用した明治製菓から34億円の商品売上の3%、

1億円の収入が得られた。アトムとしては黒字になったのである。だが、その後も手塚は私財をなげうってアニメを制作していくものの、1973年に倒産している。

テレビアニメは早すぎた発明だった。第4章「出版」でみたように、廉価だった出版物は1920年代に大衆向け、1960年代に子供向けで百花繚乱となったが『週刊少年サンデー』『週刊少年マガジン』など編集部員5人、10人といった人数で作るマンガ誌ですら、10年以上も赤字だった。そんな1960年代に数百人が動員されるアニメを〝週刊〟で続けていくというのは米国にも例がない話だった。だが、このありえない産業が1970〜80年代に日本を世界のキャラクター生産国に仕立てていくのだ。

7-3 エヴァンゲリオンが時代を変えた

子供向けテレビアニメの終焉

鉄腕アトム以降、日本では菓子や玩具のメーカーが番組に広告を出すスポンサーとなり、アニメが子供向けのテレビ番組として定着していく。そして「ロボットアニメブーム」「怪獣ブーム」「スポ根ブーム」など、1つの作品が大ヒットすると、各社が類似の作品をアニメ化した。

「テレビアニメへの投資で人気に火をつけたキャラクターを使い、商品化展開の利益によって投資を回収する」というモデルが出来上がる。お菓子から始まり、1970年代後半から模型や玩具のメーカーがブームを牽引し、アニメ制作会社のサンライズを中心に『勇者ライディーン』（1975年）、『機動戦士ガンダム』（1979年）、『超時空要塞マクロス』（1982年）のようなスポンサー主導のアニメ制作が1つの型となっていく。これが現在まで続く仮面

図表7-4　テレビアニメの視聴率推移

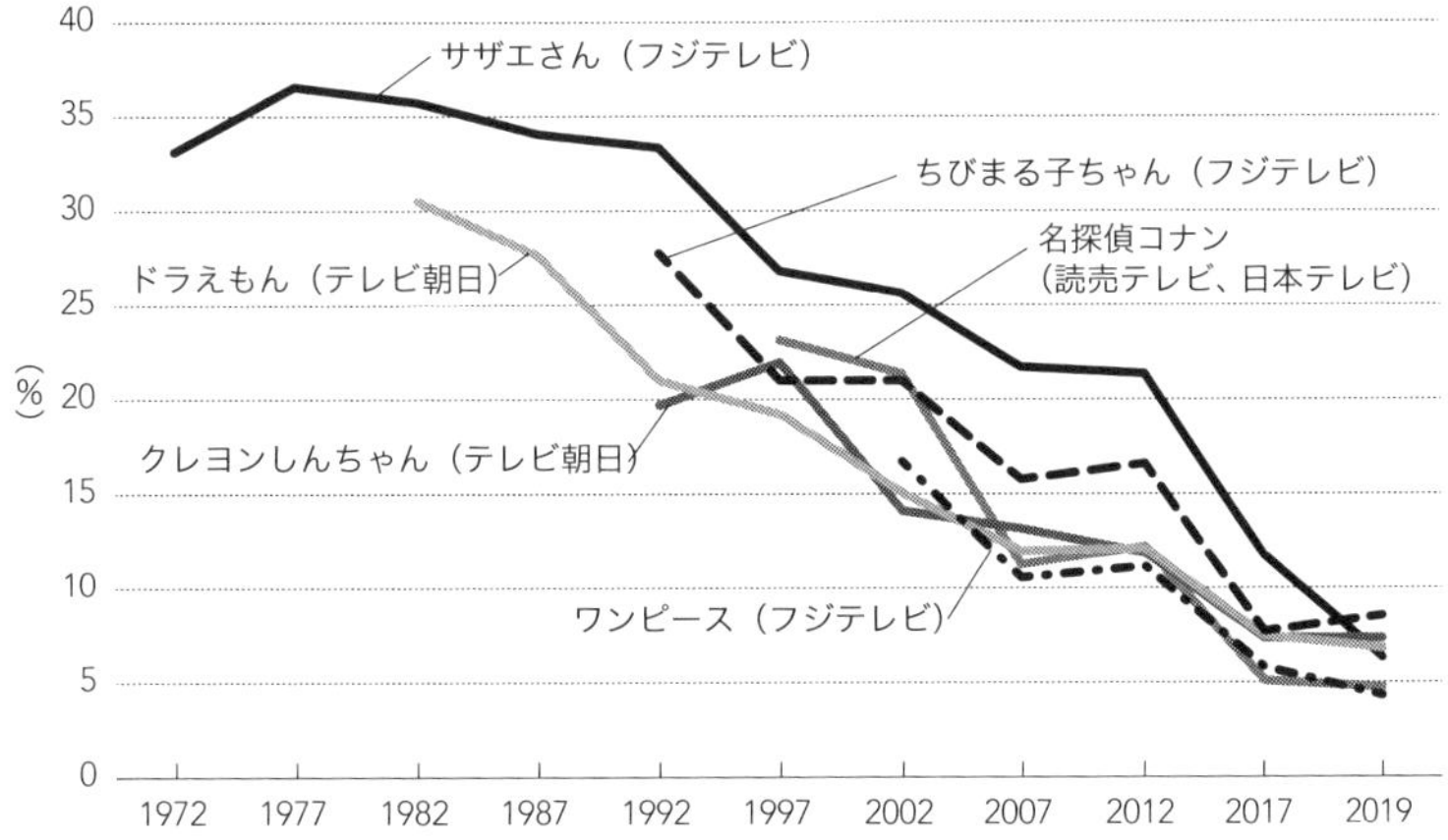

出典）ビデオリサーチ

ライダーや戦隊モノで知られるバンダイの「アニメ×玩具」の販促手法につながっている。サンライズは手塚治虫の虫プロダクションに在籍していたメンバーが1972年に独立して組成されたアニメ制作会社である。ロボット系アニメを得意とし、1994年からはバンダイ（現バンダイナムコHD）傘下になっている。

だが、商品が売れないとみるや、あっという間にアニメ放送は打ち切りになった。それでも日本ではテレビアニメが作られ続けてきた。

当時のアニメは、広告主から集めた番組提供費（CM枠代）5000万円から、電通などの代理店が1000万円を取り、系列の地方局に2000万円を配分し、残った2000万円のうちの半分を東京キー局が取り、1000万円で東アニなどにアニメ制作を委託する、というのがオーソドックスな形だった。広告主は番組に対する影響力はあったが、著作権を握るのは制作の発注主であるテレビ局であった。

ではアニメの視聴率はどうだったかというと、1970年代は国民的な人気アニメが高視聴率を得ていたが、その後はずっと下落を続けている（図表7－4）。『サザエさん』は世帯普及率100％に近づいたカラーテレビの電波にのせて、日曜日18時半という習慣化された枠で毎週放送され続け、50年を超えて放送が続くというギネス世界記録を保持している。このお化けアニメ番組も、1980年代までは視聴率30％を維持していたが、2000年代には20％台、2010年代末には5％台にまで落ち込んでいる。『ドラえもん』『クレヨンしんちゃん』『名探偵コナン』なども同様の状況である。アニメの視聴率低下は全面的に続いており、個々の作品の出来不出来によるものでないことは一目瞭然だろう。

アニメ製作委員会という新しいビジネスモデル

かつてのように視聴率が取れないコンテンツになりながらもアニメの制作が続き、むしろ増えてきたのは、ビジネスモデルの革新が大きかった。

ゲームチェンジャーとなったのは『新世紀エヴァンゲリオン』（1995年）である。テレビ東京、日本アドシステムズやキングレコードなども絡めて製作された同作は、「製作委員会方式による成功作」となった（現在の委員会の仕組みとは違ったが）。これによって毎週放送の12話3カ月モノのアニメ制作費1・5億~2億円（1話1000万~1500万円）を3~10社程度から集め、「皆で所有して、皆で広げる」という方式によるアニメ制作が一般化する。現在は年300本近いアニメ作品が作られているが、そのほぼすべてが委員会方式である。

視聴率が取れるからCMスポンサーが集まってアニメが制作されていくという、かつてのテレビアニメビジネスは、委員会方式によって視聴率だけにこだわらないビジネスモデルへと変化した。出版、広告代理店、商社、映画配給、ゲーム、玩具などの企業が「アニメ制作に出資して、キャラクターなどの権利を得て、ビジネスを展開する」形式に変わった。アニメ制作に投資家やプロモーターとして参加する企業数は数十倍に膨れ上がったのである。

委員会方式になる前のアニメ業界は、テレビのキー局・準キー局が、100社ほどあるアニメ制作会社に委託して作っていた。現在は、数百社にも及ぶアニメ関連企業が投資家・委員会のプレイヤーとして参入し、700~800社に増えたアニメ制作会社に委託し、制作会社も5%など部分的に出資して権利を持つようになっている。

収益源が多様化し「深夜アニメ」「オタク向けアニメ」が成立

委員会方式が成り立っている背景には、アニメビジネスの収益源の多様化も影響している。スタジオぴえろ制作、フジテレビ放送の『うる星やつら』（1981年）は33万円の豪華LD（レーザーディスク）セット6000本を完売し、2億円の収益を上げた。『となりのトトロ』

（1988年）は放映から2年ほどして関連グッズの商品売上がぐんぐんと伸びた。アニメの派生商品が多様化し、ファンになったユーザーが持続的に商品を買ってくれる。またアニメで育った〝オタク〟世代が、数万円といった出費を惜しまない時代になった。製作委員会に参加してアニメの権利を得ることで、それをマネタイズしていく手段が増えてきたのだ。その結果、ニッチなジャンルのアニメもビジネスとして成立するようになり、萌えアニメからエロアニメまで、作品のすそ野は爆発的に多様化している。

こうなってくると「子供を含めて家族で見るアニメ」を平日の夕方やゴールデンタイムに放映するという制約はなくなり、全国的に視聴率を広げるというカバー率の高さも求められなくなる。1990年のアニメは東京キー局の5系列で放映されていたが、2005年ごろには系列局が少なく番組提供費も低いテレビ東京が半数を占める時代になり、同時に半分近くが深夜0～6時の時間帯に放送されている（図表7-5）。人々が起床している全日帯のアニメはマイノリティとなっていった。2010年代になると、放送範囲が狭いため「局印税」や番組提供費のいらないTOKYO MXがアニメ放送で好まれるようになった。

「局印税」とは、放送局がアニメをかける際に発生する費用である。制作費用を負担しているわけでもないテレビ局が印税を受け取るのは、放送によってアニメの広がりに貢献している、というテレビ局の強いポジショニングからである。放送範囲の狭い東京MXは局印税や番組提供費が必要ないので、その負担なしでアニメ放送を実現できる。

1990年代までのアニメと2000年代以降のアニメは、放送局も時間帯もがらりと変わ

図表7-5　アニメ番組の放送状況

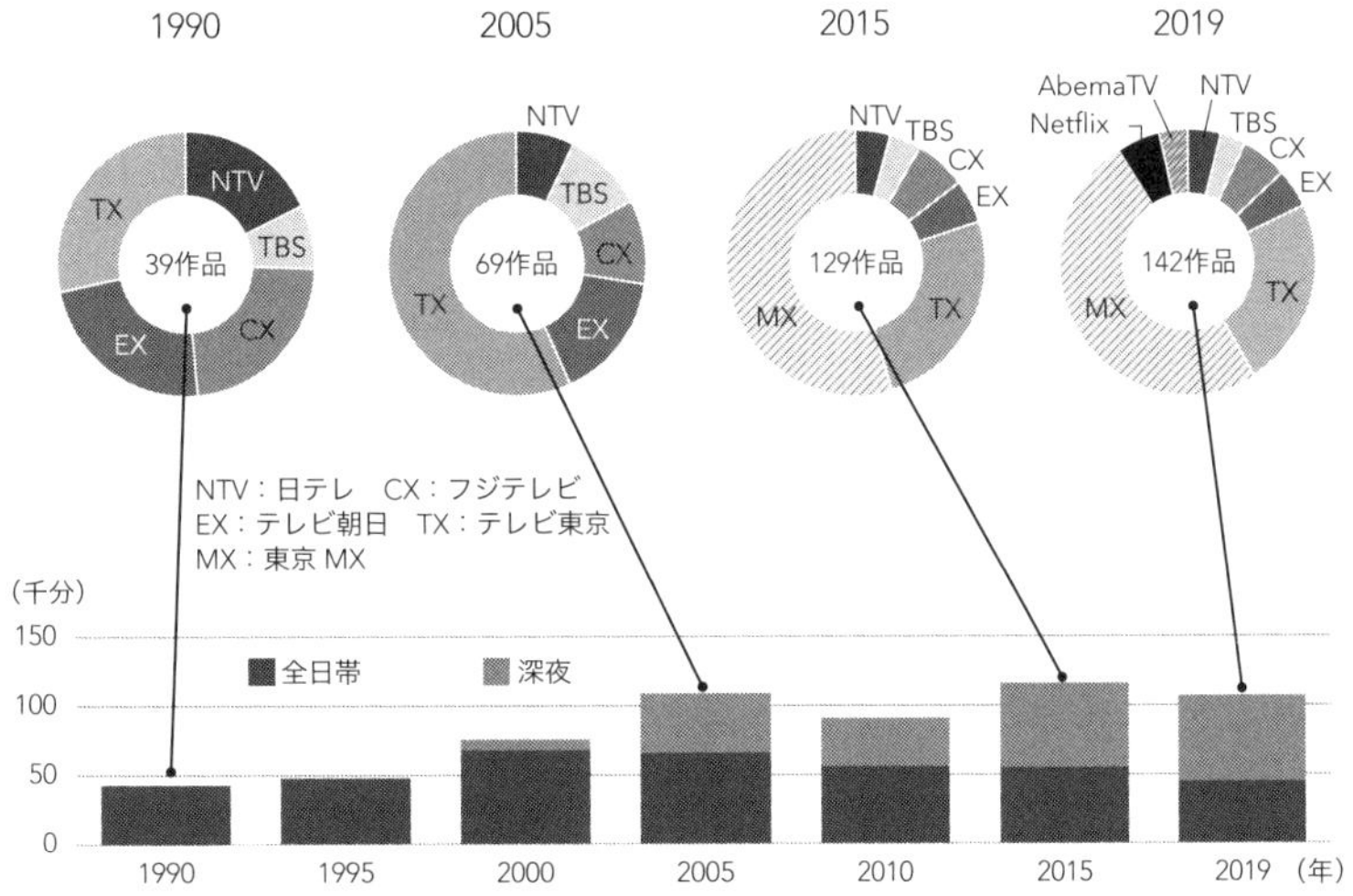

出典）渡辺哲也「ビジネスモデル学会2021」発表資料より。全日帯は6:00～24:00、深夜は0:00～6:00

り、すなわちターゲットも中身も異なるところとなり、同時に出資者や担い手までもが違うのである。こうした劇的な変化の中で『鋼の錬金術師』（2003年）や『涼宮ハルヒの憂鬱』（2006年）などが生み出されてくる。

そして今、海外で多くのファンをひきつけているのは、まさにこの20年間に独自進化した深夜時間帯に放送された大人向けアニメなのだ。これが動画配信の時代になって、日本コンテンツに思ってもみなかったキャラクター大活況時代を演出する起爆剤となる。『サザエさん』『ドラえもん』『クレヨンしんちゃん』が日本アニメの代表だと思っている人には想像できない変化を遂げてきたのだ。

表現の制約がなかった日本のアニメ界

そもそもなぜ大人向けのアニメというジャンルが生まれたのだろうか。これはマンガにも共通するが「子供向け教育モノ」として表現規制を続けた米国と、アングラ文化として自由に発展させてきた日本の違いと思われる。

米国では1950年代に上院議会でコミックの残酷描写をめぐる論争があり、戦前には比較的自由だったキャラクター・物語に制限が設けられた。各出版社は一斉に自己規制し、子供の模範になる社会的に正しいキャラクターしか主人公にしなくなった。その結果『スーパーマン』『スパイダーマン』などヒーローものだけが量産され、ユーザーが離れていく結果となる。

日本のマンガが表現の制約から解放されつつ、アングラ文化として人々の社会的不満を代弁したり解消したりするメディアとなる中、アニメはマンガと非常に近い距離で生産され、マンガをより広く普及させるストーリー・テリング・メディアとしての位置を獲得してきた。（それを規制しようという動きは数えきれないほどあったが）表現の自由が幅広い作品を生み出す土壌を形成し、アメコミとは対照的なキャラクターのプラットフォームとしてアニメ産業は発展した。

7-4 アニメを「作品」にしたスタジオジブリ

パトロンが生んだ奇跡のアニメ作品

アニメを作りたかった手塚治虫がマンガから始めたのとは対照的に、宮崎駿はマンガも描いていたが、悩んだ末、１９６３年に東映動画に入社しアニメの道を選ぶ。10年ほどで高畑勲と共に退社し、Ａプロダクション、ズイヨー映像（同社が制作した『海のトリトン』は、手塚治虫、『宇宙戦艦ヤマト』の西崎義展、『機動戦士ガンダム』の富野由悠季、そして直接ではないが宮崎駿が一堂に会した歴史的作品）を経て、１９８５年に徳間書店の出資によりスタジオジブリを設立した。

１９６０〜70年代に確立した「原作マンガの人気をもとに子供向けアニメ化。菓子・玩具によるマーチャンダイジング」というモデルが定式化していたころに、ジブリは「オリジナルの映画アニメだけを作り、作品としての力だけで収益化」という時代を引き戻すようなビジネスモデルで、快作を連発する。

東映元社長の岡田茂は「ウチ（東映）もそうだが、確実な収益を期待したら、アニメのターゲットは子供向けになってしまう。万が一、映画でコケても、キャラクターグッズの売上で補填することができますから。ところが徳間は、最初から大人の鑑賞に耐えられる作品を創ろうとした。これが、宮崎駿の才能の開花に繋がったのだからね」と語っている。[05]

徳間書店の徳間康快は豪放磊落《らいらく》、絵に描いたようなオーナー気質で、編集者だった鈴木敏夫とともに宮崎駿の才能を見出し、まさにブレーキなしでガンガン進むような危ういスタジオジブリの経営を放埒のままに支援した。組織の盤石化を考えれば『風の谷のナウシカ』などのヒット作のシリーズ化、商品化・玩具化・ゲーム化などを積極的に推進していたはずである。ジブリは「お金儲けの話をしたことがない」会社であった。

同じことは日本テレビ会長であった氏家齊一郎にも言える。「高畑勲の最後の作品を見たい」と、52億円もの製作費をかけて『かぐや姫の物語』（2013年）を実現した。企画から8年もかけ、通常のビジネスのロジックからは決して生まれることのなかった作品である。

手塚治虫が理想としたアニメスタジオは、ひょっとするとスタジオジブリだったのではないだろうか？それはクリエイターに惚れ抜いて好きなように作らせることができる巨大スポンサーの存在によって、初めて実現した。

05　佐高信『飲水思源　メディアの仕掛人、徳間康快』金曜日、2012

企業とのタイアップ&プロモーションという鈴木敏夫メソッド

幼少期にアニメに触れた団塊世代は、そのまま青年期にもアニメ消費を継続した。『さらば宇宙戦艦ヤマト愛の戦士たち』（1978年）は配給収入21億円で同年の邦画2位、『銀河鉄道999』（1979年）は同16・5億円で邦画史上で初めてアニメとして第1位に輝いた。宮崎駿の『風の谷のナウシカ』（1984年）は同7・4億円で、トップ10入りこそ逃したが、これによって1985年にスタジオジブリの組織化が進む（ナウシカを制作したのは前身の会社だった）。

ただ、映画アニメだけで勝負するスタジオが永続した事例などない。スタジオジブリも安泰とは言えず、常に「解散」を意識せざるを得ない状況が続く。ヒット作を生み出していたとはいえ、300〜400人を雇用するには、2年に1本のアニメの興行収入が100億円に達しないと赤字というとんでもない状態にあった。[06] 組織を維持するには売れるものを作る必要があるが、ジブリは宮崎・高畑コンビが作りたいものを作るために存在する、という矛盾は常にあった。

それでもジブリが「解散しない」ことを決断したのは、『魔女の宅急便』（1989年）の興行収入42・8億円が『ドラえもんのび太の日本誕生』を抑えて邦画1位に輝き、鈴木敏夫が徳間書店からジブリに移籍したタイミングである。ヤマト運輸とのタイアップというアニメには

06　ジブリのせかい2013年11月14日「鈴木敏夫が語る、興収100億円を越えても採算ラインに届かないスタジオジブリの実情」https://ghibli.jpn.org/report/sui-toku/

図表7-6　スタジオジブリ作品の興行収入

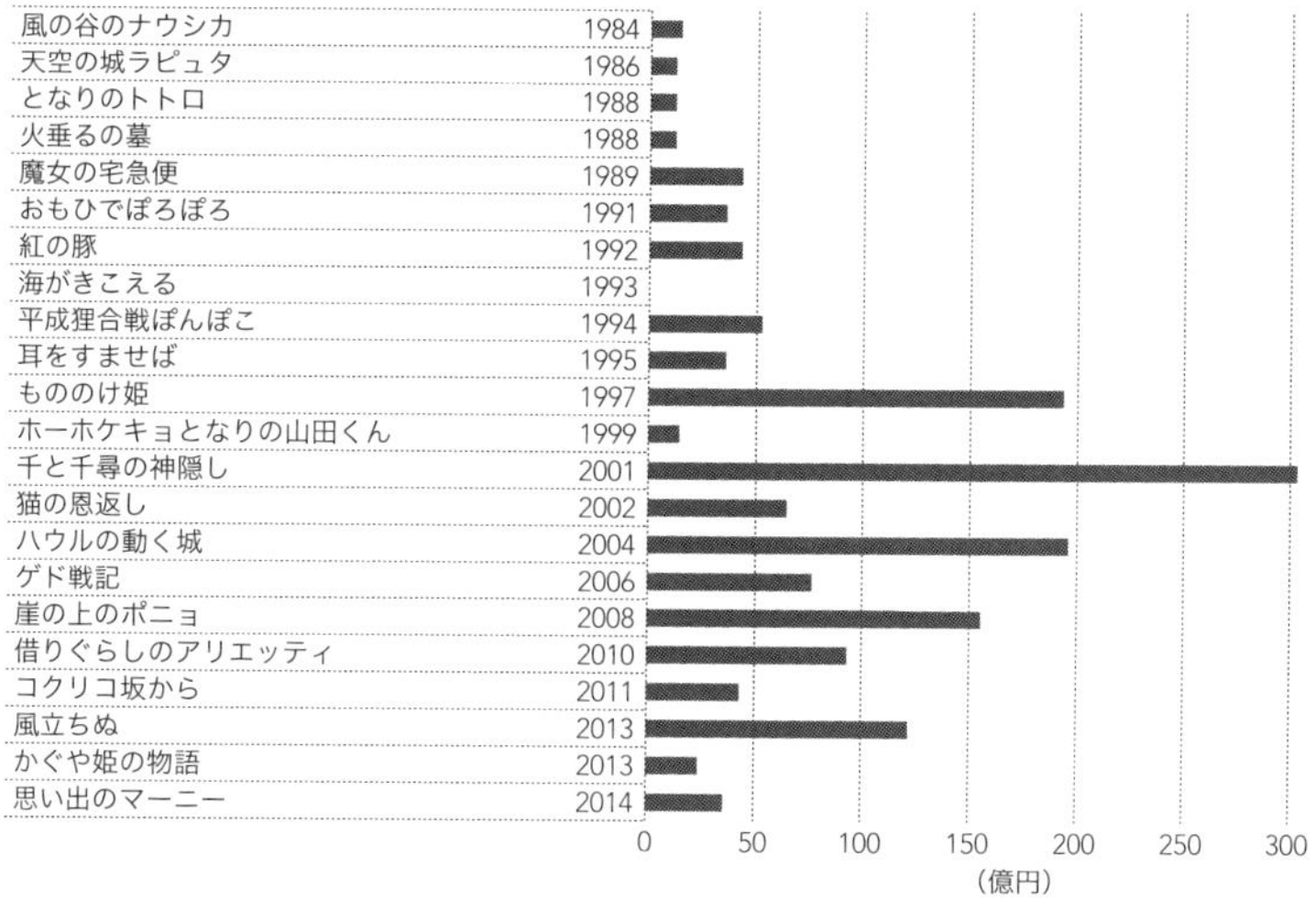

出典）各タイトル公表数字より著者作成

珍しい戦略による成功を機に、ジブリは宮崎・高畑の作家主義を〝内側〟に、鈴木敏夫のマーケティングと商業性が〝外側〟を担うことで、組織を維持する体制が出来上がった。『紅の豚』では日本航空、『千と千尋の神隠し』では三菱商事（ローソン）など次々とナショナルクライアントを製作の出資社として迎え入れ、声優には有名タレントも使うなど、徹底した作家主義の外側に、それを阻害しない混然一体の商業主義をまぶすように配置していく。

だがいくら商業主義を重視したところで、アニメ制作会社が1社で製作費を負担するようなリスクは取れない。ジブリ自身が会社として出資するのは『平成狸合戦ぽんぽこ』（1994年）からである。いつ完成するとも見えないジブリ作品のリスクをジブリ自身が負担することはできず、常に少

スタジオジブリの歴史
（同社 HP）

スタジオジブリの年表
（同社 HP）

図表7-7　人気アニメ映画の興行収入

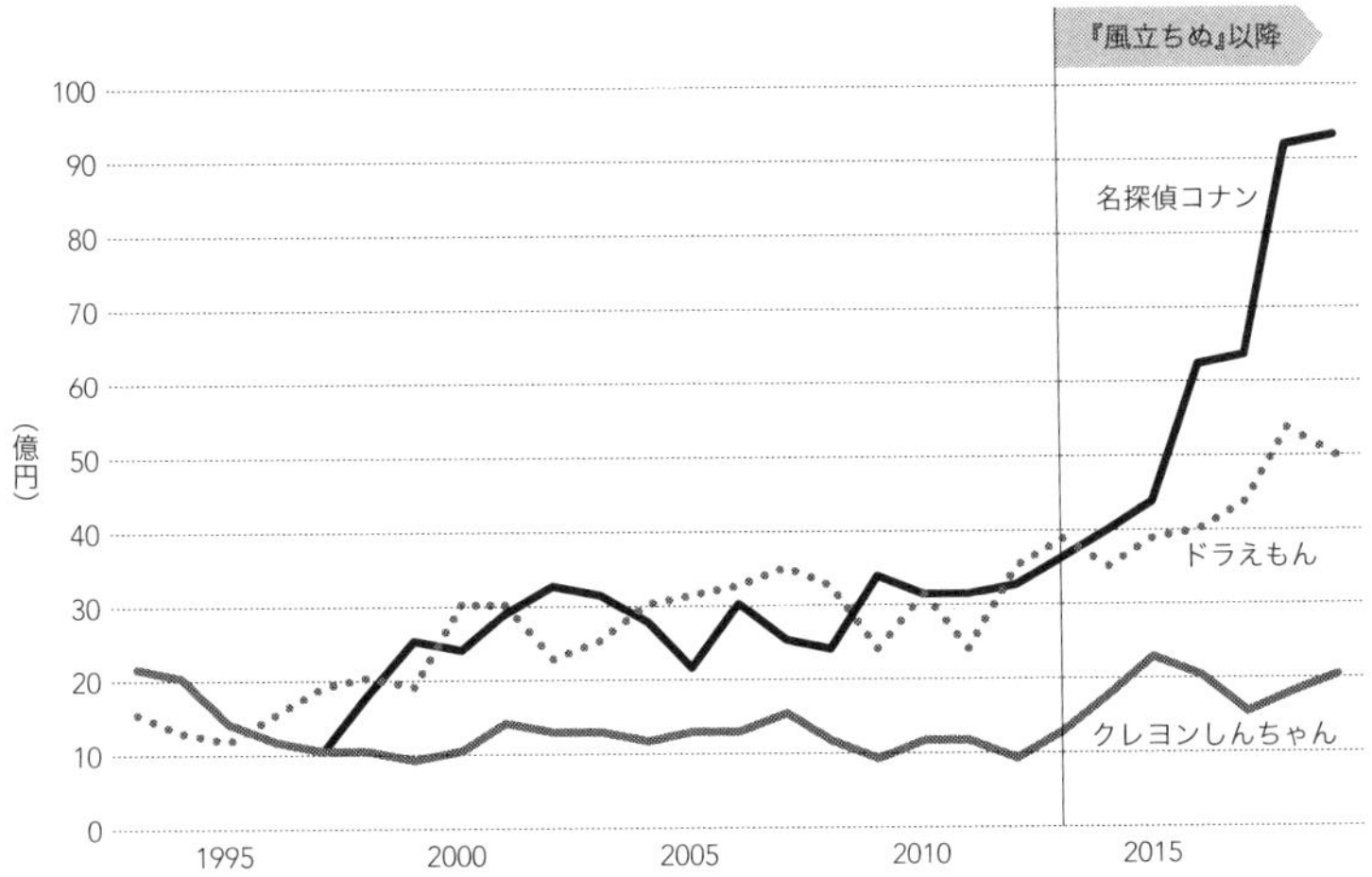

出典）各タイトル公表数字より著者作成

額出資の立場を貫いた。かつてジブリ1社の費用でアニメ作品を作ったことはなく、2023年公開予定の『君たちはどう生きるか』がその初めての事例となる。

ジブリが日本人の映画視聴習慣にもたらした影響は大きい。ジブリは〝絵本〟のような機能を果たした。子供向け／青年向けといったターゲット論を無化し、「国民アニメ」という概念を浸透させた。

宮崎駿が『風立ちぬ』（2013年）を最後にアニメ作品を作らなくなって、『名探偵コナン』『ドラえもん』『クレヨンしんちゃん』の映画興行収入は爆増していく。この流れは、そのまま『君の名は。』『天気の子』という新海誠アニメが引き継ぐ。

7-5 『鬼滅の刃』を実現させた アニメコングロマリットのアニプレックス

興行収入10億円のヒット作だけでは成り立たないスタジオ経営

そもそもジブリですら儲からないというのはなぜなのか？結局のところ、製作委員会への出資比率に応じて収益を配分するので、ヒットしてもジブリが得られる部分は限られているし、映像以外のビジネスにタッチしていないので、その売上も見込めないからである。

制作のためにスタッフ100人を雇用していれば、全員が年収200万だとしても、間接費含めて年間3億円の固定費負担が生じる。3億円の負担を賄うには毎年10億円の興行収入が得られる作品があっても足りない。どこのアニメスタジオも、売上の大半を占める「映像制作」の収入だけでは赤字か黒字ギリギリで、売上の1～2割ほどの「版権（ライセンス収入）」がもたらす利益が経営を支えている。だからライセンス収入を得るための権利をなるべく多く持ち、ヒットしたあとにシリーズ化や商品化に精を出すのだ。これを「商業主義」として一蹴で

図表7-8　スタジオジブリの業績

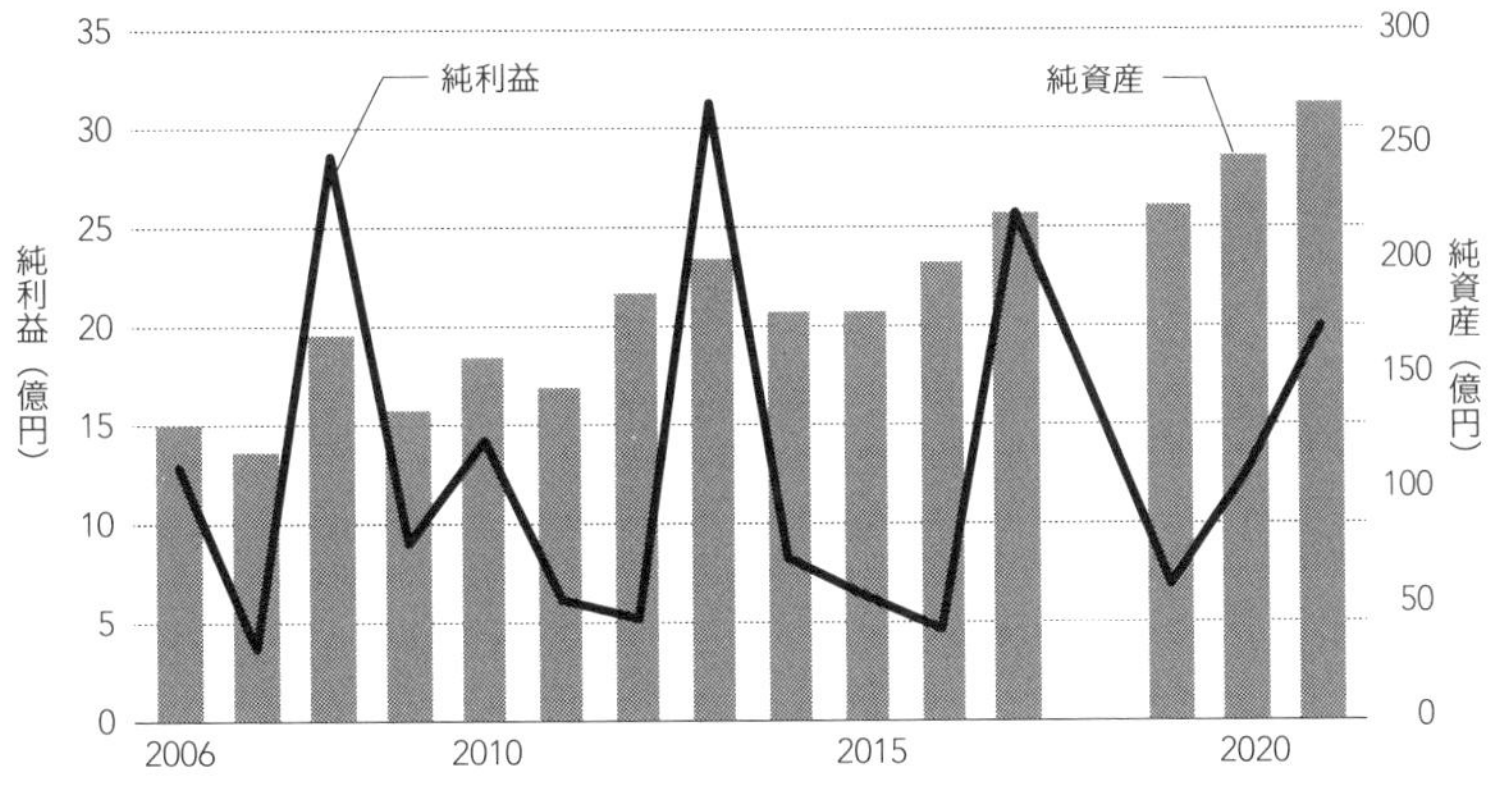

出典）決算公告より

きるクリエイターは、ピラミッドの頂点に立つ神のような希少な存在である。

ユーザーには見えない「失敗作のヤマ」はどの会社にもある。ジブリであっても、赤字になった作品は何本もあるのだ。エンタメはボツと失敗作の繰り返しで、10作に1本当たればよいが、それがいつ訪れるかの保証もない世界だ。だから一度当たればシリーズ化するし、DVDやブルーレイも売るし、商品化やイベントをできる限り長く続け、なんとか経営を安定させながら、限られた余裕の中で作家主義で好きなものを作ってもらう。それがヒットする確率は1割以下だとしても。

ジブリの純資産・純利益を見れば、『崖の上のポニョ』（2008年）と『風立ちぬ』『かぐや姫の物語』（2013年）の公開時だけ利益が際立ち、アップダウンの激しい経営体となっている。そしてアニメ制作をやめた2014年以降も利益を上げ、むしろそれ以前の「ヒット作の谷間」よりも利益が上がり、純資産が積み上がっている。新作を作らずに、売れた作品を維持するほうが、当たりはずれなく収益が安定するのだ。

製作会社中心の委員会によるハイブリッドなビジネスモデル

作家主義と商業主義の折り合いに1つの解をもたらしたのが、『鬼滅の刃』を製作したアニプレックスである。『鬼滅の刃』の製作委員会はアニプレックス、集英社、ユーフォーテーブルの3社で形成され、出資の大半は自社で持っているため、大ヒットした際には大きな利益を得られる。テレビ局や広告代理店を入れずに（その分、彼らが負担をしてくれるはずの放送費や広告費などを自社で負担しなければいけないが）、自由に放送・配信先を選べるようにして、どのチャネルでも鬼滅アニメを見られる状態を作った。特定のアニメを見るために、特定の放送・配信サイトを視聴するという従来型の枠組みを壊したのである。『鬼滅の刃』はジブリの持っていた興行収入の記録を塗り替えただけでなく、25年続いたテレビ局・広告代理店主導のアニメ製作委員会時代の終わりを告げたのであった。

ソニーの子会社であるアニプレックスは今でこそアニメ製作のトップ企業だが、2000年代は債務超過に陥っていた時代もあった。『鋼の錬金術師』『Fateシリーズ』『SAO（ソードアート・オンライン）』などのヒット作が生まれて業績も安定していったが、それでも2010年代初頭は売上200億円前後が限界点になっていた。

図表7-9　アニプレックスの業績

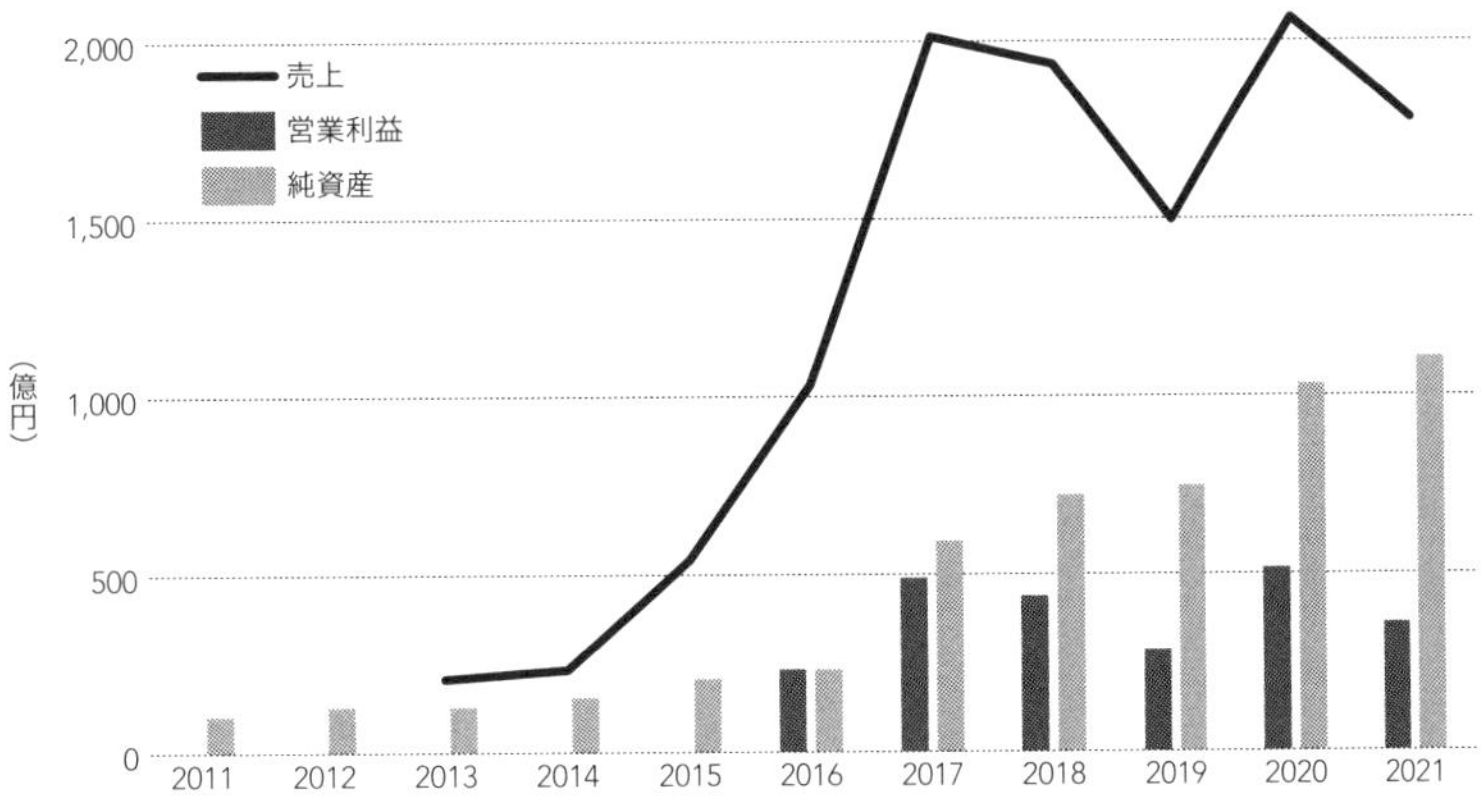

出典）IR資料

アニプレックスの商売が変わるのは、ずっと製作してきた『Ｆａｔｅ』のアニメシリーズ版権を待って、２０１４年からモバイルゲーム『ＦＧＯ(Fate Grand Order)』のパブリッシング事業を開始したところからだ。ここで２０００億円の売上と数百億の利益を確保したからこそ、『鬼滅の刃 無限列車編』のような10億円単位の製作費の大半を自社リスクで負担するという「投資」が可能になり、その大ヒットの後工程である商品化などの収益も自社で確保することができた。

名門の東アニも業績が絶好調とはいえ、その売上は６００億円、営業利益は１４０億円（ジブリの５倍規模）であることに照らすと、〝新興〟のアニプレックスがその３倍稼いでいることは驚嘆の一言である。ＦａｔｅやＳＡＯの時代は「ニッチ」と言われ続けたが、鬼滅のようなマス向けかつ作家性も担保した作品を展開するハイブリッドなアニメ制作を実現した。

作品の認知度を考えれば、ジブリもアニプレックスと同じように「ビジネス」の会社に転化することも可能ではあった。だがそれはジブリの作家性を殺してしまうリスクも大いに孕んでいた。

「組織にとっての正解」と「クリエイターにとっての正解」が、完全に反発する瞬間がある。安易にハイブリッド型を志向しないことが、日本アニメが世界でもてはやされる「勝因」の1つではある。しかし、それは後述するピクサーとの対比でもわかるように、ビジネスとしての成長を犠牲にすることも意味している。

7-6 ディズニー&ピクサーが生み出した21世紀アニメビジネス

5度の破産、子供向けアニメで苦しみ続けた75年

実写の10倍コストがかかるアニメを作ったのはクリエイターの狂気であった。日本では、制作予算の乏しい黎明期のテレビ局のもとで、手塚治虫が自らマンガで得た利益をつぎ込んでアニメを作り、日本アニメ産業が早すぎる誕生をした。

手塚の憧れであったディズニーアニメもまた、狂気としか思えない判断の産物だった。ウォルト・ディズニーがアニメを専業とするスタジオを開いたのは1921年のことである。当時のアニメは、2時間の劇映画の穴埋めに使われるものだった。

ウォルトがカンザスシティで作ったラフォグラム・フィルム社は、製作費500ドルにしがみつく従業員10人の会社で、『ブレーメンの音楽隊』『ジャックと豆の木』（1922年）などを作った。その後、ウォルトはハリウッドに移って現ウォルト・ディズニー・カンパニーの前

身となるアニメ制作会社を創業する。世界初の長編アニメ『白雪姫』（1937年）などの成功例もあったが、『ピノキオ』（1940年）や『ふしぎの国のアリス』（1951年）など失敗作も多く、アニメスタジオ経営は常に気が休まらなかった。

晩年ウォルトがディズニーランド経営という「夢」のほうに逃げて、アニメスタジオに足を運ばなくなっていった話もむべなるかな。ウォルトは人生で5度も破産し、1966年に没するまで夢ばかり追いかける「作家性しかない経営者」であった。商業性を度外視したという点で、手塚治虫の虫プロダクションや宮崎駿のスタジオジブリに勝るとも劣らない。

ディズニーは徐々に成長したものの、ビジネスモデルを変えられない〝ハリウッドの負け組スタジオ〟であった。1980年にハリウッドでの映画興行収入シェアは4％まで落ち、〝古臭い〟子供向けアニメをやめて大人向け実写にシフトしようとしていた。『スター・ウォーズ』に影響を受けて、SF、ホラー、ミステリー、年齢制限を受けるPG指定映画などを製作するも失敗が多かった。

ディズニーが会社として強大化していくのは、競合するハリウッド・メジャー・スタジオのパラマウントで成果を上げた辣腕経営者マイケル・アイズナーをヘッドハンティングしてCEOに据えた1984年以降の話だ。アイズナーはディズニー創業家と半ば反目しながらM＆Aを進め、ミラマックス（1993年）やテレビ局のABC（1995年）など買収し、ビジネスモデルを変えていった。当時のディズニーは作家性をかなぐり捨てた商業性の塊だったようにも見える。

〝不平等契約〟を嫌い、リスクを取って権利を確保

ディズニーが手に入れた企業の中でも重要なのがピクサーであった。もともと『スター・ウォーズ』のルーカスフィルムの一部門だった同社は、1986年にアップルコンピュータを追い出されたスティーブ・ジョブズによって買収されたが、当時は「絶滅の危機」に瀕していた。『トイ・ストーリー』（1995年）のヒット前夜の1994年度は売上600万ドル、純資産はマイナス200万ドル。自社でのアニメ作りはやめて、CG技術のライセンスとソフトウェアのBtoBビジネスに特化したほうが収益を確保できるのでは、とも言われていた。

「スティーブはピクサーのなんたるかがわかってません」「スティーブはオーナーだけど、でも仲間じゃない…彼がもっと近づいたらピクサーはだめになる、我々の文化が壊されてしまうとみんな心配しています」[07]。オーナーのジョブズが〝作家性〟の高い現場に嫌われ、スタジオに足を運んでも入れてもらえないほど酷い人間関係の中で、1994年にCFOとして入社するローレンス・レビーが語る当時の話は、作家性・商業性の議論が米国でも例外なく起こっていたことを知れる貴重なアーカイブである。

『トイ・ストーリー』の当時、ピクサーはディズニーと共同制作の関係にあった。ディズニーが5作品の著作権を事前に買い上げる〝不平等契約〟（ディズニーがプロジェクトに出資してリスクを取っていたので、総論としては不平等ではないが）が重しとなって、『トイ・ストー

07　ローレンス・レビー（著）、井口耕二（訳）『PIXAR〈ピクサー〉 世界一のアニメーション企業の今まで語られなかったお金の話』文響社、2019

図表7-10　Pixerの事業別収益

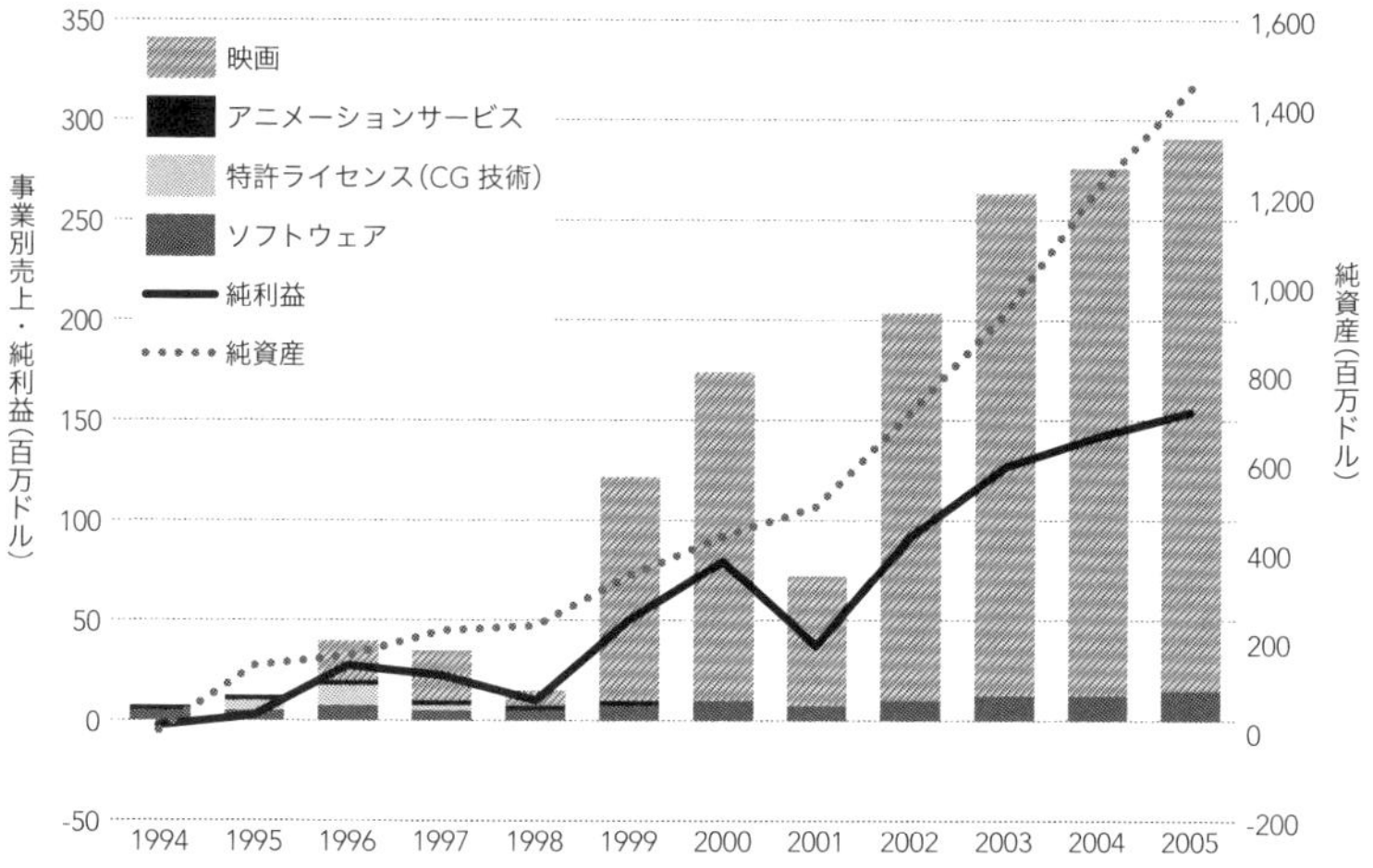

出典）IR資料、SPEEDAから著者作成

リー』は興行収入3・6億ドル、商品化含め10億ドルを稼いだにもかかわらずピクサーは部分的にしか受益できなかった。ピクサーが権利を自らのものにしてヒット作の利益を全面的に享受するのは『トイ・ストーリー2』（1999年）以降である。2006年にピクサーはディズニーの子会社になるが、それまでの業績を見てもピクサーの成長は驚異的だった。

東アニ、ジブリ、アニプレックス、ピクサーの事例からわかるように、アニメ会社の収益性は、作品のリスクをどれだけ取って（制作費を自前でどれだけ負担して）、リターンを得る権利の何パーセントを保有し、成功の受益にあずかれるかというところに帰結する。

1995〜2014年の20年間のアニメ

制作本数は、ジブリが13本、ピクサーが14本とそこまで違いがない。しかしその権利を自ら確保し、ビジネスの幅を広げていくという点で、ジブリとピクサーは対照的だった。そしてディズニー傘下で配給のみならずパッケージ販売、商品化、ゲーム化などビジネスをどんどん広げる「翼」を手に入れたピクサーは、組織・業績が1桁違う規模に成長する。

今、作家性に商業性をまぶしたソニーがグループの力で成功しているように、日本のアニメ業界に足りていないのは、作家性と両輪をなす商業性であり、「傑作の轍《わだち》で回すビジネスの車輪」なのではないだろうか。

第8章

ゲーム

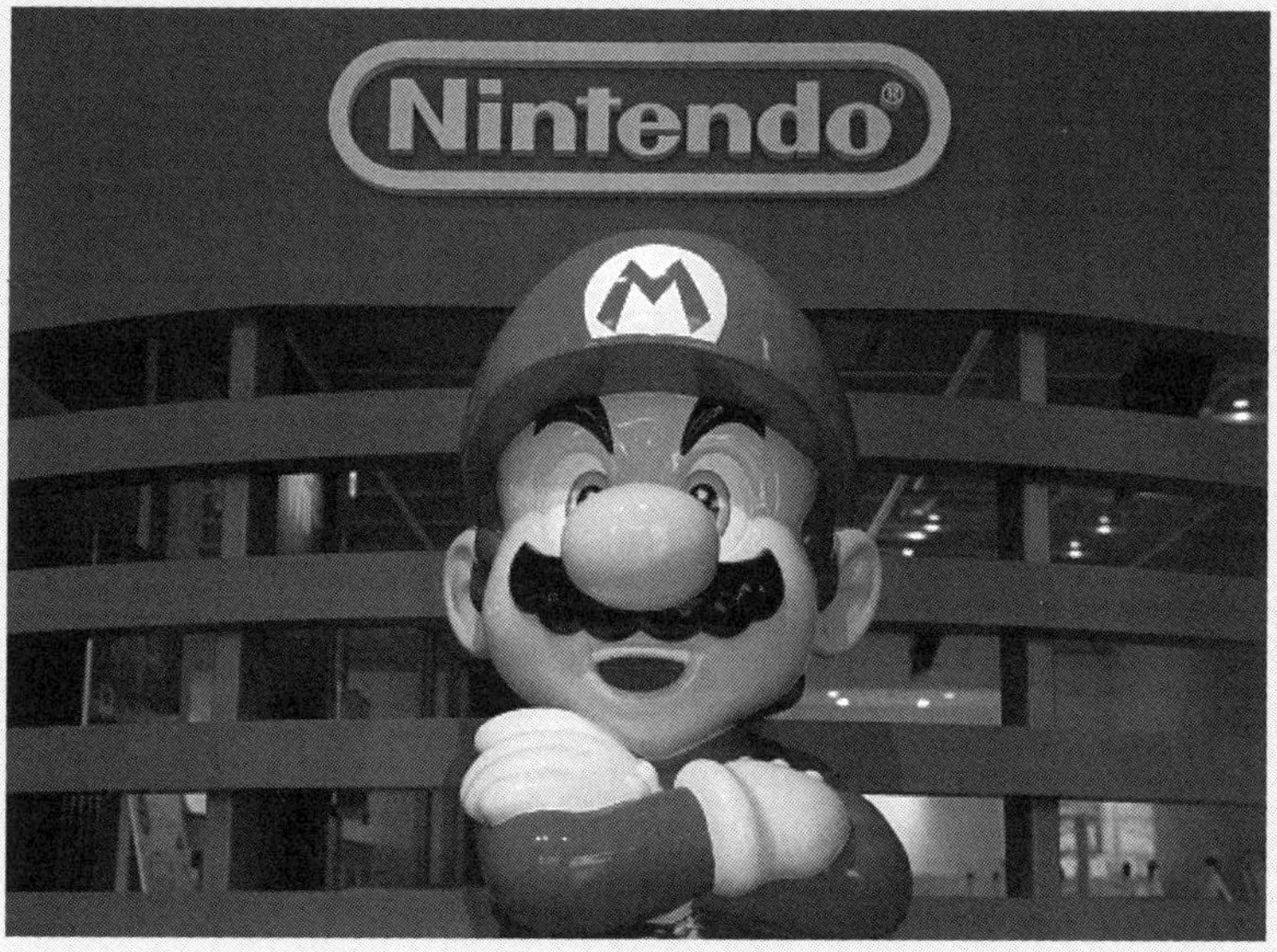

マリオ（2015年2月5日）
写真：Bloomberg／寄稿者

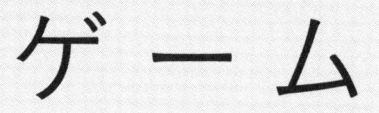

8-1 唯一無二の市場開拓者　任天堂

江戸時代の鎖国をビジネスチャンスにした

中国において、国内企業しかゲームをリリースできないという規制を敷いたことは、慧眼《けいがん》であった。自国のゲーム開発会社が脆弱な状態で、欧米や日本の大手ゲーム会社の作品が国内にどんどん流入してくることを防ぎ、テンセントやネットイースのような中国ゲーム会社を成長させる時間的なバッファーを作ることに成功した。

どこの国でも国内産業の保護・育成は経済発展のための重要な政策である。日本も例外ではなく、金融、製造、流通、放送、通信など様々な産業において規制や関税障壁などが設けられてきた。

また、政治が意図して行ったものではなく、日本独特の商慣行や日本語というローカル言語などが防波堤となって、外国企業の日本参入を防いできた場合もある。

さらには、江戸時代の鎖国状態がはぐくんだ「意図せざる結果」として国内産業が発展した例もある。そのパターンの典型と言えるのが日本のゲーム産業であろう。

任天堂の祖業が「花札」というのはご存じだろうか？

花札は、16世紀には輸入されていたトランプを日本が鎖国によって「禁じた」ことで、日本独自に作り上げられた遊びである。その花札も江戸時代は賭博の対象となり、禁制品として通常の遊びからは遠ざけられるが、アンダーグラウンドで遊び続けられることとなる。国定忠治や清水次郎長などがそうであったように、現在の東京・神奈川・山梨の県境である「相模」や「甲斐」は飛び地が多く、1つの地域で法律に追われると次の地域に移転して法の網をかいくぐるのに便利な場所であった。そういった地域で「賭場」が栄えたのである。

任天堂が目を付けたのは、江戸時代に秘密裏に育ち明治期の規制緩和で市場開放されたこの領域であった。「賭場に対する営業」をかけて、全国70カ所以上もの賭場を供給先として花札を販売した山内房治郎は、一代で財を成す。アングラな花札を商品とするような企業で、運を天に任せるのがちょうどいい——。かくして「任天堂」という会社名が生まれた。

3代目の山内溥、「危険な市場」に全張り

任天堂の中興の祖であり、家庭用ゲーム市場のゼロイチ創業を成し遂げた山内溥は3代目で

任天堂の歴史（同社 HP）

あった。1949年に早逝した2代目から引き継ぎ、22歳で社長となっている。

山内は1953年には日本初のプラスチック製トランプの販売を開始、1959年にはディズニーとのライセンス契約を成し遂げている。そこでキャラクターライセンスの料率の高さに驚き、自社でIP（知的財産としての作品・キャラクター）を持たなければいけないと強く意識するようになり、ゲーム業界に参入していく。

家庭用ゲームが新興産業であった1980年代初めは、任天堂も売上200億〜300億円規模の会社で、セガやナムコやタイトーといったゲーム会社と並ぶ一玩具メーカーでしかなかった。ちなみに、当時のゲーム産業を担ったナムコ創業者の中村雅哉は回転木馬から、セガの中山隼雄は外資系企業の日本支社としてジュークボックスの営業から事業を始めている。その中で、山内の家庭用ゲームへの投資は群を抜いた判断だった。

アタリが創出し米国で活況を呈していた家庭用ゲーム市場は、1979〜81年の3年間で10倍の30億ドル市場になる超成長産業だった。アタリはスティーブ・ジョブズも19歳で（大学中退後に）新卒入社した会社であり、マリファナを吸いながら働くような自由な気風があった。100年続いてきたアーケードゲーム（ゲームセンターなどに設置されるゲーム機）の歴史は終わり、「これからは家庭用の時代！」と誰もが飛びついた。

だがソフトの粗製乱造によりユーザーの心は離れ、1982年の『E. T.』のゲーム（なんと5週間で作った！）が最後の藁となって、米国家庭用ゲーム市場は3年で再びほぼ0になってしまった。悪夢のようなバブル市場だった。

山内溥（Wikipedia）

１００社以上の競合企業がほぼ撤退し、誰も手を出さなくなったデンジャラスなこの市場に、任天堂は全張りをした。各社が手を引いていくタイミングで、アーケードゲーム部門をつぶして、人員を家庭用ゲーム機の開発に集中投下していた。そして生まれたのが１９８３年に発売された「ファミリーコンピュータ」である。

ファミコンは価格といい（希望小売価格1万４８００円は競合ゲーム機の半額以下だった）、コンテンツといい（すでに「ゲーム&ウオッチ」で人気を博していた『マリオブラザーズ』『ドンキーコング』といったタイトルを展開した）、まさに革新的商品であった。価格と質のどちらも満たせば他社が真似できずマーケットを独占できると考えた山内は当初、小売価格1万円以下を目指して開発にあたらせていた。

この破壊的な優位性はあまりに危険な挑戦に裏付けられたものであった。半導体チップの入手が困難だったこの時代に、任天堂がリコーとコミットした製造台数は2年間で３００万台分。ほかの家電製品などとの半導体チップの取り合いだったため、需要見通しを立てにくいゲームは、数量をコミットしないとチップは回ってこなかった。すでに販売されていた家庭用ゲームでは、エポック社のカセットビジョンが45万台、タカラとソード（東芝グループ）のゲームパソコンが10万台にしか到達しなかった時代に、である。

こうして登場したファミコンが、日本のみならず欧米を含めて世界的に成功し、数千万台の大ヒットになったのは周知のことだろう。

技術選定も巧妙であった。ファミコンは、当時データ記録メディアとして一般的だったフロ

図表8-1　米国のホームビデオゲーム市場

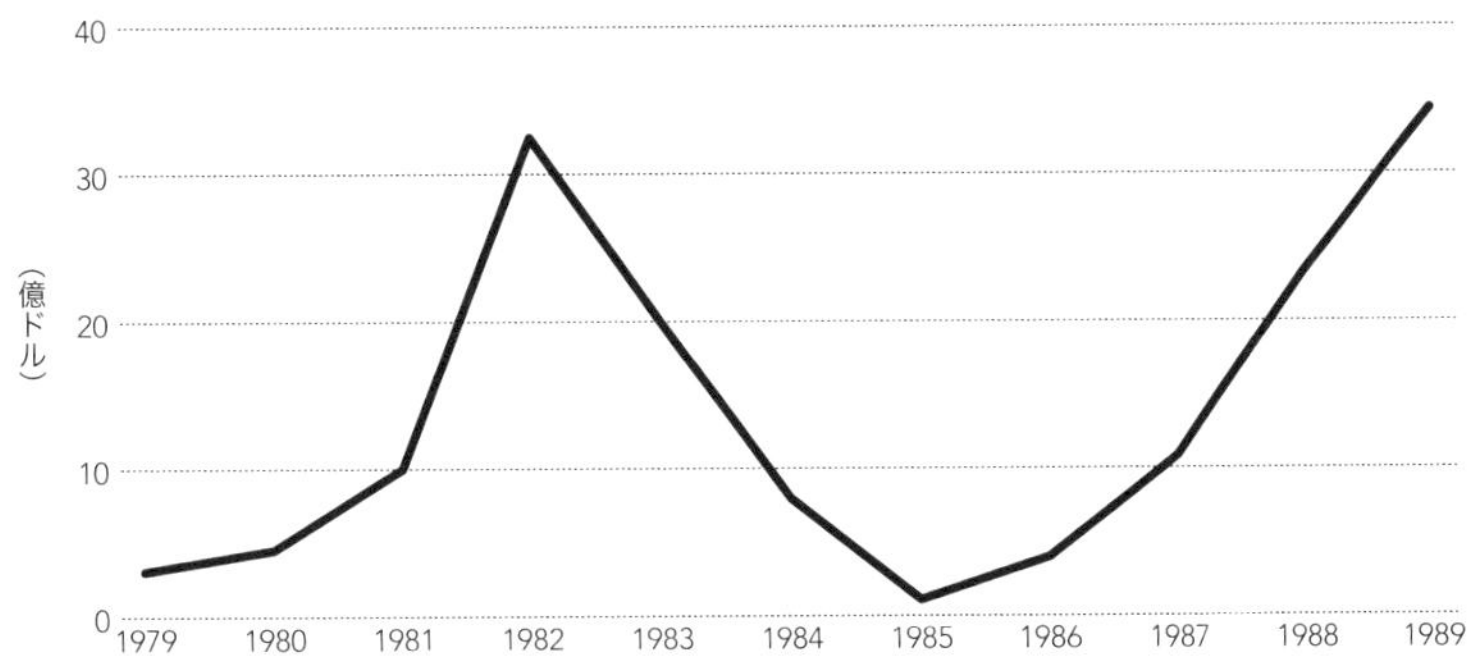

出典）Harold L. Vogel "Entertainment Industry Economics" 第3版 1993

ッピーディスク（ＦＤ）ではなくＲＯＭカートリッジを採用した。データ量などの制約があり、ゲームとして作り込める部分は少なくなるが、ＦＤにつきものの「データを読み込む時間」がなくなった。ユーザー体験を重視した結果だと思われる。プラットフォームとして機動的に複数のゲームを快適にプレイできる環境を整備し、その後の発展につながっている。[01]

ハードウェアとともに『ドンキーコング』や『スーパーマリオブラザーズ』といった作品も爆発的にヒットした背景には、アタリショックの余波が日本には届いていなかったこと、ゲームをやりたくてもやれない若者層がマグマとなって溜まっていたことなども一因と言える。当時はインベーダーゲーム大流行の末にゲームセンターが〝不良のたまり場〟とみなされ、多くの小中学校がゲーセンへの立ち入りを禁止していた時代だった。やりたくてもゲームができなかった小中学生はそのままファミコンに殺到する。

かくしてファミコンは、もはや消えると思われた家

01　多根清史『教養としてのゲーム史』筑摩書房、2011

図表8-2　任天堂の業績と時価総額

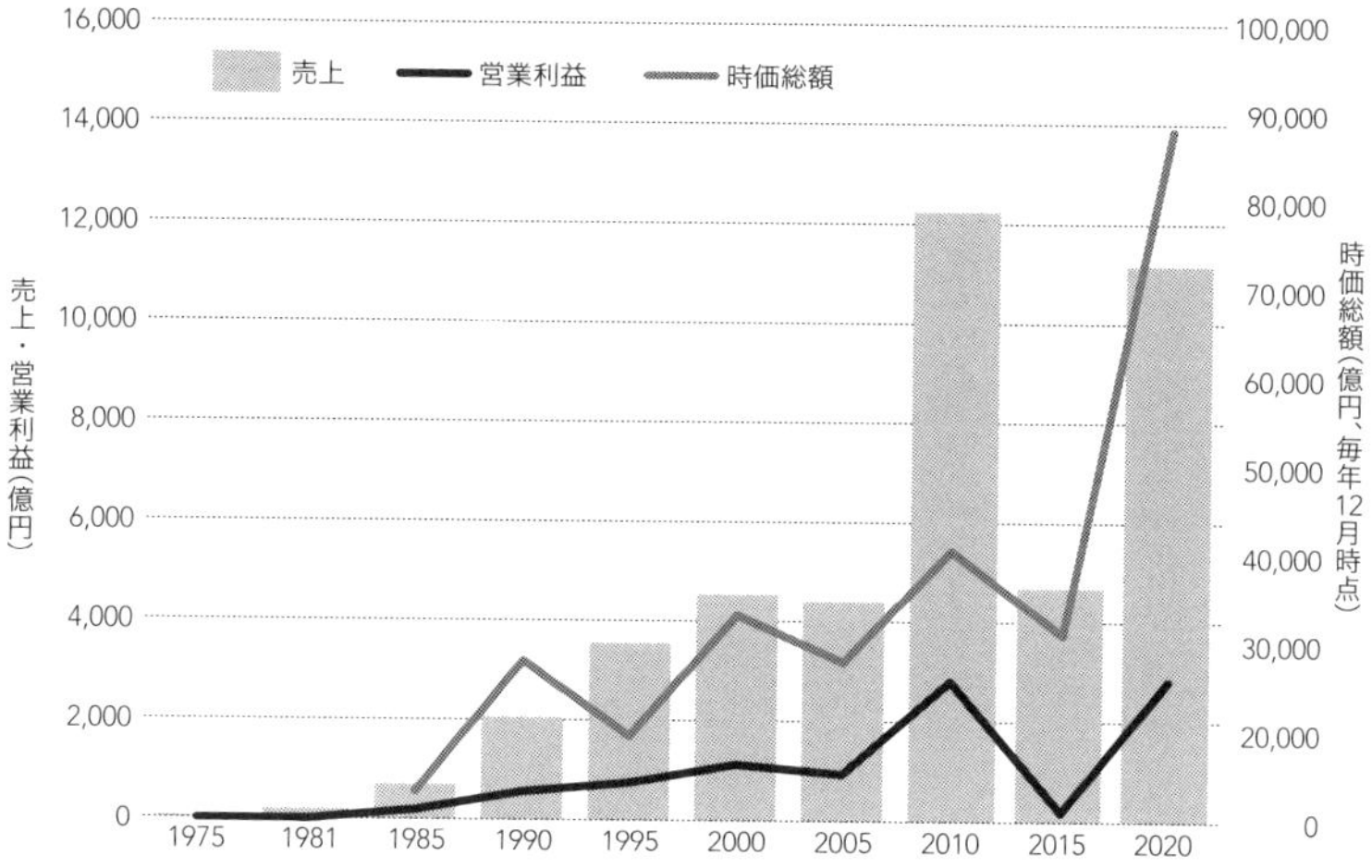

出典）IR資料

庭用ゲーム市場を不死鳥のごとく復活させ、世界市場を作った。「世界市場を作った日本製品」という意味では、ウォークマンやVHSビデオにも引けをとらない成功事例と言える。図表8－1からわかるように、米国の家庭用ゲーム市場は1985年にいったん〝消滅〟した直後から再び急成長していくが、この時期の世界家庭用ゲーム市場における任天堂のシェアは90％を超える。1社が世界市場の9割を独占するという稀な市場環境は、間違いなく山内溥という1人の勝負師によるオールイン戦略から始まったものだろう。

その後の任天堂は、1990年代には売上5000億円規模だったが、「Wii」「ニンテンドーDS」の大ヒットによって2000年代後半には売上1・5兆円まで爆発的に成長する。2007年には、日本企業の株式時価総額でトヨタ自動車に次ぐ第2位になった。その後、スマホの普及とモバイルゲームの台頭により辛酸をなめる時代が続いたが、2017年の「Switch」発売で復活し、2021年3月期の売上は過去最高に並ぶ1兆7600億円、営業利益は過去最高を更新する6400億円に到達している。

8-2 ゲームから始まるメディアミックス

マンガとの組み合わせ

ゲームもまた日本的マンガ手法を有効に取り入れ、ジャンルを開拓してきた。その代表が『ドラゴンクエスト』（1986年）である。それまでは匿名性の高いキャラクターがひたすら敵を殴ったり飛び跳ねたりするアクションが中心だったが、コマ割りのようにセリフが入り、シチュエーションごとにコマンドを選択するようなロールプレイングゲーム（RPG）の形式を作ったのはこのタイトルであった。この発明がその後のRPG名作を続々と生み出し、ゲームをキャラクターと物語を創出するプラットフォームに変えた。ゲームはアニメや小説に次ぐ原作リソースとして活用されていく。

少年ジャンプ6代目編集長の鳥嶋和彦は『Dr．スランプ』『ドラゴンボール』を描いた鳥山明を発掘したマンガ編集者であったが、同時にゲームという新ジャンルを取り込むことにも余念がなかった。

鳥嶋は「ジャンプ放送局」というコーナーを設けてゲームの裏技を暴くことを1つのコンテンツとして展開し、人気を博した。さらに『V（ヴァーチャル）ジャンプ』を創刊してマンガの枠を飛び越えてデジタルなゲームの世界を雑誌に取り込もうとした。[02]『ドラゴンクエスト』に、当時ドラゴンボールで耳目を集めていた鳥山明の絵を取り入れたのも鳥嶋の手腕である（第5章「マンガ」参照）。

ポケモンの登場

20世紀におけるメディアミックスの最高傑作は『ポケットモンスター』である。ポケモンは世界中のキャラクター経済圏の中で最も大きな85億ドル（約10兆円）というビジネスを実現させてきた。『ミッキーマウス』から始まるライセンスビジネスの到達点とも言えるタイトルである。ゲームとアニメのミックスとして、このタイトルが現在の日本ポップカルチャー海外浸透の扉を開けたと言っても言い過ぎではない。

出発点はゲームである。詳しくは後述するが、従業員2人の会社ゲームフリークの持ち込み企画から始まり、任天堂でマリオシリーズの生みの親である宮本茂の指導を受けながら、任天堂と関わりが深かったクリーチャーズとの3社で共同事業がスタートした（これを「原作3社」と呼ぶ）。「ゲームボーイ」用のソフトとして開発され、最初の販売見通しは23万本だった。

02 DIAMOND online 2018年2月24日「少年ジャンプ伝説の元編集長が語る『鳥山明をめぐる社内政治』」https://diamond.jp/articles/-/161028

だがすべてのヒットがそうであるように予想をはるかに超え、結局1年で160万本という大ヒットになる。

発売後の快進撃を見ながら、これなら他の商品展開も模索できると、当時人気が出始めていたトレーディングカードゲーム（TCG）の話が持ち上がる。原作3社はノウハウがある玩具メーカーに持ち込んだが、ほとんどの会社に断られている。ゲームボーイではヒットしていても、まだまだマス向けとは言えず、リスクのある選択肢だったのだろう。その中で手を挙げたのは、実績もなかった当時のリクルート子会社、メディアファクトリーである。

こちらも蓋を開けてみると、年間8700万枚ものカードが流通し、ユーザー消費額は25億円。1993年にTCGの歴史を開いたマジック：ザ・ギャザリングという北米のTCGを上回る大ヒットタイトルとなった。

同時にこうしたゲーム・TCG業界の展開を後押ししたのが映像の力だった。小学館の雑誌『コロコロコミック』はポケモンを取り上げ、そのブームの熱気を最先端で感じているメディアでもあった。ライセンスビジネスの先駆けであった小学館からは、アニメ化の提案がなされる。当時は『新世紀エヴァンゲリオン』によってアニメのビジネスがまさに大きく変わろうとしている時代であった。

原作3社はアニメには参画せず、小学館を幹事として、ライセンスマネジメントの小学館プロダクション（現在の小学館集英社プロダクション）、テレビ局としてのテレビ東京、広告代理店としてのJR東日本企画が4社でアニメ製作委員会を作る。ここが5億〜10億円といったレンジで制作投資、番組枠投資を行い、テレビ映像を生み出す。視聴率は非常に高く、1997年4月の初回10％から始まり、11月の17％まで上がり続ける。

ポケモンの商品化ライセンスは70社に展開され、2000年6月までに4000種目の商品の合計消費額は7000億円に及んだ。[03] 小学館プロダクションはアニメ製作委員会組成後にライセンシーを整理し、1業種1企業に選別、玩具はトミー（現在のタカラトミー）、食品は永谷園、カレーはハウス食品といった具合に選定した。各ジャンルでそれぞれがポケモンのブランドを高めながら、「商品化」を統括した。

ポケモンは、年平均で5000億円の市場を形成してきた。その7割は商品化であり、ゲームが2割、あとは映画・DVD、書籍などである。累計の経済規模は1000億ドル（約13兆円）に達している。[04]

ポケモン開発を支えた任天堂

ポケモンの前身となる「CapsuleMonsters」の企画書を、当時25歳のゲームプランナー田尻智が任天堂に持ち込んだのは1990年秋のことであった。田尻は、1989年に設立されたばかりで社員2人の会社、ゲームフリークに所属していた。同社はもともとはゲームマニアの友人同士が集まり、中古PCでファミコンのハードウェアを解析しながら自主制作したゲーム『クインティ』が当たったことで、その利益で法人化したベンチャー企業だった。

03 畠山けんじ・久保雅一『ポケモン・ストーリー』日経BP、2000

04 中山淳雄「『ポケモン』は生涯いくら稼いだ？最も商業的に成功したキャラを生んだ“日本的泥臭さ”」ビジネス＋IT2023年3月2日　https://www.sbbit.jp/article/cont1/107978

持ち込まれた企画は、1989年にリリースされたゲームボーイの通信機能に着想を得て、「モンスターを交換する」というアイデアから作り出したものであった。いまやミッキーマウスを超える世界一のキャラクター経済圏を築くポケモンが、設立2年目の2人だけの会社から生まれたこと自体が、伝説めいたストーリーである。売上高4700億円を超える大企業になっていた任天堂が、このベンチャー企業の企画案にとびつき、開発費を出したこともまた驚きである。

だが開発は難航する。ゲームフリークには組織もノウハウも開発力もない。特に本作は完全にオリジナルの作品で、アクションよりも作り込む幅が大きいRPGというジャンルも初めて。当初期限となっていた1年では作りきれず、途中で難航していたところに『ヨッシーのたまご』など別のゲーム企画を任天堂から与えられ、文字通り「育てながら」開発の地力を上げていく。

「ポケモンは、ノウハウがないと大変だということがわかってから、難航しそうな予感があったので、のんびり作っていたということもありますね。忘れ去られていたと言いますか、手の空いたスタッフでたまにいじくっていたという感じで、何年かたっちゃったんです…当時は、任天堂にとってもポケモンはあまり重要なプロジェクトじゃなかったので、何か月後までに完成させろっていうようなことが、あまりきつくなかったんですよ」という、創業からのデザイナー杉森建の言葉がそれを象徴している。[03]

開発が本格化するのは4年近くもたった1994年半ば。そこから2年かけて最終的に完成するところまでもっていった時ですら、全員で9人という小さなチームであった。[05]

ゲームも、マンガやアニメの歴史と同じく、クリエイター性の強い一個人を、プラットフォームを握る編集者がサポートしながら、少人数で作家性の強い作品を築き、大ヒットに導く、というモデルは共通している。

05 『週刊ファミ通』2019年5月9日発売号「特集ゲームフリーク30年の歴史」

8-3 家庭用ゲームの世界覇権競争

米国で任天堂を追い詰めたセガ「メガドライブ」

日本では、家庭用ゲーム機がこの20年間、毎年1000万台売れてきた。これは家庭用エアコンよりも多く、テレビと同じ水準である。もはや「家電」の1つとも言える。最近ではPCと変わらない出荷台数であり、広範な普及率を誇る。だがゲーム機は1980~90年代までは「玩具」としかみられていなかった。

この産業のハイライトは、2001年にセガが「ドリームキャスト」を最後に撤退するまでである。その後、ゲーム機のハードウェアは、任天堂、ソニー、マイクロソフトの3社寡占の市場となっているが、そこまでの約20年間は、家庭用ゲームへの参入企業を並べるだけでも驚きのラインナップである（図表8-3）。

図表8-3　家庭用ゲーム機の開発年表

	日本発売年	製品名	メーカー	価格	世界売上台数(万台)	対応ソフト数(日本)
第2世代	1981	カセットビジョン	エポック社	13,500	45	
	1982	インテレビジョン	バンダイ(マテル)	49,800	320	130
	1982	ぴゅう太	トミー	59,800	(4)	19
	1982	ゲームパソコン	タカラ&東芝	59,800	10	
	1983	アルカディア	バンダイ(Signetics)	19,800		51
	1983	TVボーイ	学研	8,800		6
第3世代	1983	マイビジョン	日本物産	39,800	5	
	1983	PV-1000	カシオ計算機	14,800		13
	1983	Atari 2800	Atari	24,800	3,000	36
	1983	ぴゅう太ジュニア	トミー	15,200	(12)	
	1983	SG1000	セガ	15,000	100	51
	1983	ファミリーコンピュータ	任天堂	14,800	6,191	905
	1983	カセットビジョンJr.	エポック	5,000		
	1984	スーパーカセットビジョン	エポック&NEC	14,800	30	29
	1985	セガ・マークIII	セガ	15,000	780	84
	1986	Atari 7800	Atari	20,000	500	
	1986	ディスクシステム	任天堂	15,000	444	199
	1986	ツインファミコン	シャープ	32,000	100	
第4世代	1987	PCエンジン	NEC&ハドソン	24,800	1,000	650
	1988	メガドライブ（ジェネシス）	セガ	21,000	3,075	554
	1990	ネオジオ	SNK	58,000	110	241
	1990	スーパーファミコン	任天堂	25,000	4,910	1,437
第5世代	1994	プレイディア	バンダイ	24,800	12	44
	1994	3DO	松下電器&EA	79,800	200	211
	1994	プレイステーション	ソニー	39,800	10,240	3,290
	1994	セガサターン	セガ	44,800	926	1,056
	1994	PC-FX	NEC&ハドソン	49,800	11	62
	1994	Atari Jaguar	Atari	30,000	25	12
	1995	バーチャルボーイ	任天堂	15,000	77	19
	1996	ピピンアットマーク	バンダイ&Apple	49,800	4	
	1996	NINTENDO64	任天堂	25,000	3,293	208
第6世代	1998	ドリームキャスト	セガ	29,800	913	499
	2000	プレイステーション2	ソニー	39,800	15,768	2,877
	2001	ゲームキューブ	任天堂	25,000	2,174	276
	2002	Xbox	Microsoft	34,800	2,400	482
第7世代	2005	Xbox 360	Microsoft	29,800	8,580	720
	2006	プレイステーション3	ソニー	62,790	8,741	970
	2006	Wii	任天堂	25,000	10,163	461
第8世代	2012	Wii U	任天堂	25,000	1,356	110
	2013	プレイステーション4	ソニー	39,980	11,040	1,804
	2014	Xbox One	Microsoft	39,980	4,590	635
第9世代	2017	Switch	任天堂	29,980	10,000	1,598
	2020	プレイステーション5	ソニー	49,980	1,340	
	2020	Xbox Series X	Microsoft	54,978	1,000	

出典）著者作成

任天堂やソニーに迫ったゲーム機もあった。中でもセガは「SG1000」「マークⅢ」「メガドライブ」「セガサターン」「ドリームキャスト」と、ずっと任天堂に挑戦し続けてきた野心的な企業であり、ソフトでも業界の牽引役として、『シェンムー』『セガラリー』『サカつく』『バーチャファイター』などジャンルの〝元祖〟タイトルを生み出した創造的な企業だった。

家庭用ゲームのハードウェアで任天堂を最初に追い込んだのは、1988年のメガドライブ（米国での販売名はジェネシス）である。日本での300万台はそれほどパッとした実績ではなかったが、北米での2000万台という販売実績は驚異的なものである。北米ゲーム市場のシェアは1990年の任天堂90％、セガ5％から、1993年ごろには任天堂40％、セガ60％と同等以上のレベルに達した。[06]

1990年代半ば、「SEGA」の米国でのブランド力は絶大だった。「10代の若者にとっては、SEGAはメガメディアのどの有名企業よりも強力なブランドだ。この世代でSEGAに太刀打ちできるブランド名は、MTVだけである」。[07] SEGAは若者向けのクールなブランド、任天堂は子供向けで時代遅れ、というイメージが固着していった時代だった。米国で1800万世帯がジェネシスを持ち、テーマパーク展開やケーブル回線でプレイする「セガ・チャンネル」の構想もあり、当時「将来が期待される新進気鋭のテック企業」にはマイクロソフト、AOL、オラクル、HP、インテル、コンパック、そしてSEGAが名を連ねた。

06　ブレイク・J・ハリス(著)、仲達志(訳)『セガvs.任天堂　ゲームの未来を変えた覇権戦争』早川書房、2017
07　ケビン・メイニー『メガメディアの衝撃』徳間書店、1995

図表8-4　ゲーム業界のバリューチェーン

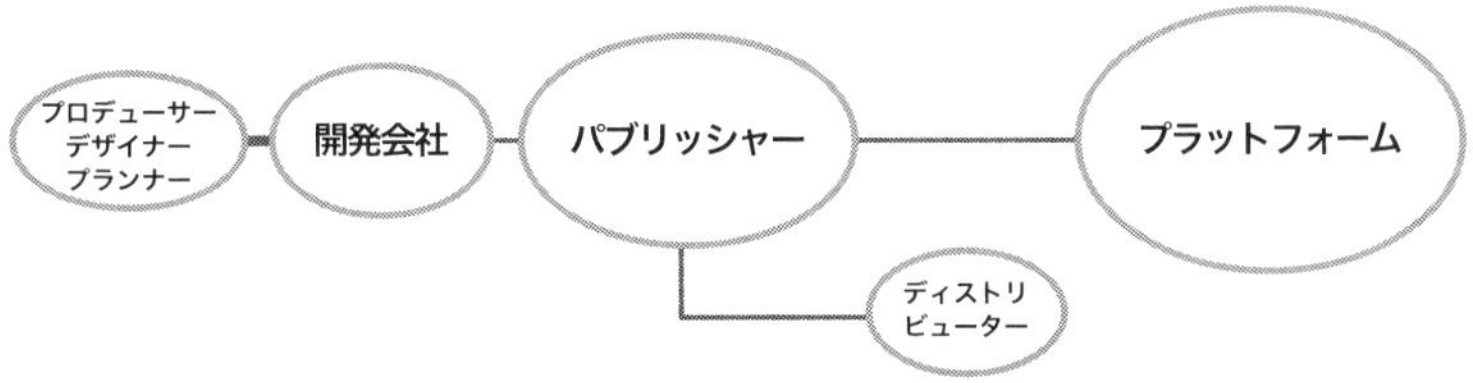

〈ディベロッパー収入〉
・取り分は全体の 1〜2 割。開発費の負担によってはもっと上がる
・基本的にチーム作業における情報機密性の高い高額開発費製品であるため、クリエイターは開発会社に雇用される
・例外的にインディペンデントなプロデューサー、開発者としてロイヤリティ契約をプロフィットシェアなどで受けることがある

〈パブリッシャー収入〉
・取り分は全体の 5 割。宣伝費と開発費を負担するがリスク分散次第で取り分も変わる
・デジタル流通の場合は取り分も 6〜7 割に伸びる
・強いプラットフォーマーがパブリッシャーやディストリビューターまで兼任することも多い

〈問屋・小売収入〉
・取り分は、問屋が全体の1割、小売が2〜3割
・以前はゲームソフトの流通で問屋・小売が重要だったが、近年半分以下に

〈販売収入〉
・ユーザーを集客して覇権を握ったゲームコンソールのプラットフォームの利益独占度が高い
・取り分は1〜2割

出典）著者作成

「プレステ」「XBOX」の登場と寡占化

セガの栄華の時代の幕引きは、ソニーの「プレイステーション（PS）」の登場あたりから始まっている。セガと任天堂が並び称された時代は終わり、1990年代後半から2000年代前半になるとPS独走の時代になる。任天堂にとっても悪夢のような10年だったと言える。

もともとはソニーは任天堂と共同開発を進めていたが、山内溥の翻意により破談し（ソニーがゲーム業界に侵食してくることを警戒したと言われている）、ソニー社内でもほぼ撤退が決まりそうな状況だった。担当者の久夛良木健が、ソニー創業者世代の大賀典雄に直接かけあって、役員会で大半が反対する中を強引に通しに行った奇跡的な案件である。そしてPSが登場すると、流通面などの規制が強かった任天堂に比べて、民主的でオープンなPSに多くのソフトメーカーが乗っかっていった。『ドラゴンクエスト』『ファイナルファンタジー』もPS用のソフトを出し、家庭用ゲーム機におけるソニーのシェアは上がっていく。

その時代、ゲーム機市場への挑戦者たちは次々と倒れていった。バンダイがアップルと組んで開発した「ピピンアットマーク」は260億円の損失を招いた黒歴史となり、セガの最後の挑戦となった「ドリームキャスト」は800億円を投じたが失敗し、CSKの大川功が私財を投入してギリギリのところで救った。任天堂も世界最初のVR機である「バーチャルボーイ」で手痛い敗北を喫した。

多くの会社が存亡を賭けて開発に資金を投じ、多くの失敗を重ね、最終的に今の任天堂、ソニー、マイクロソフトの3社だけがゲーム機ハードウェアメーカーとして残っている。

日本の覇権が切り崩されていく時代

ハードが競争市場だった時代は1970年代後半から2000年代前半までの30年間で終わる。そこからは3社のハードをベースとして、ソフトウェアによって差別化する3社の過当競争時代を経て、ゲームソフトの面でも日本の覇権は切り崩されていく。

米国はゲーム開発をチームワークでなすものと定義し、教育システムと開発手法を洗練していった。米国は人材育成に積極的で、日本に対する遅れを集団の力によって克服しようとしてきた。マイクロソフトは開発環境を無料開放して大学にもどんどん配布し、Game Developers Conferenceのような業界事例を皆でシェアしあっていった。

日本の1980～90年代、ゲームソフトは模倣にも寛容な自由な業界として競争を繰り広げた。人材の引き抜きなどの手段も含めて、各社が真似し合い、それでも少しでも差別化しようと試みた。

だが多くの競争を経て老成した各社はノウハウの流出に憶病になり、2000年代は知財裁判が活発化した。転職や引き抜きは不活性化し、「普通の大企業化」していった日本ゲーム産業は、急速にその存在感を海外で失っていくことになる。

8-4 そしてすべてオンラインになった

革新者として登場したDeNA、GREE

ゲーム業界にとって、アーケードゲーム、家庭用ゲーム、PCゲームの始まりや隆盛よりも、「スマホ以前／以後」という変化が、規模の上では最もインパクトが大きい。マンガ（↓電子マンガ）も映画・テレビ（↓配信）も音楽（↓配信）も、スマホによるポータブルなオンライン化によって産業の地平は大きく広がった。それらの業界のオンライン売上の割合はまだ全体の2~3割、マンガ配信は2021年に急成長してようやく5割を超えたが、ゲームのスマホシフトは段違いだった。スマホ以後は市場規模が倍以上になり、市場全体の8割以上がオンライン化している（図表8－5）。

2000年代にNTTドコモのiモードから始まるモバイル端末ゲーム市場は、「すでに出来上がっているゲームを、パッケージを変えて300円で売る市場」だった。そこではオリジナルのゲーム開発はされず、モバイルゲームを担当する組織が「社内営業」で了解をとりながらモバイル端末でもプレイできるようゲームをリリースしていく「小銭稼ぎ市場」だった。このときはモバイルの本当の価値を体感すべくもなかった。

業界の革新者はゲーム業界の外、ウェブサービスとして「ゲーム的な遊び」を開拓していたDeNAの『怪盗ロワイヤル』（2009年）やGREEの『探検ドリランド』（2011年）などから生まれた。2社のゲームSNSはガラケーからスマホに切り替わっていく時期に日本中を席巻し、月商10億円、年100億円というタイトルを量産した。

当時、GREEの若い面接官が語ったとされる「任天堂の倒し方、知ってますよ」という若気の至りな発言も、うなずけなくもない成長ぶりだった。

2009年度から2013年度までの5年間で、GREEは売上が140億円→1520億円、時価総額が1000億円→6000億円、DeNAは売上が376億円→2025億円、時価総額が1000億円→4000億円へと成長。2013年にはスマホのアプリゲームで最初に月商100億円という記録を打ち立てた『パズル&ドラゴンズ』のガンホーが、当時凋落していた任天堂の時価総額1兆5000億円を超えるという事態にまで至った。任天堂が時価総額でソニー以外のゲーム会社に追い抜かれた瞬間は、過去20年でこのときしかない。

図表8-5　国内の家庭用ゲーム市場

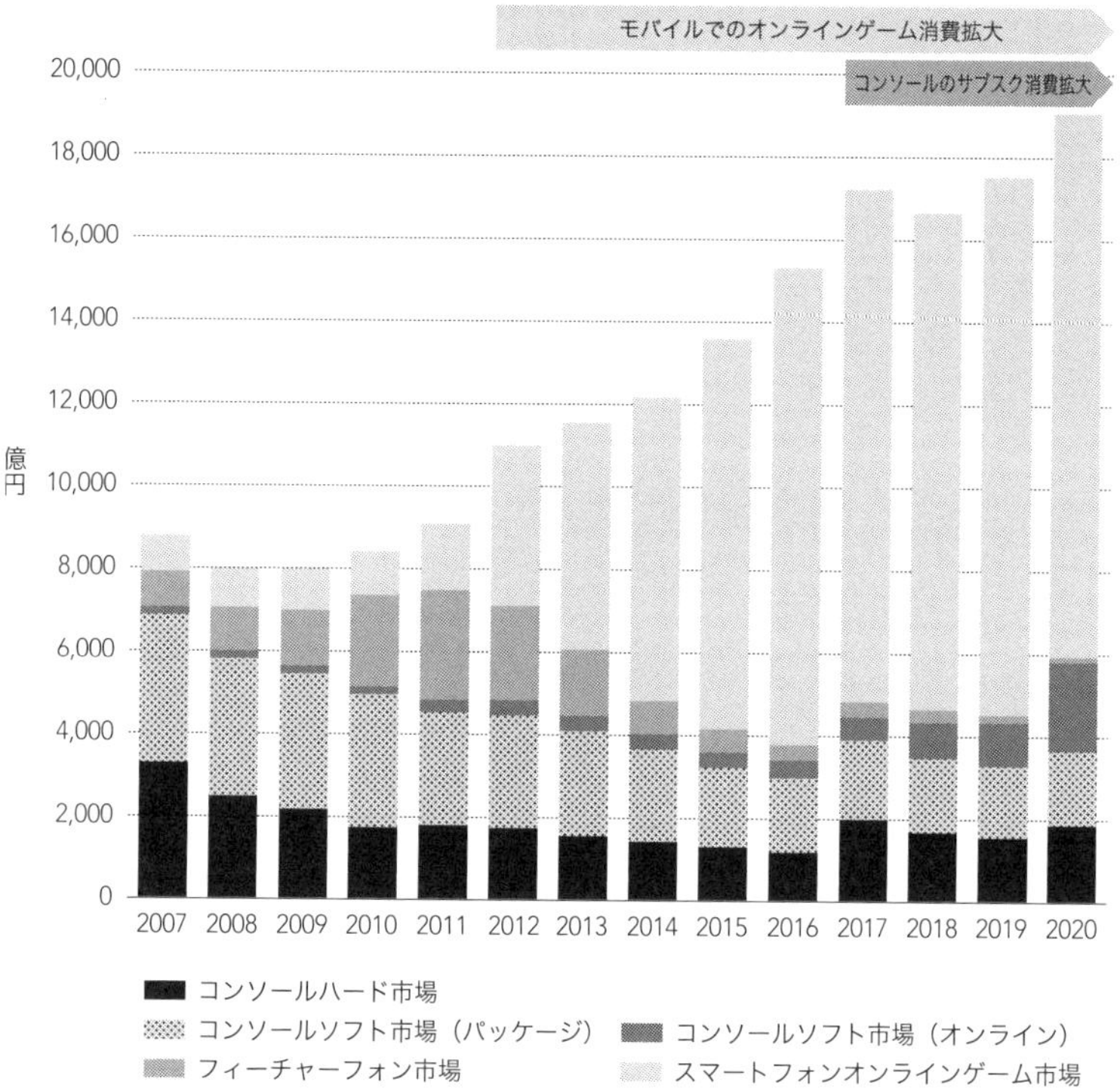

出典）『ファミ通ゲーム白書』、モバイル・コンテンツ・フォーラム調査資料より著者作成

家庭用系企業の復活とモバイル系企業の進化

2017年に任天堂がSwitchで奇跡の復活をするまで、家庭用ゲーム企業は、もう衰退の一途と言われていた。モバイル化に失敗する旧来のゲーム大手企業は著しく株価を落とした。

だが2010年代後半はむしろ復活の時代である「家庭用系」の伝統企業と「モバイル系」の新興企業の売上、時価総額、従業員の推移を辿ると図表8-6の通りである。家庭用系は2014年以降、モバイルゲームの〝開発〟には失敗しても、IP（知的財産）としてのキャラクターブランドを扱ったり、プロモーションを行う〝パブリッシャー〟として資産をフルに活用したりして、その収益を取り込んでいく。一方、モバイル系企業の成長は2013年をピークに頭打ちとなる。

面白いのは、家庭用系からモバイル系への人材移動はそれほど起こっておらず、モバイル系は異業種から人材を取り込んでいった点である。家庭用系の3万人程度の業界人口はほとんど変わらず、モバイル系の1万人の業界人口は（私もその1人だが）コンサルやテック系、人材系、通信系、出版系など他の企業からのコンバート組が主体だった。家庭用系の人材流動は停滞したが、モバイル系のゲーム会社は、デジタルプロモーションなどテックや広告のノウハウ、出版のIP管理ノウハウを取り入れ、ゲーム産業は強く進化した。

図表8-6　日本ゲーム産業の売上・従業員数

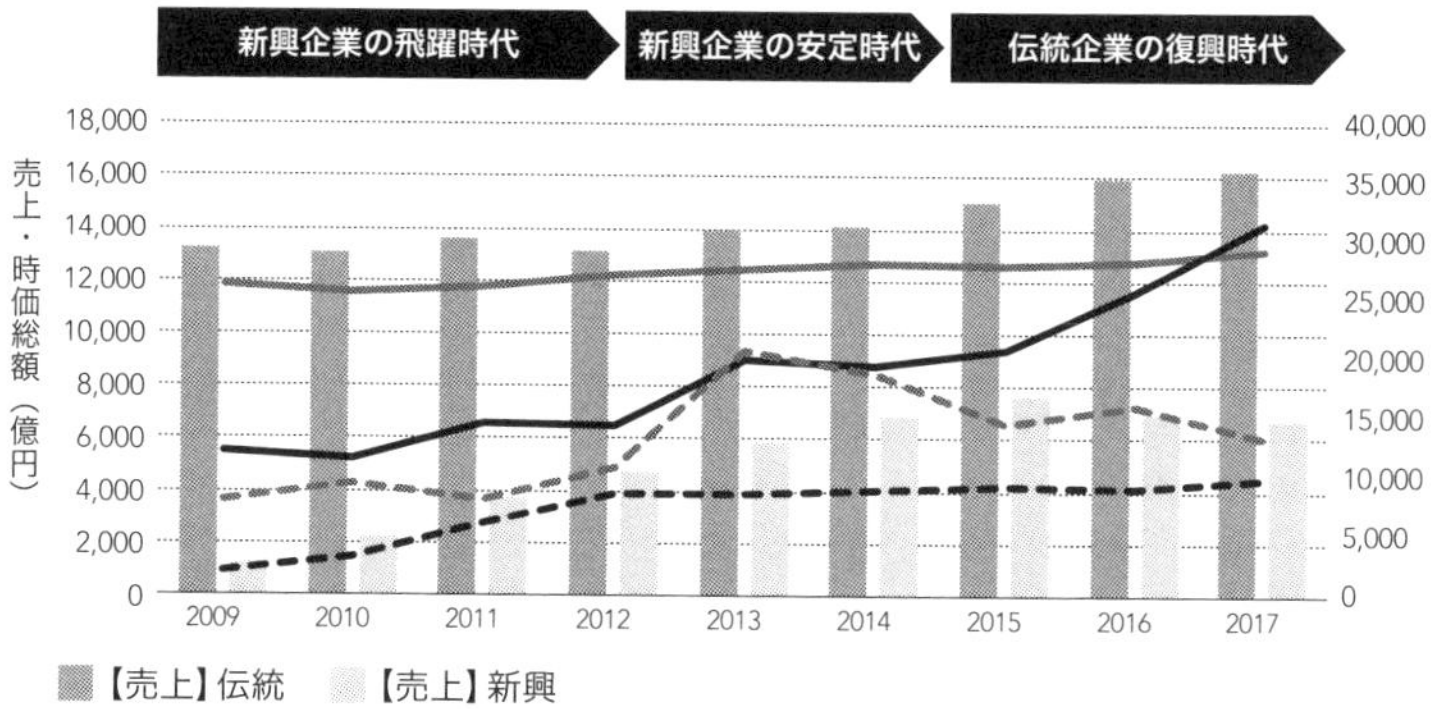

伝統6社＝バンダイナムコHD、コナミ、セガサミーHD、カプコン、スクウェア・エニックスHD、コーエーテクモ
新興10社＝mixi、DeNA、GREE、GungHo、Colopl、Ateam、Crooz、Drecom、Gumi、KLab

出典）各社IR資料より著者作成

ハードの制約を超える

今のＶＲにも通底する話だが、新しい技術が登場したときに、遊び方を変えずにリ・パッケージするだけビジネスは期待はずれに終わる。「今までのゲームを小さい画面でもできるようにした」ｉモードのゲームが１０００億円市場にとどまったのに対して、「プレイ時間を10秒以内の画面遷移で区切り、ゲーム資産を見せ合うソーシャル性重視のシミュレーションにジャンルを絞り、課金をガチャ・時短に集中させた」ＳＮＳソーシャルゲームは５０００億円市場に成長した。そこに高度化したスマホで従来のアクショナブルなゲーム性も取り入れたアプリゲーム

は1兆円市場へと発展した。さらに異業種のノウハウも取り入れて、マンガ、動画、音楽などがひしめき合うアプリ業界全体でデジタルプロモ技術を導入し、ゲーム業界自体を確変させた。これがこの10年、ゲーム業界に起こったことの真相と言える。

ただ単純にオンラインにするだけでは、人の流れも市場の広がりも変わらない。オンラインならではの形に遊び方そのものを変えて、初めて革新的な市場変化につながる。これはアーケードゲームから家庭用ゲームに変わる流れでもそうだったし、音楽がCDから配信になる流れでも我々が経験したことである。マンガからウェブトゥーンになる流れ、ゲーム空間からメタバースになる流れにも共通していくことだろう。

そうした中で「産業人材」の還流と育成がキーであったと、私自身がこの変化のど真ん中にいて強く気づかされた。ゲーム業界の新たな成長を演出している人材やノウハウは、実は広告、出版、音楽、アニメ、映画、テックから取り入れられてきたもので、その流れがこの2～3年で大きく広がってきている。

2020年に世界ゲーム市場は20兆円近くに及び、2025年には30兆円規模になることが予想されている。テレビ・ホームビデオの20兆円、新聞・雑誌市場や広告市場の10兆円、音楽市場の7兆円といったサイズを大きく飛び越えて、エンターテイメント産業の中では最大のコンテンツ市場になる。[08] ゲームはすでにテレビやPCなどハードウェアの制約を超えた商売を実現している。

[08] PwC "Perspectives from the Global Entertainment & Media Outlook 2021-2025"
https://www.pwc.com/gx/en/entertainment-media/outlook-2021/perspectives-2021-2025.pdf

8-5 妄想と期待値にドライブされるゲーム会社経営

「もしかしたら1000点がとれるかもしれない」

私自身のゲーム業界との関わりはもう10年以上になる。2011年にDeNAに入社したときは、売上が500億円から2年で3倍になるような急成長の時代だ。毎月50人近くが新しく入社し、元アクセンチュア、元P&G、元ソニーなど様々な業界の企業からエース級人材が集まってきた。私も元リクルートの一群の1人として入社し、初日にiモード、iPhone、アンドロイドの3つの携帯電話機を渡され、3日目には「ゲームコンサルタント」という肩書で「モバゲー」にゲームを出してもらう開発会社の支援の仕事を始めていた。

その後コンサルに転職し、お客さんの1社だったバンダイナムコに再度転職。カナダのバンクーバーでアプリ開発スタジオを作った。『Pacman256』や『Tap my katamari（塊魂）』というタイトルが生まれ、全世界に展開された。そのままシンガポール拠点に移り、インドネシアでゲーム開発、マレーシアでデザイナー集めてアートスタジオの設立をして、再び転職した先が、シンガポールに海外展開のヘッドクォーターを置くブシロードであった。『BanG Dream!（バンドリ！）』の英語版、『ヴァンガードZERO』の日英展開タイトルの開発、同時に国内向けでも『名探偵コナンランナー』といったライセンシー作品や『アサルトリリィ』『新日本プロレスStrong Spirits』などメディアミックスプロジェクトを、自身がプロデューサーとなって展開した。

事業を作る、という仕事はリクルート時代に経営企画で経験があった。だがエンタメ産業が圧倒的に異なる点は、「製品への保証が何もない」ということである。

職種ごとのプロトコルが整理され、期待値の80～120点のものができるだろう予測のもとに人材採用、育成、投資がなされるのが普通のビジネスである。ところがエンタメ産業は、プロデューサー、企画、エンジニア、デザイナーなど職種ごとにスキルも整備され、ブロックを積み上げる建築物のように作品を作れるが、結果的にそれは0点にもなる世界だ。

100人のゲーム会社を作って、その100人の3年間といった時間を買い取り、各々に「俺の作品」というオーナーシップを動機づけても、最終的には製品が出ないこともあるし、出ても0点のこともある（誰も買ってくれない）。それでも、「もしかしたら1000点がとれるかもしれない」という期待値のみをエネルギーとしたビジネスである。

ユーザーの期待値を市場機会と捉え、投資家と開発者たちの期待値をすり合わせて、「創造」という危ういアイデアを、興味、関心、お金に換える方法を探る。経験するプロジェクト数が増えてくると、だんだん期待値の捉え方が正確さを帯び始める。このクリエイターとこの会社がこの投資額で組んで入るなら、8割がた失敗はなく、2割がたホームランを狙えるかもしれない、という見当がつくようになる。

開発においては、リスクヘッジと同時に、味方づくりのために、複数の会社と共同事業のスキームを作っていく。複雑な著作権の契約、投入する金額、ロイヤリティ条件などを収益パターンに沿ってシミュレーションする。巻き込む会社が増えると意思決定スピードは遅くなるが、ときにそれは化学反応を起こし、想定していない成果を見せることもある。そこにSNSやクローズβ（特定のユーザーに試用してもらうこと）でのリリースなどの先行指標を通じて、「ユーザーの期待値」という最も大事な指標を把握しながら、投資すべきものを常に調整し、ときには倍以上に膨らませる。

こうした作品づくりのプロセスは、ゲームもアニメも映画も音楽ライブも舞台演劇も同じだ。それはまさに起業プロセスなのである。生活「非」必需品である〝作品〟を世に送り出し、誰も興味のない状態から熱狂するレベルへと市場環境をゼロイチで創造する作業は、革新的商品を布教しようとするベンチャー企業となんら変わりはない。エンタメの作品づくりは、企画、ファイナンス、人事、開発、マーケティング、カスタマーサポートという起業プロセスを毎回展開していくかのような、膨大な作業である。

カオスこそが望ましい状態

他産業からうらやむ声が集まるゲーム業界である。海外にも強い、利益率も高い。ただ実態としては常に恐怖との戦いだった。

成長期ほど会社がカオスに包まれやすいフェーズはない。よくわからない成長要因を探りながら、とにかく人手を増やし、組織は混乱の極みとなる。指揮命令のディレクションは朝令暮改で変わり、各部署が勝手気ままにアライアンスを結び、いったいどのPDCAサイクルが正解なのか追えなくなる。

だが振り返ると、それは望ましい状態だった、とも言える。社内のカオスは、ユーザーの期待や市場の成長に組織がキャッチアップしようとしている状態である。むしろ無風であるほうが問題だろう。

ゲーム産業は全世界で20兆円を超え、映画・音楽・出版を上回る最大のクリエイティブ産業となったが、1本1本のゲームは、ほぼ個人の「妄想」と「期待値」から生まれていることに、身震いするような感動を覚える。

100人で作り、1万人の熱狂するファンと、その背後にデジタルでつながった100万人のユーザーがいるサービスに発展させようとするゲームプロジェクトであっても、それは「あの時、あの瞬間」の1人の人間の妄想に近いアイデアから始まっていく。まさにやめられないアドレナリン・プロセスだ。

そして、この40年間に生み出された2万本以上ものゲームのうち、かなりのシェアで日本企業の手によって大ヒット作が生み出されてきたことに、強い誇りを感じざるを得ない。

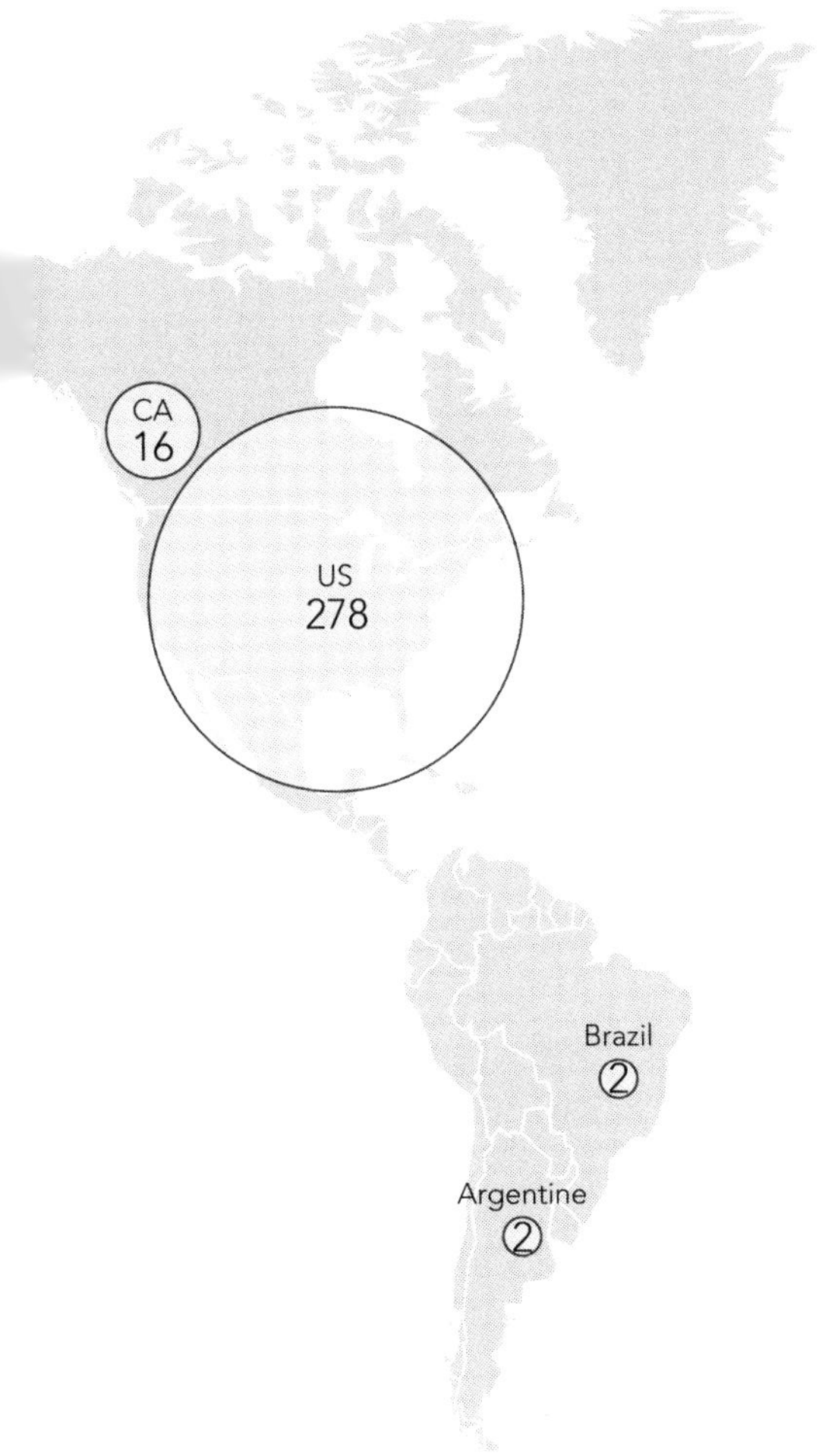
CA
16
US
278
Brazil
2
Argentine
2

図表8-7　世界のモバイルゲーム開発会社数

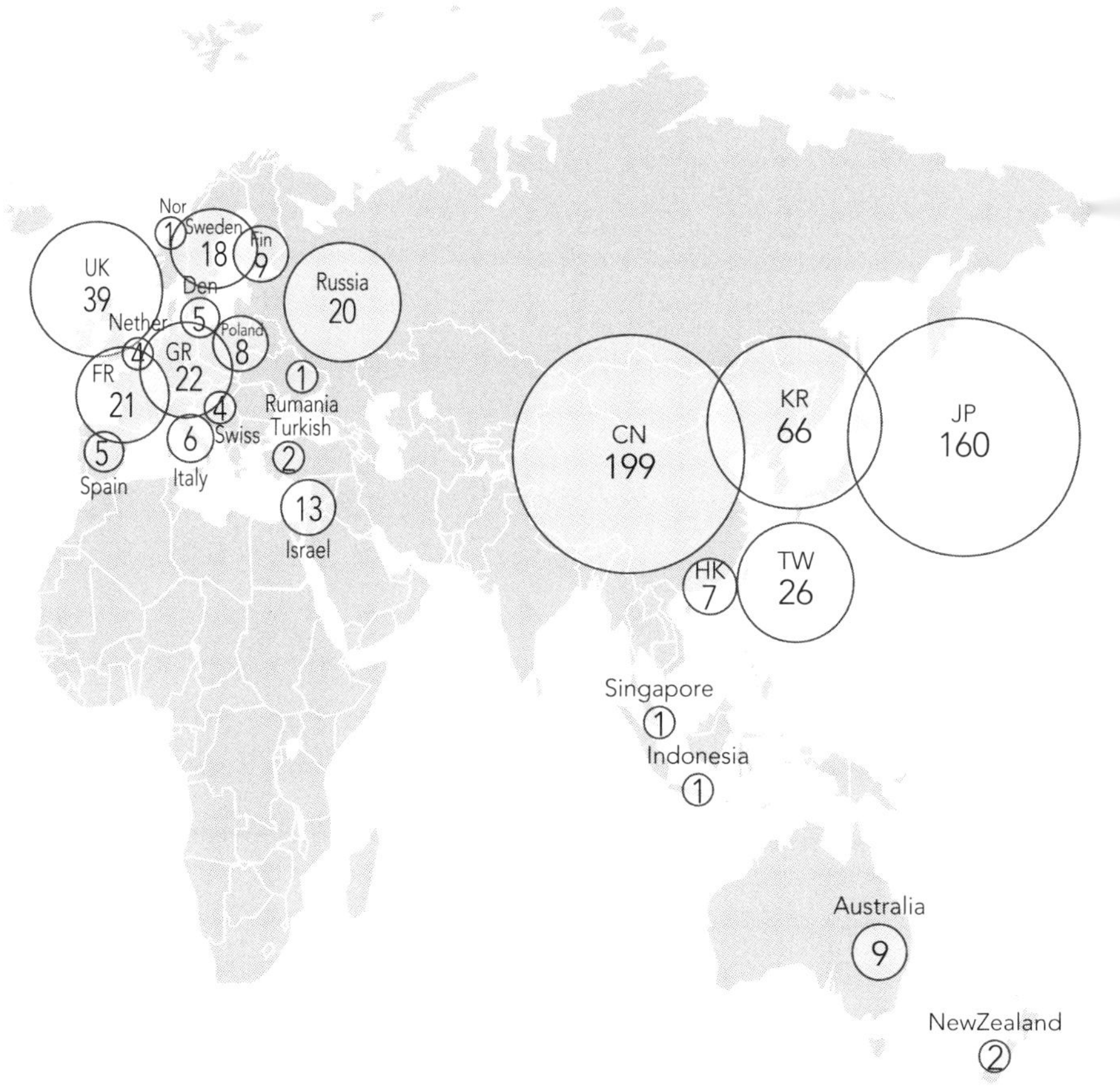

出典）gamebiz「『海外展開の反転期』…ブシロードに訊く北東欧・東アジアと比較したASEAN開発市場の生かしどころ」https://gamebiz.jp/news/168960。2014年4月～2016年1月の月別売上トップ1000に入った企業を集計

第9章

スポーツ

東京2020国立競技場（2021年7月29日）
写真：USA TODAY Sports／ロイター／アフロ

9-1 アマチュア主義からプロ化へ

新聞販促にプロ野球を利用した正力松太郎、日本刀で暗殺未遂

スポーツはプロフェッショナル（お金を稼ぐ専業者）がやるものか、アマチュア（ほかに主業務がある者）であり続けるべきものか、という青臭い議論がある。これは長らくスポーツの根幹に関わる重要な問題であった。

19世紀を通して全世界にスポーツを広げていった大英帝国（サッカー、ラグビー、クリケット、テニス、ボクシングなどは英国発祥）が、宗主国として植民地に対してもそれまでの民衆娯楽（賭博や動物射撃）を禁じ、代わりに「秩序だった健全な肉体・倫理の育成」のためにスポーツを伝道してきた。スポーツには、決して金儲けであってはならないという原則があった。お金目当てにやっていると、その行為は結果を目的にしてしまう。スポーツは結果よりも過程が大事、というわけだ。

日本の「テレビの神」である正力松太郎は、野球・プロレスを含めた「スポーツの神」でもある。商売勘に優れた正力は1934年に日本で最初のプロスポーツ団体「読売巨人軍」を結成する。ショービジネスへの嫌悪感があった時代である。朝日新聞が1915年からバックアップしていた甲子園の高校野球はアマチュアスポーツという「上品」なものであり、お金目当てのプロ野球は「下品」であるということは、当時の新聞・雑誌の多くで語られている。

1938年に巨人軍入りした川上哲治は、就職が決まっていた鉄道会社よりも給料が高いプロ野球を選んだ時、「職業野球のごたる遊び人の世界はいけん」という父親の猛反対を振り切っている。翌年に南海軍（現福岡ソフトバンクホークス）に入った鶴岡一人も法政大学からプロ野球入りしたが、「大学を出ているのにプロなどに入らなくてもいいのではないか、という空気があった…野球部の名誉を傷つけるもので…問題になり非常にもめた。野球部除名問題にまで発展した」と語っている[01]。まるで任侠界にでも入るかのような騒ぎだ。

正力は1935年、暴漢に日本刀で切りつけられる。驚くべきはその犯行理由で、「読売がアメリカの野球チームを招き、神聖な神宮球場を使ったこと（＋天皇機関説の支持）」。つまり明治天皇が祭られている明治神宮のものである神宮球場を金儲けのスポーツに使うのはけしからん、ということなのだ。

だが、そんな〝ヤクザな〟プロスポーツ界も注目を集め、昭和初期に巨人軍の入場チケットを武器に新聞販促を大成功させた読売新聞は、「俄然スポーツ新聞として発行部数を増加して五流紙から一躍二流紙へ躍進したのである[02]」と評される躍進ぶりだった。

01 井上 章一『阪神タイガースの正体』太田出版、2001
02 「プロ野球をうらからのぞく」『旋風』1948年7月号

10倍に成長した米英 vs 停滞する日本

ＦＩＦＡ（国際サッカー連盟）がプロも参加できるワールドカップを作ったのは１９３０年。そして長くアマチュア選手のみを出場選手として認め、プロを除外してきたオリンピック憲章からアマチュア規定が削除されたのが１９７４年。その後、サッカーに遅れてラグビーがワールドカップを開催したのが１９８７年。〝紳士のスポーツ〟として保守的だったラグビーさえもプロ化・商業化していく。

アマチュア志向だった競技団体にもプロ化の流れが広がっていくきっかけをつくったのは、１９８４年のロサンゼルス五輪だった。「スポーツはビジネスになる」と急激に転換した40年前の分岐点であった[03]。

１９７６年のモントリオール五輪で10億ドル（現在価値で1兆円規模）の大借金を背負ったＩＯＣ（国際オリンピック委員会）は、米国第2位の航空会社を作り上げた起業家ピーター・ユベロスをロサンゼルス五輪の組織委員長に抜擢し、徹底した構造改革を打ち出した。広告スポンサーを集め、放映権を販売し、五輪史上で初めて「利益を出した」大会となった。

この成功をもとに、１９９０年代はあらゆるスポーツが急激にビジネス化する。バスケットボールの米ＮＢＡもプロを五輪に送り込み（１９９２年）、英国サッカーではプレミアリーグが成立した（１９９２年）。

03 廣瀬俊朗『ラグビー知的観戦のすすめ』KADOKAWA、2019

図表9-1　プロアスリートの収入

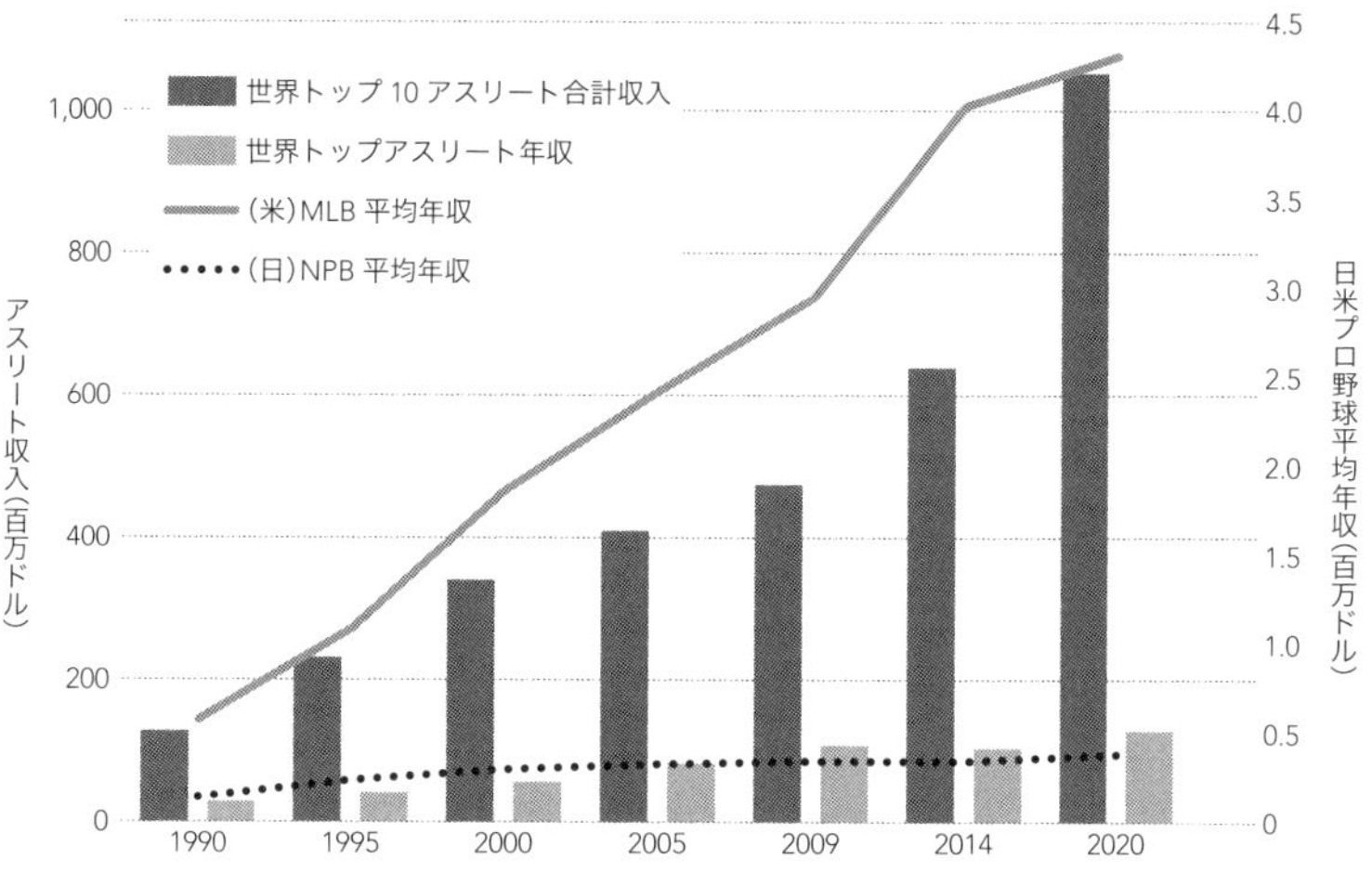

出典）Forbes、MLB（米メジャーリーグ）、NPB（日本プロ野球）発表資料より著者作成。1ドル=110円で計算

ロス五輪をきっかけに、スポーツのトップ選手はプロ化し、メディアを巻き込んで収益化するビジネスとして、大きく転換していったのだ。アスリートの給与もこの30年間で5～10倍まで膨らみ続けている。

同時期に日本でもサッカーのJリーグが発足（1993年）するなどスポーツのビジネス化は進んだ。しかし「スポーツをビジネスにする」ことの実行ペースは欧米と日本で大差がついた。

1980年代まで、野球もサッカーも欧米と日本との間にそれほど市場規模の差はなかった。だが、1990年代以降に欧米の人気スポーツが急成長したのとは対照的に、日本のスポーツビジネス市場は横ばいのままだった。日本はバブル崩壊後の景気低迷の影響が大きかったこともあるが、メディアやスポンサーと手を組んでビジネス

図表9-2　日米欧のスポーツ市場の規模

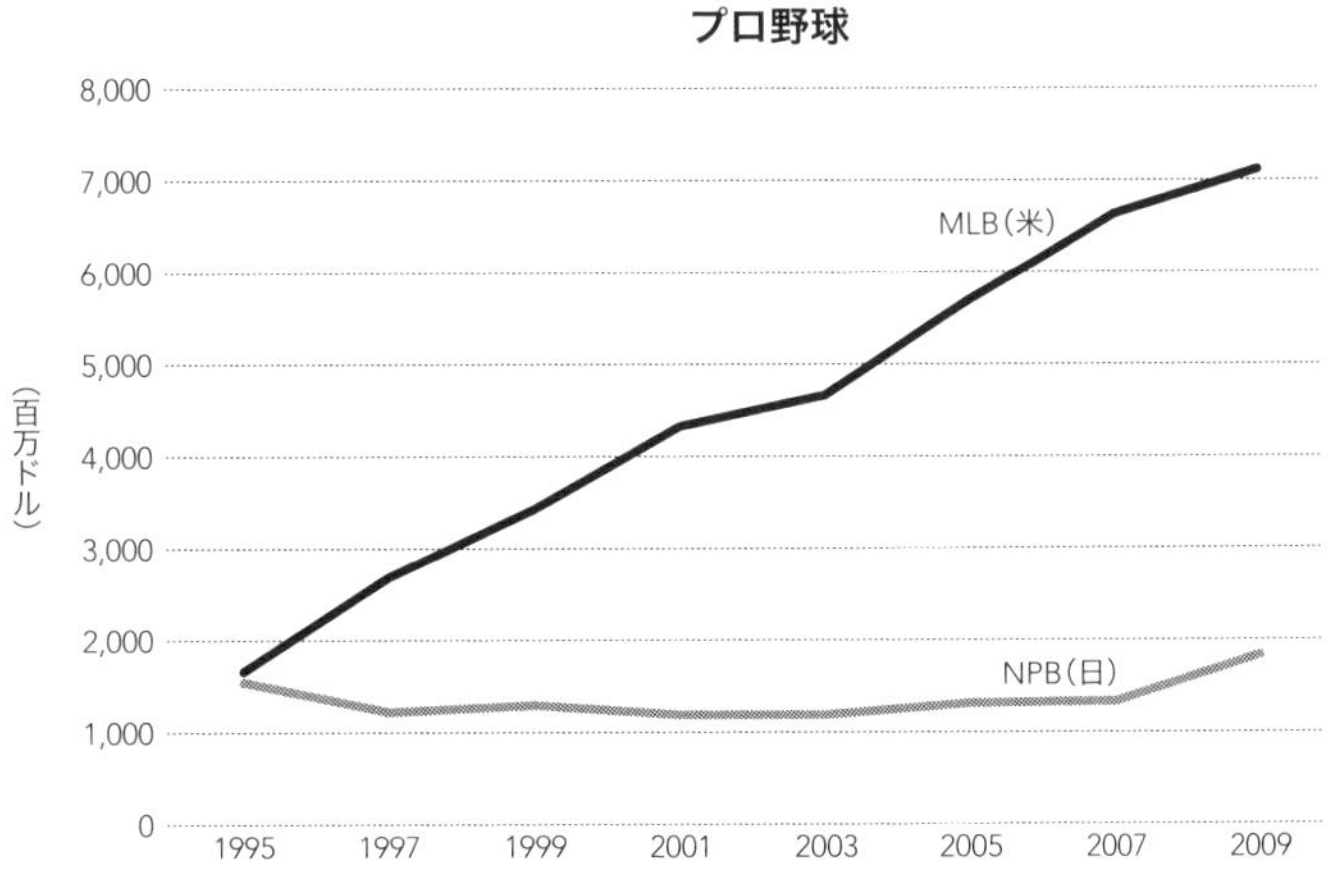

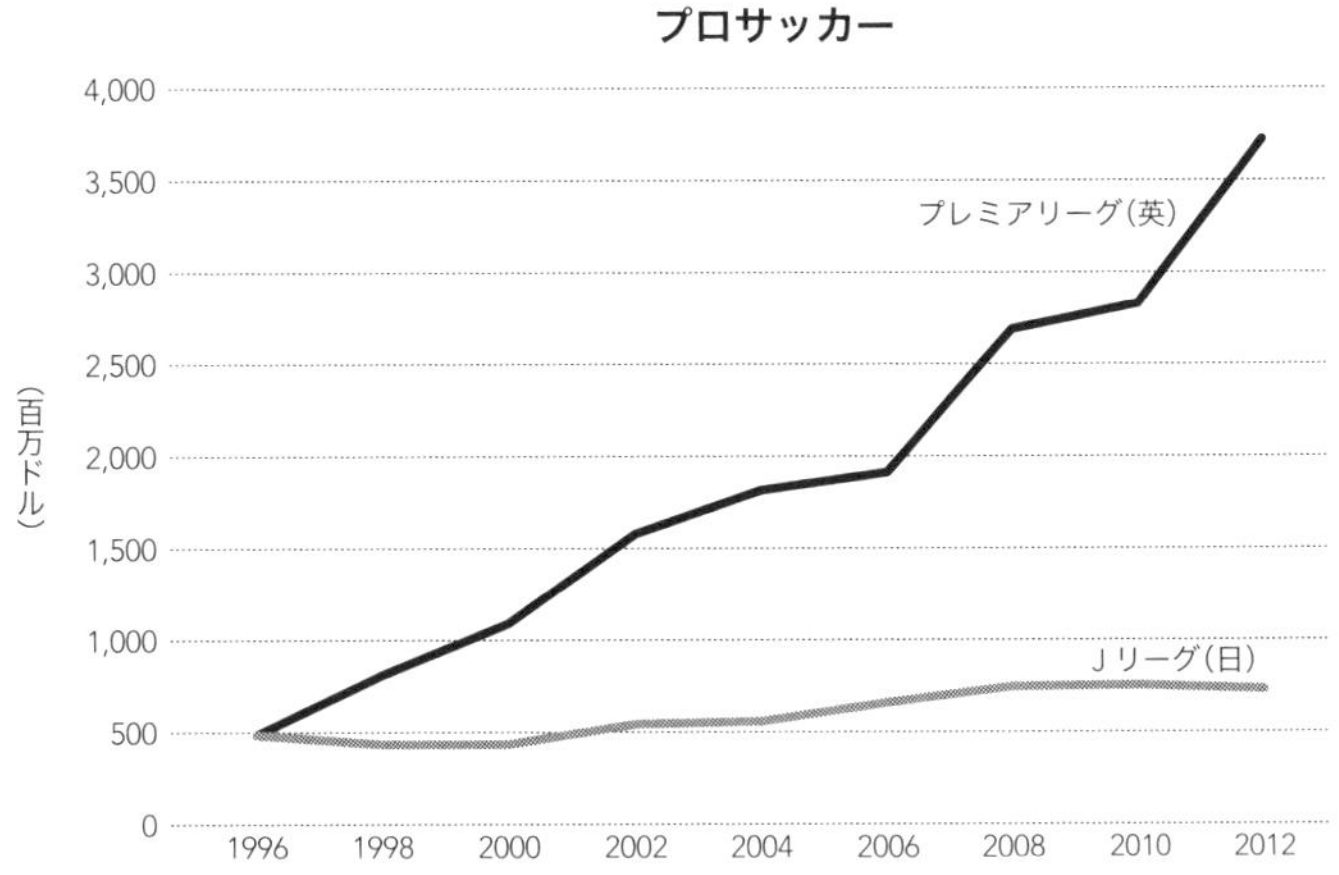

出典）スポーツ庁・経済産業省「スポーツ未来開拓会議中間報告〜スポーツ産業ビジョンの策定に向けて〜」（2016年6月）

図表9-3　スポーツ業界のバリューチェーン

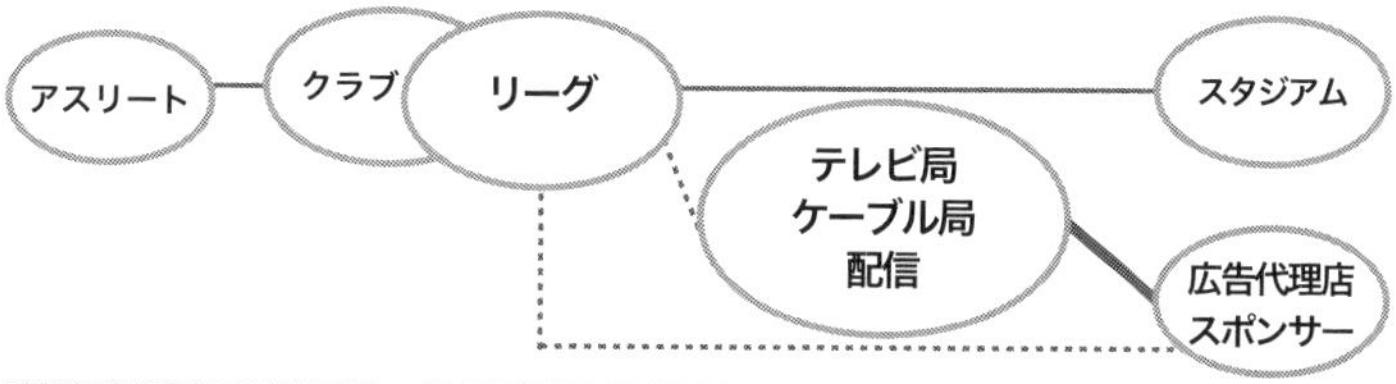

〈アスリートの収入〉
- アスリートはクラブと年俸制により契約
- 映像やスポンサーなどとの契約には絡まない
- クラブが自分の肖像権を使った物販をする際にはロイヤリティの配分を受けることが多い

〈放映権収入〉
- リーグもしくはクラブが試合の放映権を売る
- 映像著作権は放送・配信先が撮影コストを負担する場合はそちらに帰属。別途リーグでも映像を撮影し、著作権を確保した映像を使うことが多い

〈放送収入〉
- 放映権・配信権を購入して視聴者を集め、CM収入や視聴料を得る。リーグと複数年度契約をすることが多い

〈広告収入〉
- 広告収入はスポンサー企業から広告代理店経由で確保
- 広告代理店のマージンは2割

〈試合興行〉
アスリートと所属クラブがリーグとともに定期興行（試合）を開催し、スタジアムにおける入場／物販／飲食の事業を行う

出典）著者作成

化をどれだけ推し進められたかという差が、MLB（米メジャーリーグ）とNPB（日本プロ野球）、プレミアリーグ（英国）とJリーグ（日本）の差になっている。

スポーツ業界のバリューチェーンはアスリート、クラブ、リーグ、スタジアムというシンプルな興行ビジネスと、放送権収入や広告収入というメディアビジネスによって成り立っている。欧米と日本のスポーツビジネスの差は主に後者によるものであり、オリンピックの事例をもってひとまず説明していきたい。

9-2 オリンピック、その光と影

巨額化する放映権料、天井知らずの広告競争

1984年のロサンゼルス大会以降、五輪のビジネス化はまさに天井無しといった凄まじさで進んだ。1992年は夏季・冬季合計でIOCと大会組織委員会の総収益10億ドルだったが、2021年の東京五輪に至っては無観客だったにもかかわらず過去最高の110億ドルとなっている。入場料となる「チケット収入」はもはや全体の1割にも満たず、世界各国の放送局から得る「放映権料」が全体の5割（IOCの収入）、広告主から得る「スポンサー収入」が3～4割（1業種1社の世界トップスポンサーはIOCの収入。数十社に及ぶローカルスポンサーは大会組織委員会の収入）で、この2つが何よりも大きな収入源となっている。

20億人が視聴するオリンピックはワールドカップと並んで人類史上最大の視聴者を誇るコンテンツである。放映権料とスポンサー収入の高騰は、「視線の奪い合い」が苛烈に起こってい

図表9-4　オリンピックの収入（夏季・冬季合計）と夏季大会開催コスト

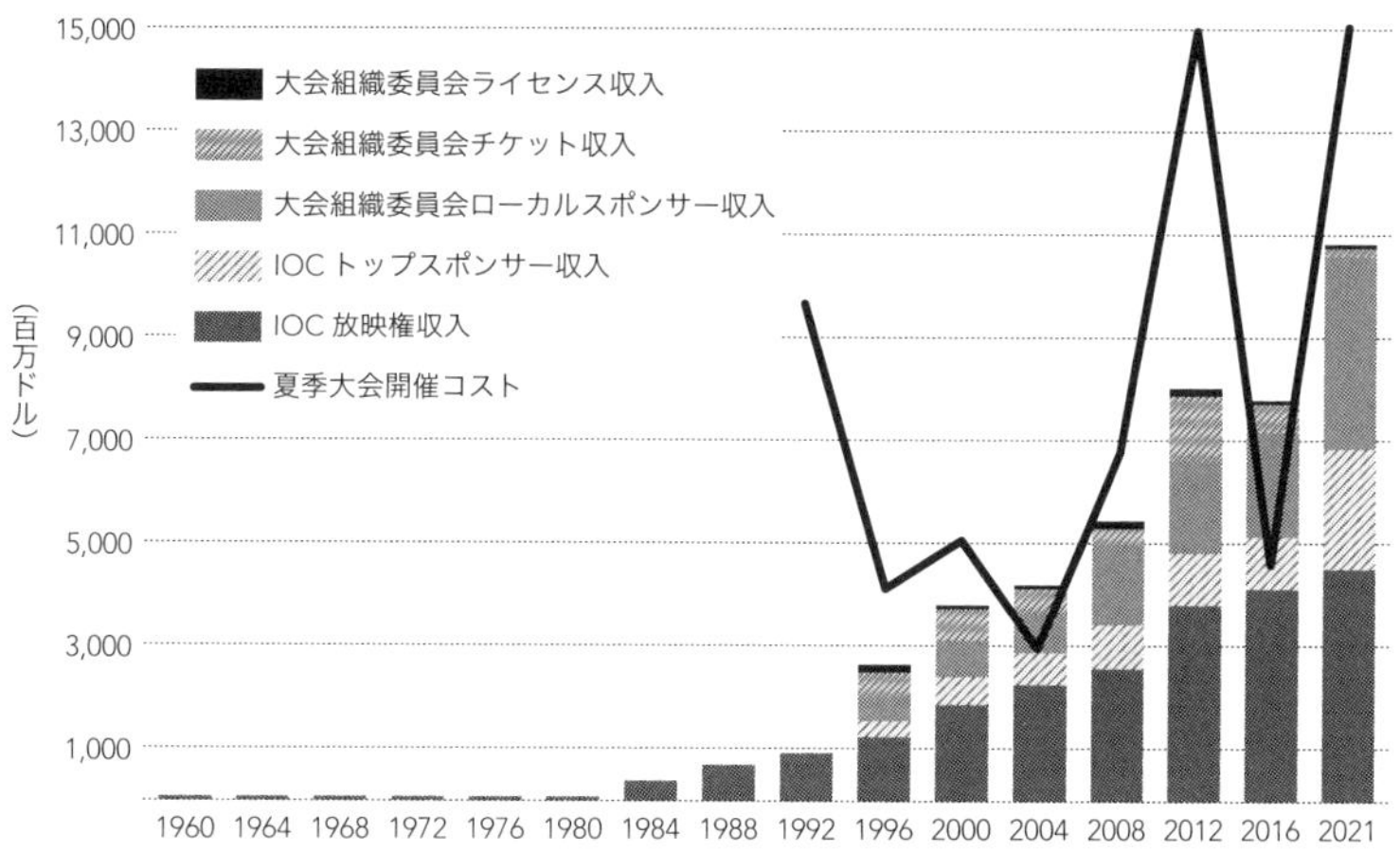

出典）Olympic Marketing Fact Fileより。収入は1992年まではその年の夏・冬の合計。それ以降は夏季と2年前の冬季の合計。

たことの証左でもある。

放映権料もスポンサー料も価格が吊り上がりすぎ、さすがの大手メディアや巨大ブランド企業も夏季・冬季を同じ年度の予算として負担することが難しくなってきたことから、1994年以降は、夏冬をずらして2年ごとに開催するようになった。

さらには、最も放映権料を出している米国NBCに配慮して「米国時間」に合わせて競技の開始時間を調整したり、競技によっては〝放送映え〟させるためのルール変更をしたりなど、以前の「アマチュア時代」には考えられなかった「スポーツのプロ化」が実行された。

電通によるスポーツビジネスの寡占化

東京が再び五輪の舞台となった東京２０２０はコロナ禍で1年延期されたものの、成功裏に終了したはずだった。だが２０２２年8月、大会組織委員会の理事だった高橋治之が受託収賄の容疑で逮捕され、五輪とカネの問題が世間に知れわたった。

スポーツと賄賂の関係性はそれほど珍しい話ではない。２０１５年に発覚したＦＩＦＡの汚職事件では、１００億円以上もの賄賂が流れ、容疑者は数十人に及んだ。２０２２年のカタールW杯でも賄賂事件が起きている。日本でも野球から相撲まで、スポーツの持つ集客力と収益力は、常に多くの注目と同時に裏金をも惹きつけてきた。

逮捕された高橋は、電通出身で、日本のスポーツビジネスの立役者の1人でもあった。電通の「総合開発室」在籍時の１９７７年、「サッカーの王様」ペレの引退試合の興行を日本で実施し、日本ではサッカーがまったく不人気で観客が集まらなかった時代に7万人を呼ぶ大興行と相成った。朝日新聞はその様子を「スポーツというより、千両役者ペレが出演する演劇のような試合」と評し、この成功を機に電通のスポーツビジネスはスタートする。

１９８０年代に入ると、日本企業の世界市場開拓におけるブランディングにスポーツが利用され、巨額の広告費がスポーツに投じられるようになる。１９８０～90年代に世界を席巻した日本メーカーは電通のスポーツ広告の世界展開にのせて、知名度を獲得していく。

電通は1984年のロス五輪で放映権を単独で800万ドル（当時の為替レートで18億円）で買った。前払いである。広告費を預かり、適した広告スペースを買い取っていき、そのマージンを収益とする「代理店」ではありえない事業判断だったが、電通は多くの放映先と広告主を調達し、200億円の収益を上げたと言われる。それ以上に、この成功によって「スポーツと言えば電通」のポジションを築いたことはその後大きな収益源となる[04]。

電通が日本のスポーツビジネスを仕切ったのは、善し悪しの話ではない。IOCが要求する放映権料は30年間で5倍近くに上がっている。グローバルなスポーツ組織を相手取り、その金額を事前に用立て、多くのメディアとスポンサーをとりまとめる経験値を持った企業が、電通以外にはほぼ存在しなかったのだ。国際的イベント開催やプロ組織設立など、日本におけるスポーツビジネスのほとんどの領域が電通に依存していた。

こうした時代はいつまで続くのか。アマゾンのジェフ・ベゾスは2020年にシアトルのスポーツアリーナの命名権を購入したが、「Climate Pledge Arena（気候変動にコミットするアリーナ）」と名付け、企業名を一切使わなかった。企業・商品を前面に出すような販促はむしろ逆効果、という時代に入ってきている。

04 田崎健太『電通とFIFA サッカーに群がる男たち』光文社、2016

9-3 放映権料はなぜこれほど高騰するのか

会場が満杯に埋まってもチケット収入は全体の1～2割

スポーツのリーグやクラブの収入には5つの柱がある。「放映権収入」「スポンサー収入」「(商品化などの）ライセンス・グッズ収入」「スタジアム収入（会場自体の運用、飲食等）」「チケット収入」である。

1970年代までは演劇などの興行と同様、スポーツもまた会場を借りて観客を呼び込み、そのチケット収入をメインとして運営されていた。だが、いまや収入におけるチケット収入への依存度は大きく低下している。欧州のサッカーリーグでは10％ほどである。会場が満杯に埋まっていたとしても、この数字なのだ。入場料単価が低すぎるわけでもなく、会場が小さすぎるわけでもない。放映権料が上がりすぎたのだ。

ただ、欧米のプロリーグに比べると、日本はまだチケット収入の比率が高く、プロ野球で50

図表9-5　各国リーグの売上構成比と選手給与の割合（2014〜15）

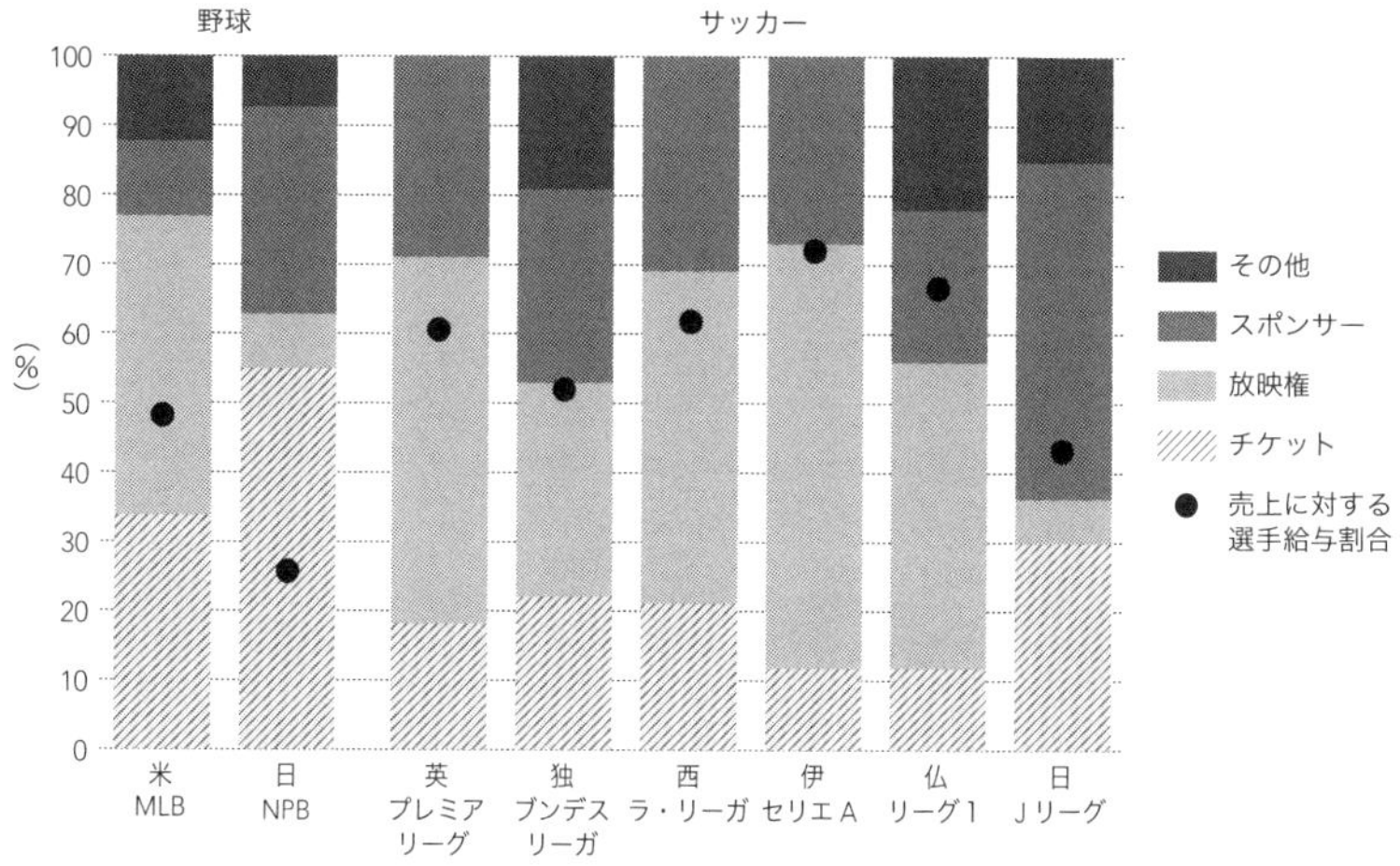

出典）各リーグannual financial report、Nielsen資料などから著者作成

%、Jリーグで30%程度である。欧米リーグに比べて放映権収入が少ないからだ。

では日本はなぜ放映権収入が少ないのか。実は日本でも昔は放映権収入が高かった。1990年ごろには、プロ野球の巨人戦を夜のゴールデンタイムで放送すると、その放映権だけで1億円という時代があった。今ではホームゲームが年間72試合あっても放映権収入が1億円に満たない球団すらある。

日本のテレビ局のコンテンツ調達費は（NHKを除いて）この20年間下がり続けている。一方で、顧客開拓を目指す新しいメディアにとっては、スポーツはぜひとも確保しておきたいコンテンツである。Jリーグはスカパーと年間50億円で放映の契約を結んでいたが、2017年から英国の動画配信サービスDAZNに変更し、4倍の収入を得られることになった。海外メディアから高額で買われることがスポーツビジネスのステージアップになる。

巨大化するメディア競争が放映権獲得を過熱させる

欧米のメディアは巨大化しどんどんコンテンツ制作費・調達費を上げているが、日本のメディアは逆にどんどん小さくなっている。

日米のメディア広告費を比較すると、1980年代までは400億ドル程度でほとんど差がなかった。差がついたのは1990年代である。

米国ではケーブル放送の市場が1兆円を超えて2000年代には地上波を抜き去り、衛星放送なども多様化した。そしてメディア企業はM&Aで巨大化していく。ディズニーは地上波のABCとケーブルのESPNを買収し、地上波のNBCはケーブルのコムキャストに吸収され、映画のユニバーサルまで統合され、売上5兆~10兆円クラスの巨大メディアが形成されていった。

日本は大手キー局がそのままBS・CS放送を展開し、対抗馬が育たぬまま売上5000億円以下の「小さな」放送グループが縮小均衡で予算を下げ続けている。

スポーツは地域の垣根を超える。英プレミアリーグやセリエAといった欧州スポーツは、米国メディアが全世界に展開するときの武器として、どんどん放映権が買われていった。視聴率

図表9-6　日米のメディア広告費の推移

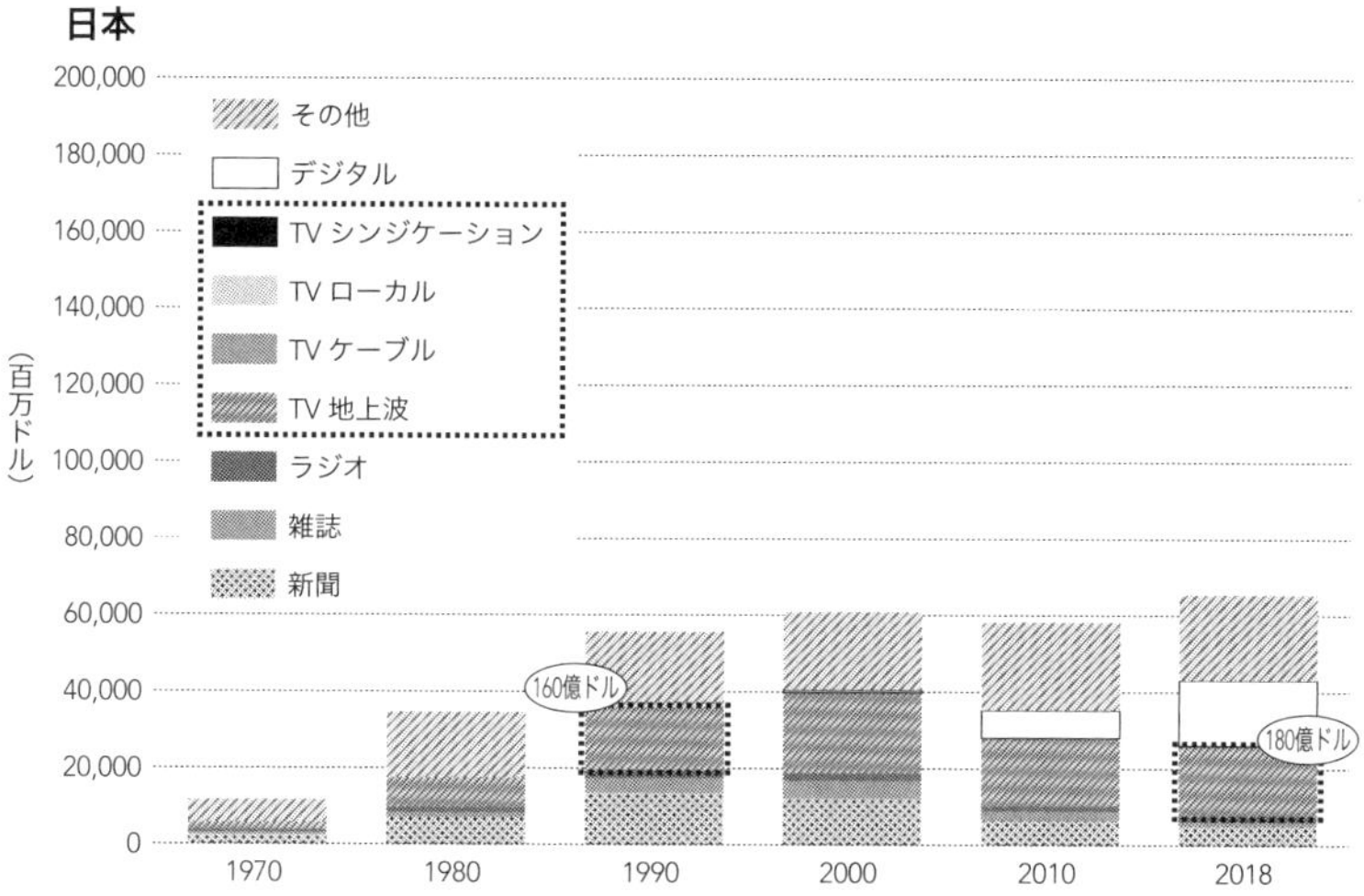

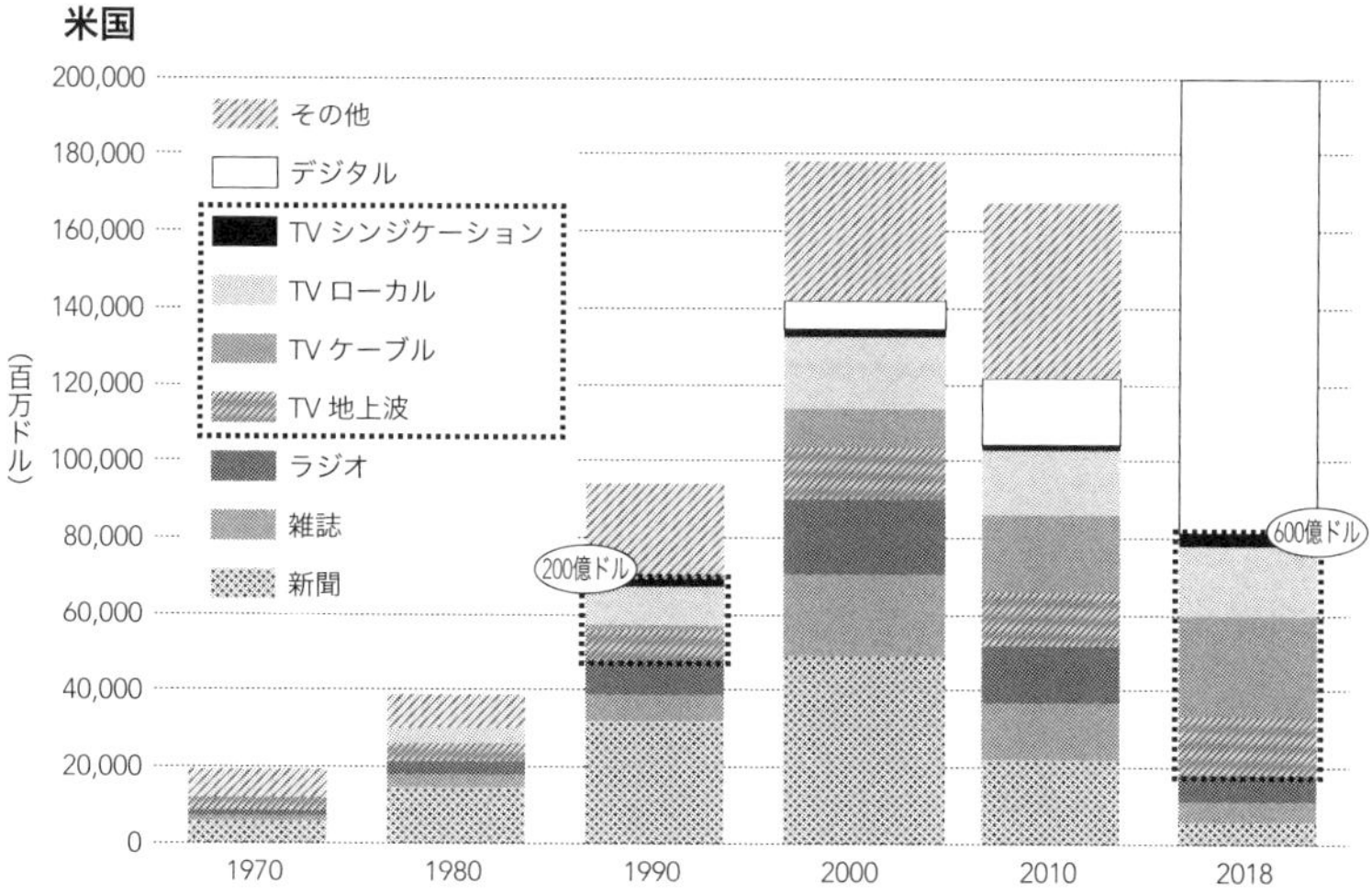

出典）SPEEDA

が取れるスポーツは、映画やドラマに比べて「コスパのよいコンテンツ」である。ケーブルは地上波から視聴者を奪うために、配信はケーブルから市場を奪うために、スポーツの放映権を得ようとする。メディアの覇権競争の中で、欧米のスポーツの価値はこの30年どんどん上がり続けたのだ。

日本のコンテンツでも、アニメ配信権料がこの10年で上昇しているのは、この文脈に乗っているからだ。全世界の人々が注目するアニメなどは価格が上がり、それ以外の日本のコンテンツ、つまりドラマや映画、音楽といったものはその文脈からこぼれ落ちていった。スポーツも同様である。

「マス」だが「ローカル」のまま

私は『オタク経済圏創世記』（２０１９年）で、この問題を図表９－７のように整理した。ここ30年でアニメ、ゲーム、マンガは大きく成長した「マス・グローバル」な作品になった。かつてはニッチなジャンルだったが、商品力を磨き続けた結果、２０１０年代の配信時代になって「海外でもファンがついている」ということで買われる作品となった。だが野球、サッカーなどのスポーツはずっと「マス・ローカル」なものであり、外には広がっていない。それは「日本のメディアありきで成長した」ものであり、その停滞と共にあり続け、成長するグローバルメディアの文脈に乗ることができなかった。

図表9-7　スポーツ・エンタメコンテンツのグローバル化

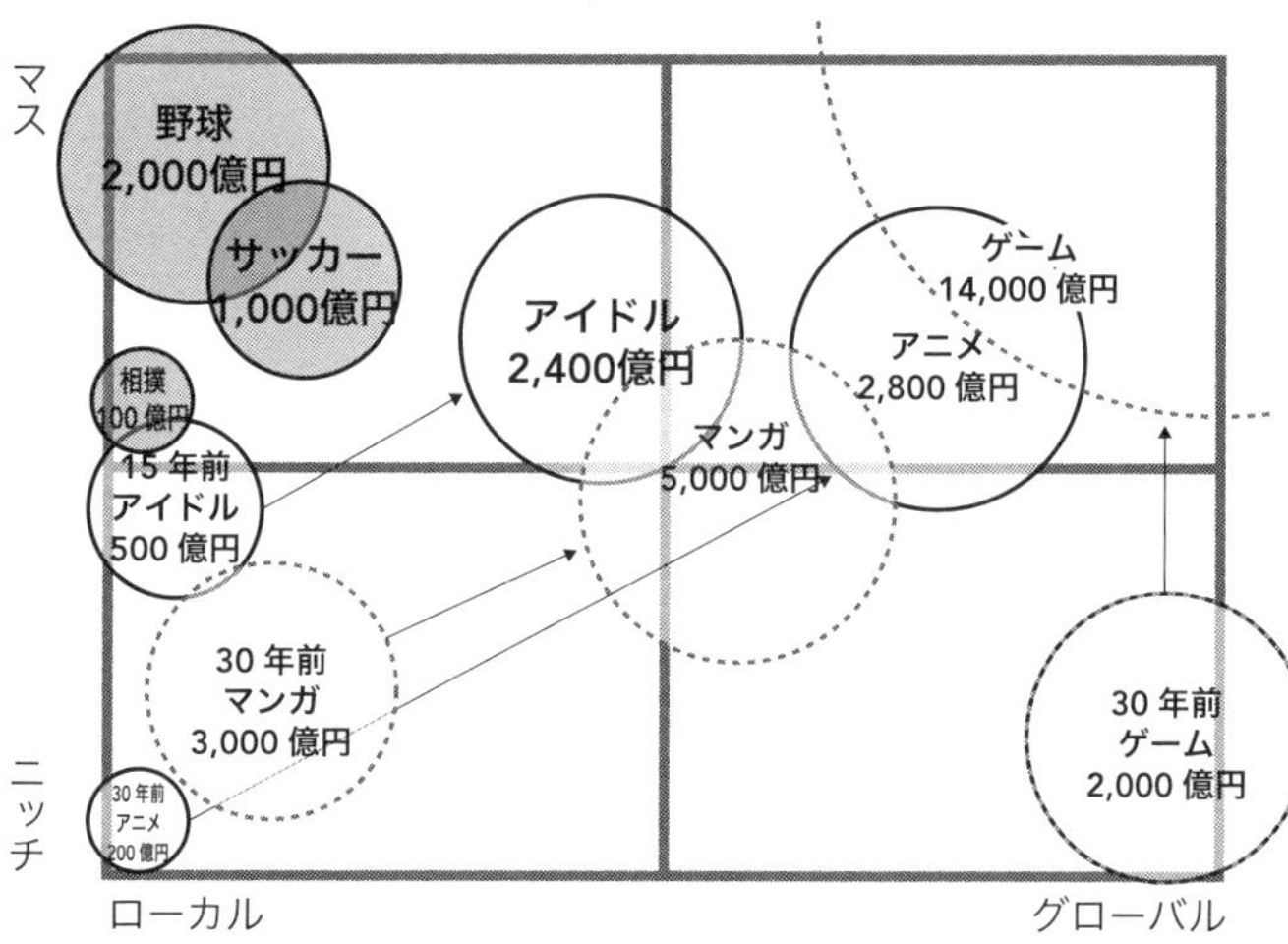

出典）中山淳雄『オタク経済圏創世記』日経BP、2019

日本スポーツ界は、海外メディアが欲しがるスポーツになるか、国内で放映権以外のビジネスを磨くか、二択を迫られている。Jリーグは東南アジアの選手をチームに引き入れ、その活躍と共にアジアでの視聴率を上げ、番組販売収入を上げる取り組みも一定の成果を出し始めている。スポーツのビジネス化は、日本メディアに依存せず、コンテンツのグローバル化を目指すものになってきている。

9-4 スポーツ関連ビジネスの拡大

アディダスが到達した「スポーツビジネスのゴッドファザー」、追い抜いたナイキ

ここまでずっとスポーツのプロ化によるビジネスの拡大について話をしてきたが、実は日本のスポーツ関連市場は全体で10兆円規模に達しており、トップアスリートたちの試合の観戦や放映という領域は3％にも満たない。プロ野球の巨人や福岡など一番大きいクラブでも年商は200億円、サッカーでは神戸が100億円級だがJ1平均は30億円以下、バスケットボールに至ってはB1平均が6億円で全クラブを合わせても300億円に満たない。

ではスポーツ市場の大部分は何によって形成されているのか。ざっと言うと、2012年時点でシューズ、ラケット、ボールなどスポーツ用品の「小売」が約2兆円、運動場などの施設運営費・賃貸料などの「施設」が約2兆円、学校、スクールなどの「教育」と「旅行」で約2兆円、そして競馬、競輪、競艇など「公営競技」が約4兆円である。これらを合わせた日本の

図表9-8　日本のスポーツ関連市場

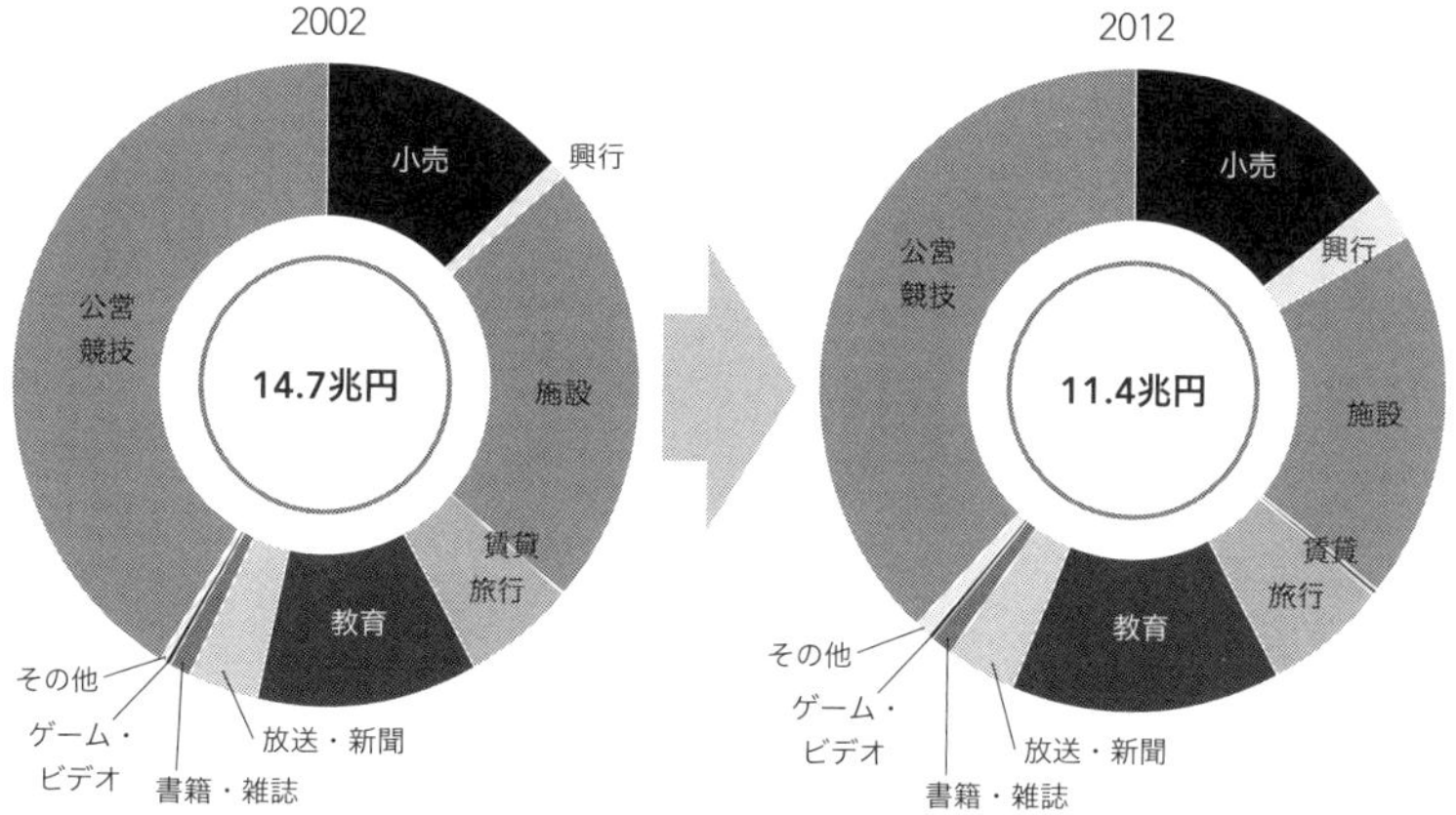

出典）経済産業省「スポーツ産業の在り方・活性化に関する調査研究事業」（2014年）。「公営競技」は競馬、競輪など

スポーツ市場はここ20年ずっと「右肩下がり」である。

スポーツ市場の中でも激しい競争を繰り広げているのがスポーツ用品である。米ナイキと独アディダスが2大メーカーとして世界的なマーケティングを繰り広げている。もともとはアディダスが圧倒的に強かったが、ナイキが抜き去ったという歴史がある。

1960年代は五輪優勝者の8割がアディダスの靴を履いていたとされるほどの寡占状態だった。選手に無償で靴を提供する宣伝手法を発明したアディダスは、1954年のW杯スイス大会で西ドイツが優勝した時には、監督が感謝の意としてアディダス社長のアドルフ・ダスラーを表彰式に引き入れ、五輪史上唯一の「靴職人が表彰に参加している写真」が実現している。

日本のアシックス（オニツカタイガー）も、その米国の代理店だったナイキも1970年代までは弱小で、アディダスに対抗しえたのは唯一、喧嘩別れの末に同じ町の川の対岸に立地した弟の会社プーマのみであった。

ここまでの寡占状態であれば、アディダスがW杯や五輪で強権をふるうようになるのも不思議はない。アドルフ・ダスラーの息子ホルスト・ダスラーは前述した日本の高橋と結びつき、国際マーケティング企業ISLを設立し、スポーツ大会の広告、スポンサー、放映はこの会社を通させる仕組みを作った。ISLのビジネスモデルは粗利90%という超高利益となる。これが現在まで続く賄賂の温床にもなっており、ホルストは「スポーツビジネスのゴッドファザー」と呼ばれていた[05]。IOCの会議ではアディダス主催の夕食会や歓迎会が日常茶飯事であり、ホルストは終日委員会のメンバーと過ごした。アディダス系列の旅行代理店は委員に対して無料航空券を提供していた。

だが1980年代末にホルストが亡くなると、ISLは継承した一族の拡大路線の結果として2001年に破綻。アディダスも欧州での生産にこだわり続けたのが仇となり、1990年代は破綻寸前の業績悪化に陥った[06]。

これに対して、日本から台湾、そして中国へと工場を移したナイキは躍進し、スポーツ用品ビジネスの首位が交代する。他産業でも起こったことだが、自前の品質にこだわりを持つ欧州や日本の企業は1990年代に凋落し、生産をアウトソーシングして企画とマーケティングに特化した米国企業（ナイキ、アップルなど）が市場を制する、というのはスポーツ用品小売業界にも当てはまる話だった。

05 ビル・エイブラムズ『ウォールストリートジャーナル』
06 コンラッド・ブランナー（著）、山下清彦・黒川敬子（訳）『アディダス　進化するスリーストライプ』ソフトバンククリエイティブ、2006

日米のスポーツ市場における唯一の大きな違い

スポーツシューズでは、ナイキ、アディダス、プーマだけでなく、日本でもアシックスとミズノという世界トップ級の企業が育った事実は誇るべき話だろう。実は日米のスポーツ業界には、言われるほどの絶対的な差はない。

ＧＤＰで日本の2・6倍の米国は、スポーツ市場でもほぼ同じ比率にある。日本人は米国人と同様にスポーツ用品を買うし、スタジアムにも足を運ぶ。世界の全リーグの年間観客動員数でダントツのメジャーリーグ（ＭＬＢ）の7000万人に次ぐ世界2位は、日本のプロ野球（ＮＰＢ）の2600万人である。ＭＬＢは30チーム、ＮＰＢは12チームなので、球団個別では同レベルにあり、バスケットボールのＮＢＡやサッカーのプレミアリーグよりも多い。Ｊリーグも世界トップ10級に入る。

日米のスポーツ市場で唯一の大きな違いは、10倍近い差のついたチーム売上、つまりは「放映権収入の差」である。全世界で7兆円になる放映権市場の半分はサッカーであり、それも欧州だけで約3兆円を占める。加えて、米国4大スポーツ（ＮＦＬ、ＭＬＢ、ＮＢＡ、ＮＨＬ）でさらに3兆円。この2ジャンル、2地域に放映権ビジネスは集中している。

競馬に関して言えば、日本は米国の4倍もの市場を形成している。英国や中東と比較しても、賞金額でも売上でも日本のＪＲＡが世界を圧倒している。民営ブックメーカーのいない独占事

図表9-9　日米のスポーツ市場比較

(百万ドル)	日本	米国	倍率（米国／日本）
スポーツ小売	16,670	40,657	2.4
スポーツチーム売上	3,000	25,864	8.6
うちチケット販売	2,843	8,089	2.8
スポーツ施設	21,148	54,052	2.6
スポーツ観光	7,419	17,428	2.3
競馬（ギャンブル）	27,760	7,437	0.3
年間GDP（10億ドル）	6,203	16,197	2.6
人口（百万人）	127	314	2.5

出典）JETRO「米国スポーツ市場・産業動向調査」（2018年3月）と経済産業省「スポーツ産業の在り方･活性化に関する調査研究事業」（2014年）から抽出し、著者作成。日本は2010年、米国が2012年の数字

業であることが理由ではあるが（ＮＨＫや英ＢＢＣも同じ）、１９９０年代に日本の競走馬が海外で活躍し始めていくのは、野球の野茂、イチロー、大谷や、サッカーの中田、香川などと同じような状況にある。[07]

これは私自身もプロレスの米国展開の際に実感していた。アスリートの本質的な技量は、米国や欧州と比べて日本が絶対的に劣るわけではない。ビジネスの規模としての大差は、あくまでメディアの巨大化と放映権が生み出したものである。超金満体質のスポーツ産業が米国と欧州には育ち、アジアがそこに乗れていないというだけの話なのだ。

放映権の差とともに言及すべきは「ビジネス人員の差」である。米ＭＬＢにはＭＢＡホルダーも含めた５００～６００人のビジネス人員がいるが、ＮＰＢには数人しかいない。[08]いまだ球界関係者のみで運営される仕組みは

07　江面弘也『サラブレッド・ビジネス　ラムタラと日本競馬』文藝春秋、2000
08　平田竹男・中村好男（編）『トップスポーツビジネスの最前線2009　ドリーム・ジョブへの道』講談社、2009

図表9-10　世界のスポーツ放映権の競技・地域別比較

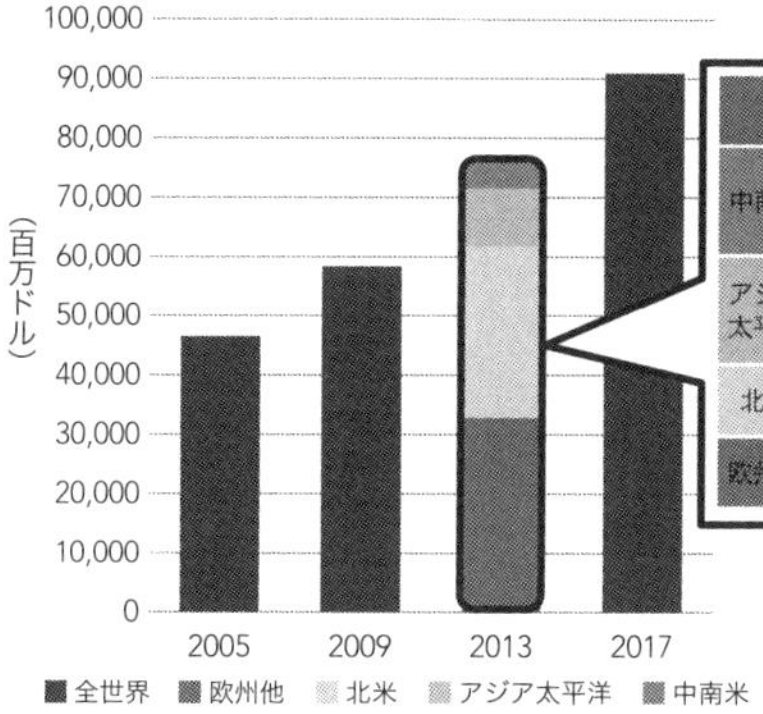

	サッカー	米国4大スポーツ	F1	テニス	ゴルフ	他
中南米	4,000		200	300		
アジア太平洋	3,600	1,700	1,500	600	400	2,000
北米	600	26,300	200	900	1,000	
欧州他	27,100		2,700	1,200	600	1,200

出典）A.T. Kearney analysis

野球以外のスポーツも同様である。日米野球界に詳しい並木祐太が語る球団の経営課題は「既得権益者による現状維持のこだわり」「変化への産業全体の抵抗」「事情が異なるという理由付けによる先駆者の知恵の否定」[09]である。なるほど原因は、ほぼ組織と人によるものと言えるだろう。必要なのは、外の人材を入れたビジネスモデルの確立という、シンプルな話なのだ。

09　並木裕太『日本プロ野球改造論』ディスカヴァー・トゥエンティワン、2013

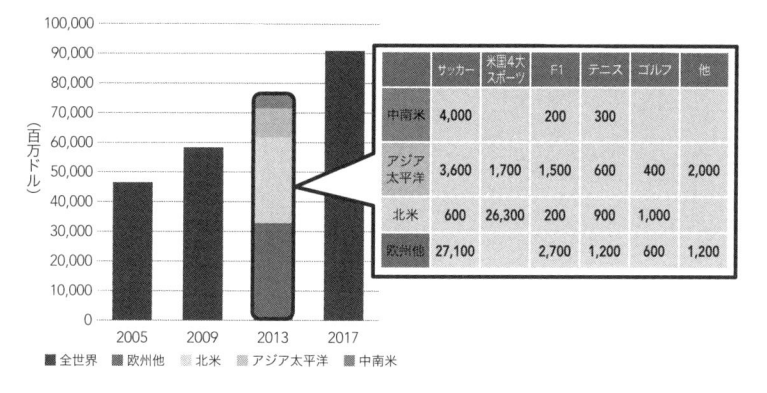

9-5 プロ野球経営に見る日本のスポーツビジネスの未来

日本最強スポーツビジネスの転換点

日本のプロスポーツの中心は、今でも野球である。人気がサッカーに奪われているとはいっても、年収1億円を稼ぐ選手数でいうと、Jリーグは30人ほどだがプロ野球は100人以上である。入場観客数も野球の年間2600万人はJリーグに2倍以上の差をつけている（コロナ前）。Jリーグの58クラブ、バスケットボールBリーグの38クラブに対して、NPBは12球団と少ないものの、他のスポーツを圧倒する集客数を誇り、米国のNFL、NBA、NHLよりも動員数は多いのだ。日本でスポーツビジネスを語るなら、やはり野球をおいてほかにない。

そうした野球であっても、球団を「ビジネス」として成り立たせる経営論が始まったのは、実はここ20年ほどにすぎない。20世紀の間は、プロ野球チームは親会社の事業のための広告や集客の効果だけが期待され、球団は赤字でも構わないというスタンスだった。親会社から野球

図表9-11　日本のプロリーグの年間観客数

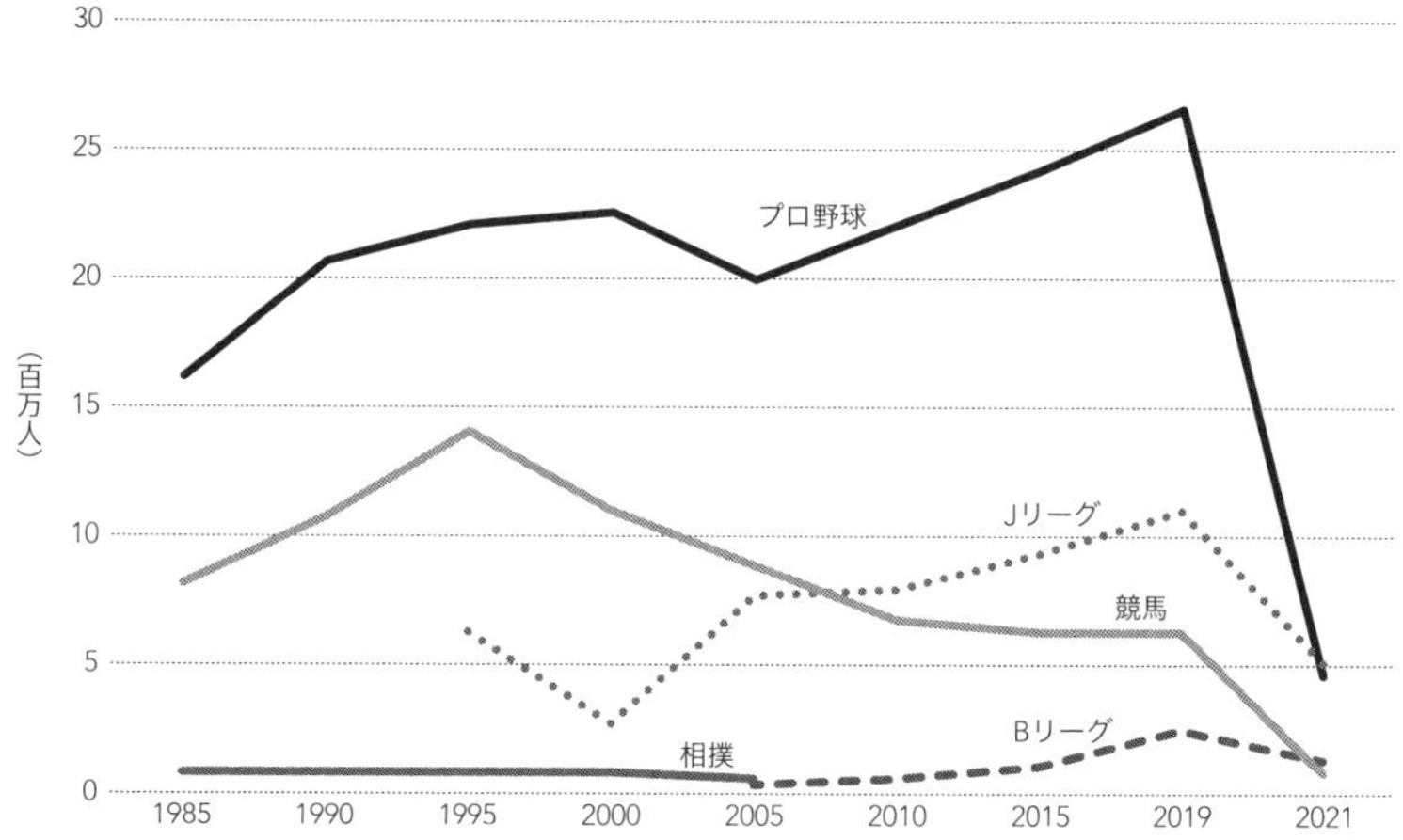

出典）各リーグ発表数字などから著者作成

をやったこともない社員が出向してきて、管理だけするような経営だった。

状況が変わったのは、広告塔や集客装置としての球団の役割が終わり、親会社の経営に余裕がなくなって赤字を放置できなくなり、球団の売却などが相次いだことによる。

たとえば福岡ホークスの変遷をたどると、1988年に南海ホークス（親会社は南海電鉄）から福岡ダイエーホークス（親会社はダイエー）になり、さらに2005年にソフトバンクに買収されて、売上は170億円から270億円に拡大した。

また、オリックス・ブルーウェーブと近鉄バファローズの合併を機に2004年に新規参入した東北楽天イーグルスなどのように、IT系企業が親会社となって様々なテコ入れを始めた例もある。横浜ベイスターズも2012年にDeNAに買収され、売上58億円か

図表9-12　日本プロ野球の球団別推定売上

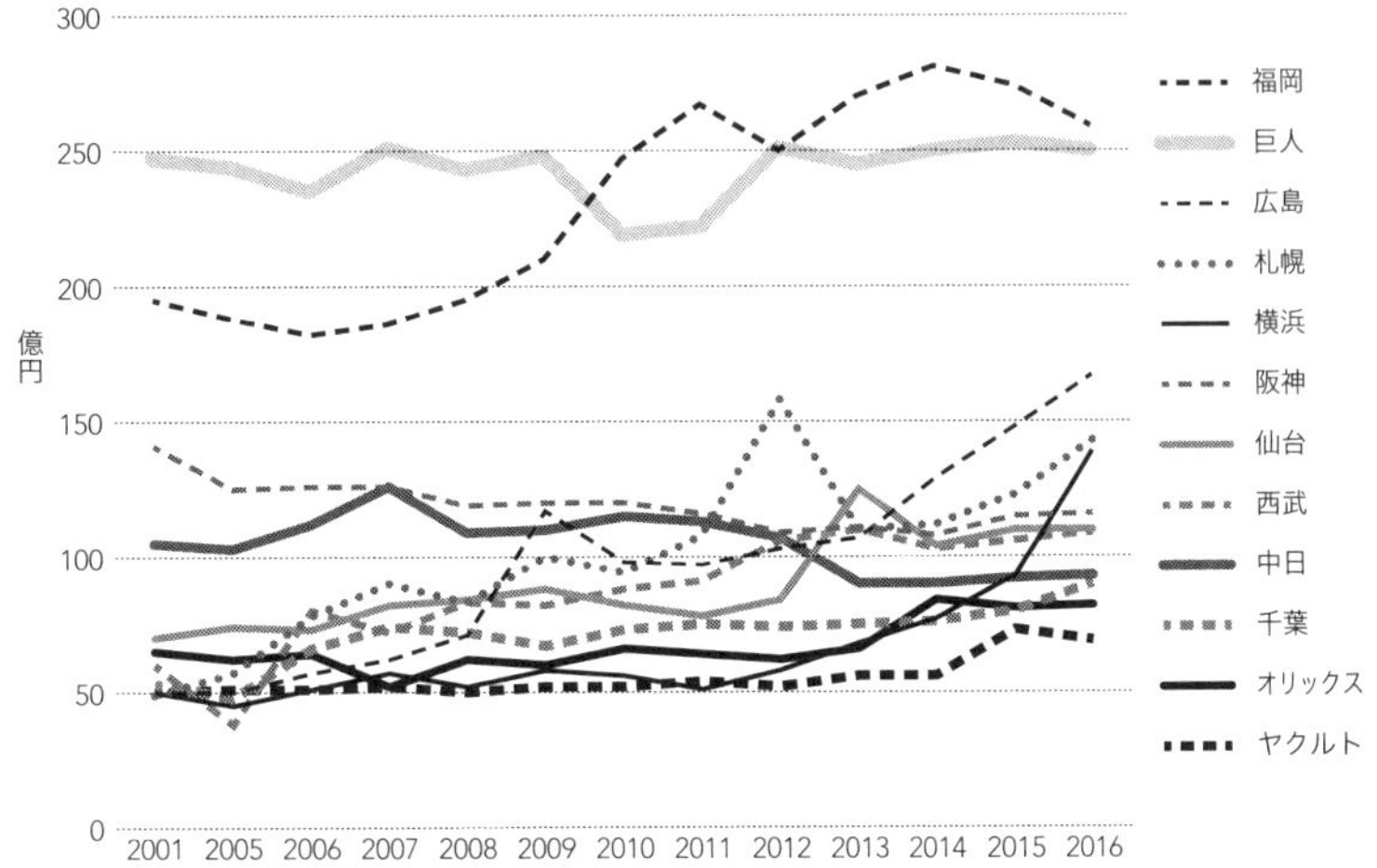

出典）伊藤歩『ドケチな広島、クレバーな日ハム、どこまでも特殊な巨人 球団経営がわかればプロ野球がわかる』星海社、2017

ら200億円超へと成長した。

ほかにも、市民球団としての誇りを持ちマツダ創業家の松田一族が注力した広島カープ（売上50億円→150億円超）、2004年に東京から北海道に拠点を移しダルビッシュ有や大谷翔平などメジャーリーガーを育成してきた日本ハム（同50億円→150億円超）も、明確な経営転換の成果を上げている。

逆にいうと、それ以外の球団はこの20年で売上も利益もそれほど大きく変わっているわけではない。テレビのプロ野球中継が減って放映権に頼れなくなったこの21世紀に、球団によって経営力の違いが表れてくるようになった。

図表9-13 小学生男子の「なりたい職業」ランキング

	1933	1970	1980	1990	2000	2010	2020
1位	軍人	エンジニア	野球選手	野球選手	野球選手	野球選手・審判	サッカー選手・監督
2位	医師	プロ野球選手	電車（鉄道運転士・車掌）	警察官	サッカー選手	サッカー選手・指導者	野球選手・監督
3位	商業者	サラリーマン	パイロット	おもちゃ屋さん	学者・博士	ゲーム関連（クリエイターなど）	医師
4位	教育家	パイロット	研究者・大学教員	サッカー選手	大工	医師	会社員・事務員
5位	工業者	電気技師	大工	パイロット	食べ物屋さん	学者・研究者など	ゲーム制作関連
6位	学者	医者	医師	大工	消防士・救急隊	その他スポーツ	ユーチューバー
7位	政治家	自家営業	学校の先生	医者	警察官・刑事	バスケットボール選手など	教師
8位	会社・銀行員	科学者	警察官	学校の先生	学校の先生	警察官・警察関連	料理人・シェフ
9位	実業家	建築設計士	漫画家	サラリーマン	パイロット	コック・料理人など	建築士
10位	官吏	漫画家	サッカー選手	学者・博士	おもちゃ屋さん	大工	獣医

出典）1933年は大阪府中等学校校外教護聯盟編『中等学生の思想に関する調査3』（1934年）、1970年は朝日新聞の「現代っ子の『なりたい職業』」、1980年は「若者の仕事生活実態調査報告書」（小学生のころなりたかった職業）、1990年と2000年は第一生命「大人になったらなりたいもの」、2010年と2020年は日本FP協会

「人気のセ、実力のパ」が終わり、球団経営競争の時代に

日本のプロ野球の歴史として、長年にわたって「人気のセ、実力のパ」と言われるような二重構造が続いていたことも挙げられる。

セ・パのリーグ分断は新聞社の競争によるものだ。1934年に巨人を創設しプロ野球文化を育ててきた読売新聞にとって、戦後の野球人気にあやかって新規参入する動きはあまり歓迎できず、何より戦前に苛烈な競争でようやく並んだ毎日新聞の参入（現千葉ロッテマリーンズ）には強く反発した。それで読売派のセ・リーグと、毎日派で関西の電鉄系が中心となったパ・リーグに分かれたのだが、長嶋茂雄の活躍や巨人と阪神のライバル対決などが呼び水とな

ってセ・リーグがプロ野球人気を引っ張り続けることになる。

1980〜2010年ごろまで、小学生男子の憧れの職業は野球選手がトップを占めてきた。1990年代からランクを急上昇させたサッカー選手に逆転を許すまで、プロ野球選手の人気は不動であった。

巨人1強の20世紀プロ野球は、巨人戦の人気に過度に依存した状況をもたらした。セ・リーグの球団にとっては、巨人がホーム球場に来て一戦交えてくれるだけで、テレビでゴールデンタイムに放送され1億円の収入になる。1990年には巨人が35億円、阪神が18億円もの放映権収入を得ている（他のセ球団も軒並み15億円以上）。

これに対して、パ・リーグは6球団すべてを合計しても放映権料は年3億円にしかならなかった。パ・リーグにいる限り放映権料を当てにできず、入場料とスポンサー収入のほか、グッズ販売、ライセンス収入、ファンクラブ収入などで賄っていくしかなかった。

だが昨日の勝因は今日の敗因にもなる。2010年代にプロ野球のテレビ中継がなくなる中、放映権頼みだったセ・リーグが急激に貧窮してくるのに対し、パ・リーグが磨き続けたそれ以外の収入にスポットライトがあたっていく。2007年には共同出資会社パシフィックリーグマーケティングを設立し、SNSや動画配信サービスを統括。その登録者は100万人を超え、パ・リーグTVの有料会員も7万人超を超える。

また、福岡のホークス、仙台のイーグルス、札幌のファイターズは、独占的な商圏を有効に使った成功事例を打ち立ててきた。大都市圏にひしめく他球団を尻目に、それぞれの商圏で確固たるファンベースを築き、地元の放送局と提携しローカル放送で高視聴率を獲得している。

パ・リーグ球団はスタジアムにも投資している。福岡は総額８６０億円でスタジアムを購入し、仙台のイーグルスは90億円かけて大規模な改修を行い、札幌のファイターズは６００億円をかけた巨大ボールパークを２０２３年に完成させる。

9-6 世界随一の格闘技市場としての日本 巨大化する海外企業

日本のプロレス人気と衰退・再生

格闘技やプロレスは、野球やサッカーに比べると市場規模は小さい。だが格闘技やプロレスの世界こそは、日本がスポーツ大国であることを証明している。プロボクシングの歴代世界チャンピオンは100人超で、米国、メキシコに次ぐ世界3位（女子は2位）、レスリングの五輪メダリスト数も米国、ソ連に次ぐ世界3位、柔道のメダリストは当然ながら世界1位。プロレスも、K-1からPRIDEまでの格闘技団体も、日本は米国に次ぐ長い歴史を持っている。

プロレスは野球と並んでテレビ普及の一端を担っていたスポーツであった。力道山という元力士が外国人レスラーを空手チョップでなぎ倒す様子は敗戦後の米国管理下におかれた日本人のカタルシスを呼び起こし、1963年のデストロイヤー戦は視聴率64%と、東京オリンピックや紅白歌合戦とともに歴代視聴率トップ5を飾っている。1960年代後半から70年代前半に「巨人、大鵬、卵焼き」が子供に人気があるものの代名詞とされたが、その少し前にさかのぼるテレビ普及期に、プロレスは野球や相撲と並んで誰もが見るコンテンツであった。

NHK放送文化研究所による1955年10月の調査では「1か月の間に（街頭）テレビをわざわざ見に行った人」は30％であったが、そのうちプロレスが80・2％、野球36・1％、相撲35・4％、劇映画12・4％とプロレスが最も集客力のあるコンテンツであった[10]。力道山から始まる日本プロレスの歴代コミッショナーは自民党副総裁が務める常設ポジションであった。

テレビ局はコンテンツとしてのプロレスを奪い合った。1954年から日本プロレスの中継を行い、金曜20時枠で『三菱ダイヤモンド・アワー』を定期番組としてきた日本テレビに対して、プロレス中継への参入を企てたテレビ朝日は1969年から水曜21時枠（のちに金曜20時枠）で『ワールドプロレスリング』を開始した。のちにジャイアント馬場の全日本プロレスが日本テレビ、アントニオ猪木の新日本プロレスはテレビ朝日と分かれる。TBSやテレビ東京も国際プロレスを抱え込んでの中継番組を開設し、フジテレビも全日本女子プロレス番組を始めるなど、各局とも視聴率がとれるプロレス団体を虎視眈々と狙うような状況にあった。1988年までプロレスはゴールデンタイムに中継されていた。日本は格闘コンテンツ大国として、1980年代に廃れていったフランスや欧州諸国のプロレス文化に対して、唯一米国と伍する市場でもあった。

だが、野球やサッカーといったメジャー化するスポーツの勢いにも押され、プロレス中継は深夜枠となり、一般的な視聴者の目には触れないものとなっていく。

10 日本放送協会（編）『放送五十年史』1977

２０００年代後半になると、プロレスどころかファイティングスポーツすべてが暗転していく時代に入る。２０１０年前後はもはやどの団体が解散しても不思議はないほど業界全体が停滞していた。まさにオワコン（終わったコンテンツ）という風情が漂う状態であった。

ところが２０１２年にカードゲーム会社のブシロードによる買収をきっかけに、新日本プロレスの再生劇が始まる。瀕死の状態から売上は急回復し、２０１９年度には１９９７年の過去最高を大きく更新する54億円に至る。

ブシロードは3次元であるプロレスを、２次元的なキャラクタービジネスと捉え直し、メディアミックスによる再生を行ったのだ。レスラーのタレント化・キャラクター化も積極的に推進された。

コンテンツとしての価値を急上昇させたWWEとUFC

米国のプロレス市場には巨大企業ＷＷＥ（World Wrestling Entertainment）が君臨している。１９９０年代までは売上１００億円に満たなかったＷＷＥは、買収に次ぐ買収で競合をのみ込み、今や売上は１０００億円に達する。開催イベントには数万人のファンが駆けつける。それほどの巨大ビジネスをサッカーや野球のようなリーグではなく、１社だけで達成している。

ＷＷＥはサブスクリプションの配信やテレビ局からの放映権など「映像を使ったビジネス」によって成長した。レスラーが闘っている時間よりもマイクパフォーマンスしている時間のほ

図表9-14　格闘技・プロレス団体の売上推移

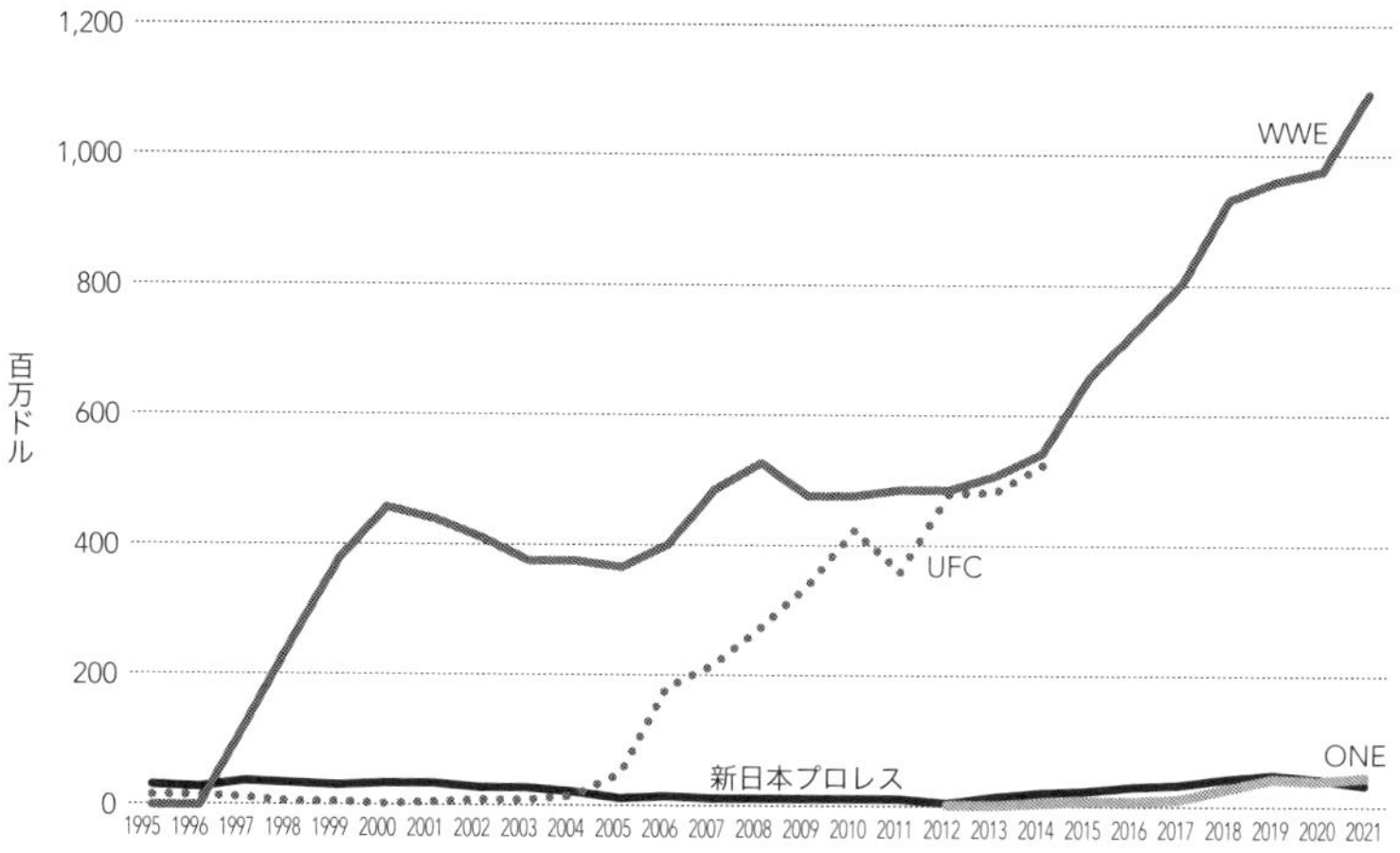

出典）各社資料

うが長いなど「試合よりも演出」を重視しており、可能な限り広く放映・配信で視聴者を獲得するという、米国のメディア業界の潮流にうまく乗ったのである。

その米国でWWEを追うUFCはまさにアメリカンドリームを実現した組織である。2001年にズッファが200万ドルで買収したときは売上400万ドルで赤字の小さな団体だった。だがパラマウントのスパイクTVから放映権オファーを得て、1000万ドルもかけた『TUF』というリアリティテレビ番組が当たり、2005年には売上を10倍にした。

そんなUFCがライバル視していたのが日本で、当時PRIDE（現在RIZINを牽引する榊原信行が社長をしていた）の興行権を7000万ドルで買収した。日本の格闘団体にそれだけの価値があった時代だ。

ＵＦＣは２０１４年に米スポーツエージェンシーのＷＭＥに売却されることになるが、その価格は40億ドルという驚くべき高値である。２００１年の買収価格の２０００倍に達していた。ＷＷＥもＵＦＣも売上を牽引するのは放映権料であり、その額は年数百億円に達する。他のスポーツ同様、プロレスや格闘も２０００年代に米国メディアによる覇権争いの中でコンテンツとしての価値を急上昇させた。それでも数千億ドルにまで膨らんだＮＦＬやＮＢＡに比べると相対的に安いが、２０１０年代の配信時代にさらに売上を伸ばしている。

アジアで放映権ビジネスに挑戦するＯＮＥチャンピオンシップ

前述のように、放映権ビジネスは欧州のサッカーと米国の４大スポーツに偏重している。では、アジアにはそうしたビジネスは生まれえないのか。

実は、シンガポールでユニコーン（未上場で時価総額が１０００億円超となる企業）となった格闘技団体がある。ＯＮＥチャンピオンシップである。ＡＳＥＡＮや東アジアを中心に展開する格闘技団体で、日本人の青木真也選手も活躍している。この団体の過去10年にわたる業績はアジア発の格闘ビジネスの可能性と限界を同時に見せてくれる。

ＯＮＥチャンピオンシップの武器は調達した潤沢な資金、そしてデジタルだ。特にフェイスブックの３０００万ユーザーは欧米圏のリーグをも抜いており、フェイスブック浸透率の高いアジア地域に適したプロモーションを武器にしている。２０１７年以降はチケット収入こそ２

図表9-15　ONE Championshipの売上・損益

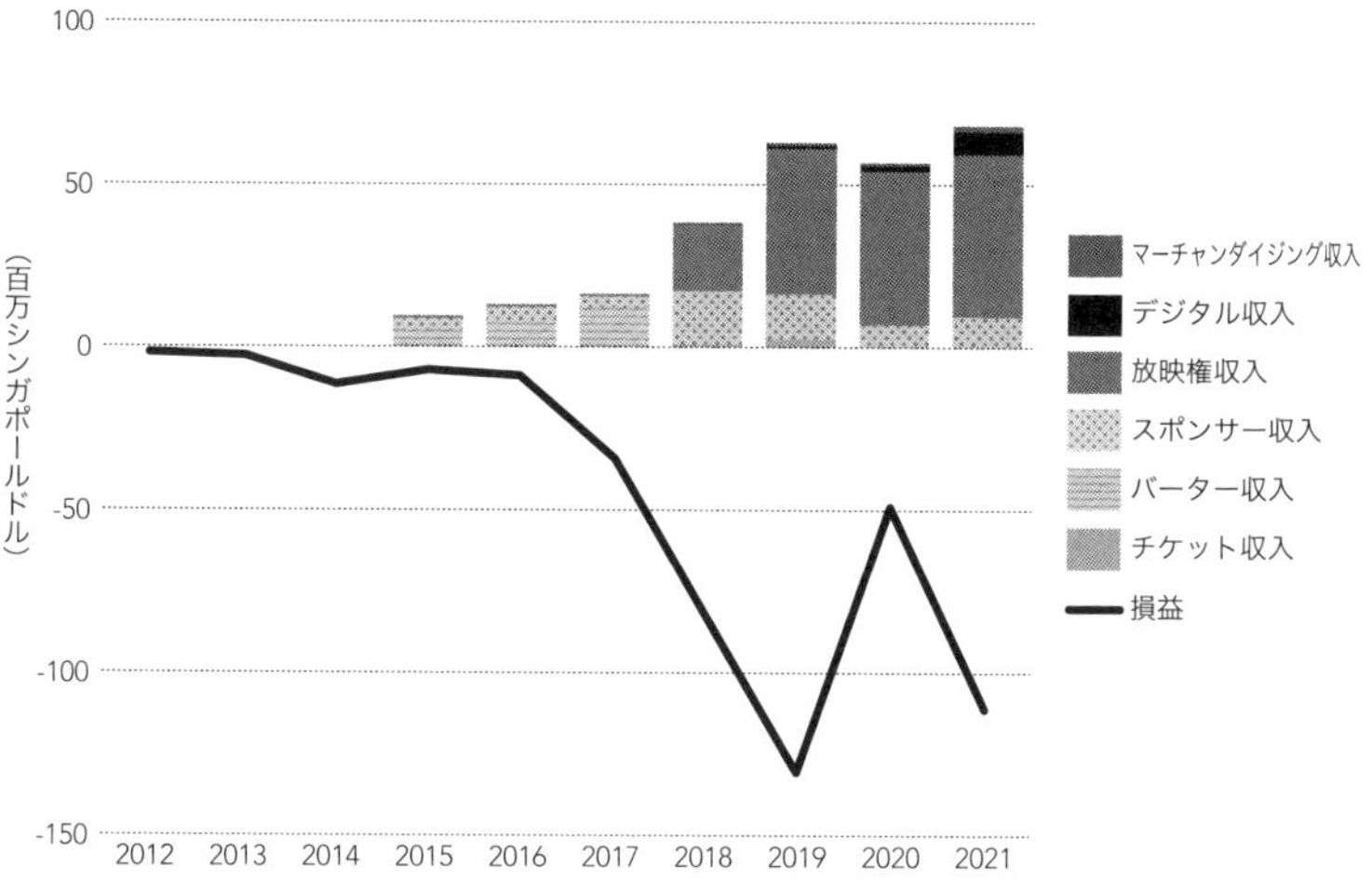

出典）IR資料

00万ドルほどだが、FOXと放映権契約、ディズニー／マーベルとスポンサー契約を結び、放映権収入とスポンサー収入で500万ドル級まで成長した。アジア最大の格闘技団体だった新日本プロレスの売上を抜いた。

デジタル露出と知名度を確保するために必要なのは、圧倒的な広告支出である。ONEチャンピオンシップはコロナ禍でもその積極策を続け、支出は膨らんでおり、累積赤字は4億ドルに達する。

だが大事なことは、営業利益率がマイナス200%にもなる赤字でもONEチャンピオンシップの全世界へのリーチは広がり、時価総額は上がり続け、追加の資金調達はできているという事実である。

なぜここまでアクセルを踏むのかといえば、ゴールにWWEやUFCを見据えているからだ。広告視聴単価の低いアジア中心では、まだ数百億円の放映権収入は望むべくもない。だが中国など東アジアでスポーツライツの売上が急騰しているように、いつかこの寡占度がアジアファーストの時代に確変する。それを狙っているのだ。

メディアと放映権という視点でいうと、ハリウッドとともに映像コンテンツを全世界に流通させる構造を作ってきた北米メディアはいまだ圧倒的だ。

それに対して、中国はテンセントやＴｉｋＴｏｋなどＧＡＦＡＭに比するメディアを使って音楽・映像などのコンテンツを浸透させ、韓国もまたネイバーやカカオの積極的な攻勢により米中に伍する強力なドラマ・音楽の展開力を見せている。

日本はイチローや大谷翔平など選手単位では大きな成果を上げるが、メディアビジネスとしては大きく遅れている。果たしてＯＮＥチャンピオンシップのような欧米型のモデルへとアクセルを踏み込むのか、アニメのように欧米に買われる良質コンテンツ供給国となるのか。「最高」の作品は作れているが、「最大」を目指すには、道は茨だらけである。

終章

クリエイターが変化し、永続性を持つ

日本は米国と比べて、エンタメ産業の育成に関して学問としても行政としても取り組みが立ち遅れている、という話を冒頭にした。しかしながら、俯瞰してみると、なんと豊かな成功作品と美しく組み上がったビジネスモデルの数々だろう。

日本、ときには海外のものも含めて、興行、映画、音楽、出版、マンガ、テレビ、アニメ、ゲーム、スポーツについて50〜100年のスパンで金字塔となった作品、作り手、企業、消費形態とメディアの変化について語ってきた。

エンタメは誰かがトップダウンで始めたわけでもないのに、多様に自然発生し、ボトムアップでいつのまにか成立してしまっている。1人の偶発的な成功が幾多の「2匹目のどじょう」を狙う野心的なクリエイターたちによって模倣され、それは次第に産業エンジンとなって全体をどんどん回転させる。だがいつしか歴史をもち、大企業が乱立する成熟期になると、環境の

変化が脅威に変わり、専守防衛に徹するばかりとなる。

一クリエイターだけでみれば、環境の変化は脅威というより、むしろ機会を生む。特に作家、マンガ家、ミュージシャンといった人種は、少人数で完結できる作品に徹しているため、産業や企業の持つ組織的制約にとらわれず、器用に創造的なピボット（方向転換）を繰り返してきた。

たとえばミュージシャンは、戦後は興行としての出演料ベースで動いていたが、レコードとCDによってロイヤリティ商売となり、テレビが全盛となる1980～90年代になってくるとテレビCMが大きな収入源に変化し、ストリーミングでの取り分が少なくなるとみるやコンサートによってグッズロイヤリティに舵を切り、コロナ禍の中ではユーチューブやライブ配信での投げ銭収入に期待する。「面白いものを作りたい」というクリエイター的感情と同時に、「スムーズに届けて収入を得られるビジネスモデルを構築したい」というプロデューサー的感情を持ち合わせる器用なタイプは、時代に合わせて飄々と作り方と伝え方を乗り換えていく。ランダムな試行錯誤が偶発的成功を生み、それが未来の産業エンジンを形作る。

決して絶滅はしない、しなやかな特性

エンタメ産業の歴史的俯瞰から得られる学びは、どのモデルも「絶滅」には至らない、という事実だ。

能や歌舞伎が流行していた数百年前は、興行を支えるスポンサーの存在が必要不可欠であった。それは今、Vチューバーの気を引くために投げ銭に興じる視聴者たちとなんら変わることはない。10年前にはアイドルのチェキ写真会で本人への還元率の高い仕組みに財布の紐を緩めていた人々が、今はライブチャットでギフトアイテムを購入し会話の合間におひねりを投げ込む。

適切な関係なのか不適切な関係なのかにはかかわらず、支援することで目当ての役者・演者と近づけるなら喜んでお金を払うファンは、江戸時代から何百年と存在してきた。形式が変わっただけの話だ。数百年続く「投げ銭」の歴史は、2020年代に入ってから再び活性化している。

はたまた、ライブが2010年代に大きく伸長した。

「ネット世界になれば、いつどこからでも同じコンテンツにアクセスできる。世界中のコンテンツが、言語の壁すら無効化して、いつでも楽しめるようになれば、これまであったエンタメなんてなくなってしまうかもしれない」。そういった危惧は1990年代のインターネット黎明期に本当にあった。「CDも買わずに無料音源を渡し合う時代がきたら、誰もライブに行かなくなり、ネットによって音楽産業そのものが崩落するだろう」と。

だが蓋を開けてみれば、ネット世界がもたらしたものは「ライブの価値の再発見」である。ニコニコ動画で様々な「事件」が起きたのは、ライブ空間で人々と同期して同じ熱狂の渦の中にいたからだ。

団塊世代とともに醸成された日本の消費型エンタメ

今のエンタメは団塊世代とともに育ってきた。これもまた歴史的俯瞰から見えてくる事実だろう。エンタメが「消費」を最優先にしてきたこの半世紀は、常に購買力のボリュームゾーンである1947～49年生まれの「団塊の世代」を意識し、メディアもコンテンツも成長してきた。

『週刊少年マガジン』は1967年まで14歳（中学2年生）以下の読者が全体の8割だったのに対して、1969年になると2割になった。団塊世代が高校生・大学生になっても離れなかったのだ。

貸本マンガの歴史が1953年に始まり1968年に終わるのも、団塊世代の消費行動変化と軌を一にする。1週間のテレビチャンネル枠と週刊マンガ雑誌によって、〝1週間を基準に同一コンテンツを消費し続ける〟という習慣が構築されたことで、間隙を埋めていた貸本マンガが陳腐化してしまったのだ。

団塊世代の青春期に普及したテレビはアイドルを生み、にわかミュージシャンとギターブームを形成し、レコード・LPという技術と原盤印税というビジネスモデルの発明品によって、芸能事務所は音楽とミュージシャンを量産していく。

戦前に「金儲けのスポーツは汚い」と唾棄されてきたプロ野球は、「巨人対阪神」というアングルによって団塊世代をテレビの虜にする。それは全日本と新日本に分派していくプロレスも同じ構図であった。

鉄腕アトムからウルトラマンに至るまでロボットとＳＦが見せた「科学の未来」は、宇宙戦艦ヤマトや機動戦士ガンダムとなって昇華され、玩具とアニメの一大ブームを引き起こす。インベーダーゲームが日本全国に50万台という前代未聞の広がりを見せるのは「社会の退廃」とも揶揄されたが、家庭用ゲームへ続くゲームのファーストジェネレーションを地固めし、電子大国日本が誇るべき一大産業を形成する。

団塊世代はその一世代前が味わった「劇場から映画館へ」のブームを経験していない。彼らはあっさりとテレビに乗り換え、劇場と映画は戦前からの古いファンとともに衰退していく。１９７０年代に東宝、東映、松竹しか残れなかった映画産業が再構築されるのは、「新興」の角川書店、徳間書店といった出版業者が映画に乗り出し、映画館がアニメやテレビ、出版など違う産業を取り込んだ〝人を集めるライブ視聴空間〟としての機能を獲得したからにほかならない。

海外への影響、子世代・孫世代の育成

米国に追随するＧＤＰ世界2位の〝消費大国〟日本だったからこそ、日本のエンタメ産業の動向は世界にすら響く規模になっていった。１９７０～80年代に廉価な日本アニメ、特にＳＦ

ものは米国のみならず世界中で消費されていった。

日本の映画産業同様に凋落の淵にあった米国映画界で、ハリウッドを復活させたのは『スター・ウォーズ』だ。これがSFブームに火をつけたが、困ったことに、ほかにSFと呼べるようなシロモノが乏しかった。その欠乏を埋める源泉になったのが、『マジンガーZ』から『ガッチャマン』まで日本で量産されていた１９６０～70年代のSFアニメだった。

だから（当時は日本のものと知られずに消費されることが多かったが）北米やアジアの映画業界、ゲーム業界、玩具業界では驚くほど日本SFに影響を受けたクリエイターが多い。そして彼らが今のエンタメ産業を牽引する第１人者になっていたりもする。21世紀に入ってから日本の古いキャラクターものがハリウッドでリメイクされる機会が増えているが、その背景には、幼少時代に日本コンテンツが大好きだったクリエイターの存在があったりもする。

団塊世代がテレビ、週刊誌と週刊マンガ誌を育て、団塊ジュニアがゲームとアニメを育てた。団塊世代がすでにこれだけのエンタメを経験していなければ、ジュニアもまたエンタメを放埒に消費することに「大人の理解」は得られなかっただろう。団塊ジュニアもまた、その子世代であるZ世代によってTｉkTｏkとユーチューブ、ゲーム実況とVチューバーが育っていく過程をそれなりに温かいまなざしで見守っているようにも感じられる。エンタメの経験値はそのまま子世代にも影響し、豊かな産業エンジンを回す１つの歯車となる。

だが、いつの時代においても大ヒットは生まれるが、あの１９６０～80年代の、現在の倍以上の〝若者〟がうわばみのようにエンタメをのみ込んだ熱狂は、もはや二度とは得られない。

「購入し、消費してもらう」という前提においては、日本のエンタメ黄金時代を取り戻すことは、どうやっても不可能なのだ。ならば日本エンタメで育った海外のユーザーに向けて広げる以外に方法はない、という結論は当然の帰結と言えよう。

欠乏した「海外」へのマーケティング機能

だが海外に目を向けたときに、とかく日本の高い職人性と言語・文化の壁に守られた閉鎖性は、「売り込みに行く」マーケットインの戦略と相性が悪い。これほど人種・言語・文化・性別までもが同質的なチームが、1つの作品と内向的に向き合い続ける創造の形式は、他の国では類を見ない。1チーム数十人のほぼ全員が30〜70代の男性という日本人集団で作り上げたアニメが、全世界で視聴されるトップ作品になっていたりする。

よその国のスタイルをいたずらに模倣して、創造的なチームを非創造的に解体してしまう必要はない。2023年の現段階においてなお、日本は海外でも十分に受容される面白いクリエイターと面白い作品が恒常的に生まれ続けている豊かな土壌なのだ。ユーザーもまたそこに加担している。クリエイターに輪をかけて同質的なファンベースの「推し文化」は、クリエイターと作品をともに運んでくれる希少なインキュベーションエンジンである。

東南アジア諸国を訪れると、数年前には「これからはアイドルの時代！」と輝くような成長を見せながら、数年にしてそれがすべてVチューバーに入れ替わってしまっていたりする。消費と成長が得意な市場は、必ずしも創造を生み出しやすい土壌というわけではない。

むしろ数字上は停滞の極みにある日本が、ボーカロイドとニコニコ動画にみるような唯一性の高い産業を築いたりもする。日本は消費と創造をサステナブルにインキュベーションし、暫時的ではあれ恒常的に成長する手段を持っている特異な土壌なのだ。このマザーマーケットのバランスを崩してしまうことは、どうも具合が悪い。

「海外」を目指して変えるべきは「製品」ではなく「マーケティング」である。家電、重電、半導体、自動車と同じように、家庭用ゲームなどハード機器とコンテンツがセットになっていた時代は、日本にアドバンテージがあった。「製品」として作り上げる能力の高さは今もなお折り紙付きだ。

しかしデジタルなプラットフォームが席巻する時代にあって、世界市場の中で日本のマーケティング能力の低さが露呈してしまったのがこの20年である。作ることは極めていても、売ることについては商社・代理店任せ。エンタメ産業に何が足りないかと言えば、「製品」のユーザーが誰なのか、どういったプロセスで届けるのか、どんな形式でお金を落としてもらうのか、といういわゆる基本的なマーケティングなのである。

日本の並みいる大手エンタメ企業でも、絶望的なほどに海外の消費者理解ができていないケースが散見される。そもそも、経営企画部やマーケティング部が売り方を含めて製作側と定期的にコミュニケーションをするパイプラインすらないこともしばしば。英語ができる社員数人を集めたローカライズチームが「海外事業部」「海外戦略部」と看板を付け替えたものの、期待を背負ってアサインされた部長自身は英語もできなければ海外赴任経験もない、ということも珍しくはない。

「これ、海外でも売っといて」とばかりに製品だけが放置され、日本語ペラペラな海外の代理店にほぼ1社独占で丸投げに近い形で「いつもの価格」でお任せしている。いざ「海外でもヒットしている」と聞いても、いろいろなものが控除されたライセンス料という最終数字しか見ることができず、「海外売上過去最高！」とIRではうたいながらも「北米でなくアジアで売れている」以上の分解ができていないこともある。

現場からせっつかれるがままに2～3カ月かけて現地の代理店や問屋からデータを取り寄せ翻訳しても、店舗ごとに無数の細目に分かれすぎたデータ群からは「増えている」以外のインサイトが出てこない。１９８０年代のプラザ合意後に海外売上を増やしていった日本メーカーのマーケティング組織からみると、ちょっと驚くレベルかもしれない。

ゲーム、アニメ、マンガが海外市場を開拓するための強い武器になることに異論はないだろう。そこにどうディストリビューターや小売の「面」をつなぎこみ、マーケティングによって製品のポテンシャルを広げていくことができるのか。逆に言うと、絶対的にマーケティングが不足している現状でこれだけ広く浸透しているという事実は、“The sky is the limit”で日本エンタメの潜在力の途方もなさを証明してくれているのでは、とすら思う。

本書を通じて、もちろんこれまで以上に創造的プロセスに参画してくれるクリエイターを増やすことも期待はしているが、それ以上に私が重視したいのは、ビジネスディベロップメントやマーケティングをできるビジネス人材がエンタメ産業により多く集まり、育っていくことである。そういう思いで執筆している。

社会の入口／出口に寄り添うエンタメの社会的機能

「文化とは入口と出口に生まれる」という言葉がある。私が今思いついた言葉だ。人間もほかの生物と同じように〝一本の管〟でしかなく、ほかの生物と同じように食べては出す生き物である。だが、いかにほかの生物とは違うものであるかを強調すべく、「文化」という薄衣で最も熱心にカモフラージュを行うのは、この「入口（食べるとき）」と「出口（出すとき）」という外界との接触点である。

食と排泄とセックスは、人間が最も動物に近づく瞬間であり、それをいかに装飾するかは、人間の社会が最も深く覆い隠しながらも、最も強く関心を持つ対象であった。だからテーブルマナーからトイレットマナー、房中術に至るまで、社会はこの入口と出口をいかに洗練させるか、極めて高度な「文化的所作」で固めて、「人間らしさ」というアイデンティティを確立してきた。

国家や社会を身体とみなしたときに、この入口／出口に最も近い産業の1つが「エンタメ」ではないかと思う。新聞・出版というメディアは16世紀に英国の「国家化」とともに一般化していくが、世の為政者が焚書坑儒《ふんしょこうじゅ》をしたり、新聞を完全な許可制にしたりしてきたことは、この社会の入口と出口を知らしめてしまうリスクを孕んでいたからだ。

史上初の新聞は古代ローマのカエサルによって発行されている。戦争によって蹂躙した地域の催事、珍談奇聞、冒険談など「入口」がカモフラージュして描かれ、人心を掌握しローマ帝政を強固なものにする貢献がありながら、逆にゴシップとしてのカエサルの不倫という「出口」もまた書きたてられることになる。

「メディア」は、国家元首など人々の注目を集めるスターのゴシップという「コンテンツ」によって育つものであり、社会の入口／出口に鎮座する第3の権力者になる。新聞記者も編集者も、規制が強い時代・国においても記事を書きたてる魅力には抗えなかった。投獄されるリスクすらある時代に、なぜ身命を賭して権力者の身辺を書きたてようとするのか。昔は政治家、今は芸能人、どうしてスターはリスクを冒してもメディアと付き合おうとするのか。

それが「エンタメの魅力」なのだと思う。人々は、国家・社会・文化がどう成り立ち、どう腐っていくのかということに、深く覆い隠された入口と出口に、興味が絶えないのだ。その興味を一網打尽にし、自らのスター性を演出してくれるものがメディアである。

だからコンテンツはメディアの力で成り立ち、メディアはまたコンテンツの力によって成長していく。相利共生するメディアとコンテンツ、言い換えるならメディアとコンテンツとクリエイター、さらに言い換えるならユーザーとメディアとクリエイターによるこの「エンタメのトライアングル」は、社会のインフラとまでは言い難い非実質性をもちながらも、実のところ常に人間社会に並走してきた。

実験的で前衛的な産業として新時代の予兆となる

新聞や雑誌は都度買いモデルからサブスクモデルへと変化し、劇場・寄席などの興行も入場料モデルは堅持しながらもCDやグッズの物販、ファンクラブといった「興行外」のモデルを探求する。日本全土に放送網を確立し、無料の放送モデルを作ったラジオとテレビは、視聴率の高さにものをいわせて広告のみで数兆円の市場を形成し、ゴシップのハキダメのようなインターネット世界でも検索エンジンとSNSによる適切な興味広告モデルへの移行によって、ようやく無料でも成立するビジネスモデルが確立してきた。

興味本位で非実質的なものだからこそ、エンタメ産業のビジネスモデル構築は非常に前衛的で実験的である。この実験が先行することによって、技術的イノベーションのたびにユーザーがどう変化するかを他産業は時間をかけて受容し、アジャストしていくことができる。「エンタメ産業のカナリア」の音楽産業が先行して受けたダメージを見ながら、他のエンタメ産業も、それ以外の重厚長大産業すらも、新時代の予兆を感じ取るのである。エンタメは社会構造の入口／出口に恒常的に立ち現れる、「産業の様式美」である。

私もまたこの「エンタメの魅力」に取りつかれた1人であり、この非実質的で非生産的で〝生暖かい〟目線が注がれがちな産業の、実のところ非常に実験的で前衛的な特性を公明正大に伝える、産業全体の代弁者であり続けたいな、と思うばかりである。

本書はビジネス映像メディアを運営するＰＩＶＯＴに連載された『エンタメビジネス大全』をベースに書籍化されたものである。２０２２年4月に始まり、本書に収録したゲーム、映画、出版、興行、音楽、テレビ、アニメ、マンガ、スポーツときて、さらにテーマパーク、玩具と続き、ほぼ1年の連載となる。今後も企業軸、市場軸（日本・北米・アジアなど）と複層的に深掘りを続けて、いつか私のライフワークの集大成として発展版の形で出版し続けられればと思っている。このようなクリエイションの場をいただいた、佐々木紀彦氏、上田真緒氏に深く感謝を伝えたい。

２０２３年2月

中山淳雄

著者紹介

中山淳雄（なかやま・あつお）

エンタメ社会学者
Re entertainment代表取締役

1980年栃木県生まれ。東京大学大学院修了（社会学専攻）。カナダのMcGill大学MBA修了。リクルートスタッフィング、DeNA、デロイト トーマツ コンサルティングを経て、バンダイナムコスタジオでカナダ、マレーシアにてゲーム開発会社・アート会社を新規設立。2016年からブシロードインターナショナル社長としてシンガポールに駐在し、日本コンテンツ（カードゲーム、アニメ、ゲーム、プロレス、音楽、イベント）の海外展開を担当する。早稲田大学ビジネススクール非常勤講師、シンガポール南洋理工大学非常勤講師も歴任。2021年7月にエンタメの経済圏創出と再現性を追求する株式会社Re entertainmentを設立し、現在はエンタメ企業のIP開発・海外化に向けたコンサルティングを行うと同時に、ベンチャー企業の社外役員（Plott社外取締役、キャラアート社外監査役）、大学での研究・教育（慶應義塾大学経済学部訪問研究員、立命館大学ゲーム研究センター客員研究員）、行政アドバイザリー・委員活動（経済産業省コンテンツIPプロジェクト主査）などを行っている。著書に『推しエコノミー』『オタク経済圏創世記』『エンタの巨匠』（以上、日経BP）、『ソーシャルゲームだけがなぜ儲かるのか』（PHPビジネス新書）、『ボランティア社会の誕生』（三重大学出版会、日本修士論文賞受賞作）などがある。

Re entertainment HP：
https://www.reentertainment.online/

Twitter：
https://twitter.com/atsuonakayama

エンタメビジネス全史
「IP先進国ニッポン」の誕生と構造

2023年３月27日　第1版第1刷発行
2023年５月22日　第1版第3刷発行

著　者　　中山淳雄
発行者　　中川ヒロミ
発　行　　株式会社日経BP
発　売　　株式会社日経BPマーケティング
〒105-8308　東京都港区虎ノ門4-3-12
https://bookplus.nikkei.com/
装　丁　　坂川朱音
制作・図版作成　　朝日メディアインターナショナル株式会社
編　集　　長崎隆司
印刷・製本　　中央精版印刷株式会社

本書籍に関するお問い合わせ、ご連絡は下記にて承ります。
https://nkbp.jp/booksQA

Printed in Japan
ISBN978-4-296-00143-9